U0099267

國民年金制度

● 陳聽安　著

學歷／德國敏斯特大學經濟學博士

經歷／英國劍橋大學經濟學系訪問教授
　　　美國哈佛大學公共衛生學院訪問教授
　　　國立中興大學法商學院院長
　　　國立政治大學財政研究所所長
　　　財政部賦稅改革委員會主任委員
　　　考試院考試委員

現職／中華財政學會理事長
　　　行政院二代健保規劃小組委員
　　　國家衛生研究院論壇健康保險體制與財務組召集人

三民書局

國家圖書館出版品預行編目資料

國民年金制度／陳聽安著.－－初版一刷.－－臺北
市；三民，2003
　　　面；　公分
　　ISBN 957－14－3708－5　（平裝）

　　1.國民年金

548.926　　　　　　　　　　　　　　　92002106

網路書店位址　http://www.sanmin.com.tw

ⓒ　國民年金制度

著作人　陳聽安
發行人　劉振強
著作財
產權人　三民書局股份有限公司
　　　　臺北市復興北路386號
發行所　三民書局股份有限公司
　　　　地址／臺北市復興北路386號
　　　　電話／(02)25006600
　　　　郵撥／0009998－5
印刷所　三民書局股份有限公司
門市部　復北店／臺北市復興北路386號
　　　　重南店／臺北市重慶南路一段61號
初版一刷　2003年3月
編　　號　S 56216－0
基本定價　陸　元
行政院新聞局登記證局版臺業字第○二○○號

ISBN　957－14－3708－5　（平裝）

自 序

　　國民年金制度之建立，不僅攸關眾多老年人口的福祉，對於社會、政治、經濟等各個層面之影響，亦可謂無與倫比。職是之故，國民年金制度之研究，不論於國外或國內，早已成為社會學科中之一門「顯學」，實有其緣由。

　　因人口老化及其衍生出來之種種問題，業已成為世界各國朝野所共同關切之議題，諸多傳統制度，必須隨之因應並作適當調整，已成為一項趨勢。自世界銀行 1994 年出版《避免老年危機》(*Averting the Old Age Crisis*)，到 2001 年再度發表《老年安全之新構想》(*New Idea about Old Age Security*)，乃至聯合國於 2002 年 4 月 8 日至 12 日假西班牙首府馬德里召開「第二屆國際人口老化大會」(World Assembly on Aging) 等活動，均為回應此一趨向，及試圖對有關制度作必要調整的具體措施。

　　雖然人口老化係世界各國共同之議題，惟由於各國之歷史、文化與社會經濟環境皆有差異，而各領域中之研究工作者，因其所考量之重點與個人之研究取向有別，於是各個專家所提供之建議，亦呈現南轅北轍之現象。單就國民年金議題而言，有醉心於去商品化，並堅持維持社會保險之框架者，或冀望政府擔負全部風險與最後財務責任者，亦有強調市場機制與個人責任承擔，或釐清個人、企業與政府相對關係者，因而國民年金之規劃有不同之版本出現。此外，對國民年金之給付方式、財務融通與經營管理，亦都存在仁智互見之現象。

　　誠然，世上並無一套放諸四海皆準之國民年金制度，甚之，對於一個國家究竟有無建立國民年金制度之必要，亦受人質疑。在眾說尚且紛紜下，可知國民年金制度建立之不易；然而，制度一旦創建，便涉及眾

人利益，欲再加以修訂則更顯困難，如以為「先上路，然後慢慢修改」可行，則可嗤為近乎癡人說夢。故國民年金制度在付諸實施之前，需先冷靜加以思考，再進行周全縝密之規劃，一如英國經濟學大師 Alfred Marshall 所言：「除了要有一顆溫暖的心，還需要一個冷靜的頭腦」。如果僅是為了贏取選票、遷就現實或屈服於利益團體之遊說與壓力下，急就章式的貿然實施，則必將帶來無窮後患。為避免未來諸多後遺症之產生，因此，⑴掌控時代之脈絡；⑵扣緊人口結構之變遷；⑶吻合人性化之特徵；以及⑷納入整體政策之考量，應是樹立我國國民年金制度不可或缺之四項要素，任何一項因素的閃失，都將與世界發展趨向脫勾、問題叢生且難以達成建制之初衷。

　　本書共收錄十二篇有關國民年金制度及其相關問題之文章，是作者近年著作的一部分，大都係起於有感而發，進而窮根探究，原均已獨立發表於各專業刊物，今蒙三民書局劉振強董事長允諾，彙總各篇以《國民年金制度》名義一書印行出版，並作了若干修訂、補充與新註釋，各篇論著內容或有重複之處，至於思想則是一脈可循。期盼藉由本書之問世，九十一年度已經行政院通過之國民年金案，在立法院完成立法前，全國上下能重新加以思考，以先進國家之經驗為借鏡，以免重蹈其覆轍。

　　最後，特別感謝劉董事長之不計成本，不問本書是否具有市場價值，慨然承允予以出版外，恩師張可皆（則堯）先生對弟子之關切與鞭策，在此特別表達謝忱，但如無許孟彥先生之行政與文書支援，與內子司仲敖教授之協助，本書恐怕依然在「沉睡之中」。本書在付梓之前，三民書局工作人員與蘇慧君小姐仔細地訂正，也在此表示感謝之意。

陳聽安

民國九十二年一月二十九日

於新店臺北小城

國民年金制度

目　次

社會保險之迷思——論國民年金制度

日前全國社會福利會議方才落幕，其中有關國民年金制度之版本，各界似乎尚未取得共識，社福團體並揚言，除非我國未來的國民年金採社保 B 制（原稱社保制），否則將另闢戰場，將戰線延伸至立法院。

社福團體之所以如此堅持，係因其認知上有所差距，他們嚴辭批評之社福 A 制（即儲保制），缺乏風險分攤 (risk pooling) 之功能，並稱，惟有採行具有風險分攤功能之社福 B 制，才是真正的社會保險。實際情況究竟如何？是否社福團體所堅持之社保 B 制，方為最佳之社會保險？是否社保 A 制毫無風險分攤功能？號稱具風險分攤功能之社保 B 制，有無隱含重大缺失？恐怕是在我們建立一項重大社會安全制度之前，值得朝野及各界所加以深思的課題。

無可諱言，社會保險制度之所以廣為各國所採行，主要即在其具有二項功能，即：⑴所得重分配；⑵風險分攤。惟據許多實證結果指出，無論是代內或代際之所得重分配功能，均可謂效果不彰，甚至呈現反效果現象。換言之，吾人如欲以社會保險為手段，以改善社會上貧富不均之現象，結果往往是落空，甚至可能適得其反。更值得重視的是，職域別的年金保險，如果採取確定給付制，則有扭曲勞動市場之虞，亦即在此制度之下，年長的勞工一旦失業，欲再度回到就業崗位則相當困難。

就風險分攤之效果而言，原則上參與社會保險的人數愈多，風險分攤的功能即愈強，此亦正是為何許多社福團體希望政府將既有之軍、公、教、農等保險，能與國民年金加以整合之主要理由。

　　無可諱言,德國首相於 1883 年將個人事故社會化,的確是一項巧思,也為社會的凝聚，達成了一定的功能。惟值得吾人省思的是，身為社會保險濫觴之德國，所採行的社會保險制度中，並非一致性的國民年金制度；相反的，德國係採多元化、民營化、行政與財務完全獨立自主的社會保險制度；政府除扮演雇主以及監督者之角色外，與保險財務並無直接關聯，政府亦無編列預算補助之義務；更重要的是，德國目前為因應人口老化之問題，除調升保險費與延長退休年齡外，更進一步改良傳統之社會保險制度，增設個人退休金帳戶，成為一種混合式的退休年金制度。

　　進言之，社會保險制度之年金能否順利運作，端視其是否建立於二項重要基礎之上，即：(1)人口年齡結構穩定；(2)財務獨立自主。此即表示，如果一國人口呈現快速老化現象，將使得後代子孫之負擔愈趨沉重；如果財務失衡，復受政治或行政干預，以致難以維持保險之專業經營，則此社會福利制度便將岌岌可危。從南美洲智利在國民年金上，一反傳統之社會保險，改採個人設帳之儲金制開始，十多年來許多國家紛紛師法智利，包括南美洲之阿根廷、秘魯、烏拉圭，中美洲之墨西哥，歐洲之奧地利、義大利、匈牙利等國，甚至連北歐之瑞典也採行社保與儲蓄的混合式制度，以平均終生所得，作為退休金給付標準，並且設置個人退休金帳戶，以強化個人的責任。即便是最左派的前蘇聯國家中，拉塔維亞及哈薩克等國，亦無不脫離傳統的社保制年金，而改採確定提撥以及個人帳戶之年金制度，此一制度可謂已蔚為風氣。就美國而言，並無所謂國民年金，而職業年金方面，也有愈來愈多的企業，在租稅誘因下，改採確定提撥與個人設帳之退休金制度。

　　筆者認為，有關國民年金版本之爭議，並不具實質之意義，茲因目前規劃中之社保 B 型並非真正之社會保險。世上極少有國家在採行社會

保險之年金制度的同時，仍由政府對每一被保險人給予 20% 的保險費補助，對經濟弱勢團體之補助更高達 40%，此分明已將普及式的社會福利觀念混入社會保險之中，使社會保險與社會福利混淆不清。由此觀之，社福團體自然對社保 A 型之設計並不滿意；而他們所期待的，社會保險只是外表，社會保險與社會福利二者皆得，方為實質關鍵之所在。

顯而易見，社保 A 型（儲保型）亦非為目前世界多數國家所採行之儲金型年金，而是同樣地將社福觀念融入儲金制中。蓋典型之儲金制年金，係將受雇者或被保險人之提撥，存入其個人退休金帳戶中，專供其退休後維持生活之用，除非未達最低給付水準，政府不作任何補助，充其量個人每年提撥之金額，可從其申報所得額中扣除；同時，也不採公營集中式之管理。是以，我國政府目前所設計之社保 A 型，僅可稱之為社福與儲金之複合型；在此制度下，個人繳交之保險費 (80%) 存入個人帳戶，政府所補助之保險費 (20%) 存入保險帳戶，參加者年滿六十五歲時，可先從個人帳戶中提領，個人帳戶不足時，始得動用保險帳戶之儲金。

由上文可知，無論 A 型或 B 型社保國民年金制，皆非純正之社保或儲金制，政府在財務上扮演了相當重要的角色。就某種意義上，社保 A 型已混合了稅收制，即由全民繳交之賦稅為個人分攤風險。然而遺憾的是，部分學者與社福團體對此並不領情，堅持非採行社保 B 型不可。既然如此，政府何不回歸到「正宗的社會保險」，即政府僅負制度之規劃與監督之責，以及補助開辦費與行政費用，其餘皆由被保險人自行承擔，僅允許保險費之提撥金額得自所得稅中扣抵。

由邏輯上推理，年金基金之規模愈大，風險分攤之功能愈強，故社福團體均主張被保險人所繳交之保費，與政府之補助應由單一機構集中管理。惟由國內外之經驗告知，採集中式管理之行政成本或許稍低，但

資金運用之效率也往往不高，其所受到之政治牽制與干預也愈大。試想，將許多不同利益團體置於同一制度之下，若彼此角力，則更是堪憂。試觀我國全民健康保險與公務人員退撫基金制度之運作情況，即為最佳之例證。更須加以強調的是，健保僅為短期社會保險，而國民年金則為一項長期之社會保險，其中涉及到二代、甚或三代之人口，年金保險之精算時間，亦長達七十五年之久。在如此漫長之歲月中，撇開其他變遷不談，單看人口年齡結構之變化速度，即非一般人所能預料，人口老化即表示後代子孫之負擔不斷增加，也攸關代際所得重分配之公平性，更牽涉到未來社會經濟之發展。後代子孫尚無發言權，甚至還未出生，但當代人卻已經代為決定，此種決定方式是否妥適，尤其值得多加斟酌。臺灣人口之老化現象遠較歐美國家為快，此即隱含著財務上之危機，除非未來保險費率能及時調整，或給付之水準能予以降低，方能加以解決。惟無人不知，保費之調升與給付水準之降低，在民主政治制度之下談何容易。職是之故，如果制度在設計或採行之初，便隱藏了財務危機，則此項制度就絕非風險分攤，而是風險聚集。採行此種制度，在先天上已欠缺正義，而加重後代負擔之決策過程，則更是難辭其咎。

（原載於經濟日報，民國九十一年五月二十日）

國民年金制度之建構

■壹、前　言

　　國民年金制度是社會安全制度中重要的一環,德國在 1889 年完成老年年金制度之立法,而英國亦於 1908 年開始創立此項制度,之後工業先進國家無不一一跟進。德國是歐洲大陸最早採行此項制度的國家,其與英國的年金保險制度,雖然都是保障退休者能獲得生活的最低需求,但兩者無論在建制目標、給付條件、財源與行政,均有相當大的差異。英國實行的年金制度,立基於貝佛理奇爵士的報告,德國則是配合鐵血宰相俾斯麥的施政需要。故當今討論年金制度時,一般均區分為貝佛理奇型或俾斯麥型,兩者之主要區分,可從下表中略知梗概:

表 1–1　老人年金的形態

項目與類型	俾斯麥型	貝佛理奇型
目　標	保障一定所得	阻止貧窮
給　付	與薪資相關	定額
資　格	有繳費紀錄	居民或需要
財　源	保險費	賦稅 **
行　政	勞、資、政三者 *	政府

＊政府僅負擔行政費用
＊＊今已改為定率保險費

　　上述兩種年金制度,均為後進國家仿效的對象,當然值得我國在規

劃國民年金制度時加以參考，但由於兩制的目標不同，其手段與給付條件亦各相異，兩者互見利弊。兩制的先決條件都假定任何人達到某一年齡退休（六十歲或六十五歲），隨之缺乏收入，即使留有儲蓄，唯由於種種原因，可能不久後便告用罄，生活陷入困境，而淪為貧窮，因此造成社會問題。德國政府係採社會保險制度，以自助人助的方式，用集體的力量，分散淪為貧窮的風險。在此種制度下，德國人民在工作時期，須盡繳納保險費的義務，政府則負責規劃制度與監督制度的運作，財務的責任僅限於行政費用的補助差額撥補。年金保險的行政組織，獨立於政府之外，係公法人的自治團體，其盈虧由年金基金自負。相對於德國模式，英國的政府對於老人年金肩負起較大的責任。換言之，英國的個人責任較輕，基本上只需要具備居民的資格，即可領取定額的年金。不僅如此，受益人不必繳納保險費或任何的費用，支付老人年金的財源，由一般稅收中支應，因此，即使財務虧損，只需透過預算編列，取得上下議院之認同即可獲得解決❶。貝佛理奇型年金制度另一項特色是，年金承辦機構是中央政府的社會安全部 (Department of Social Security)，而非民間組織辦理。此外，較少為關心年金制度發展者所提及的是，採行何種制度與其社經背景與歷史息息相關。英國在建立年金制度當時，國富兵強，但人口不多，國庫充裕，是以英國政府有能力將照顧老人基本生活的責任一肩扛起，將退休年金當作社會福利措施。故學者在比較英德兩國年金制度時，每多強調英國的貝佛理奇型年金制度是福利型，而德國的俾斯麥型年金制度屬社會保險型。

---

❶英國已改為 flat-rate pension，受雇者超過投保薪資下限必須繳納保險費，見賴清祺、林大鈞，行政院經建會「國民年金規劃工作小組」赴英國、法國、瑞士考察報告，民國八十七年十二月。

　　在吾人探討我國年金制度的建構之前，對國際上年金制度的先驅模
式，進行深入比較，目的是在釐清年金制度的目標為何？在財務上的責
任由誰承擔？

　　無可諱言，退休年金制度的實施，是隨社經背景的變遷而做調整，
而退休年金制度能否持續運作，其關鍵因素是財務方面能否獲得平衡。
如果入不敷出，財務上極可能陷入困境，甚至導致破產。如果用國家賦
稅融通，則亦可能因年金給付負擔沉重，而拖垮一國財政。就財務融通
而言，年金制度有兩種方式，一為隨收隨付制，又稱賦課制 (pay-as-you-
go, 簡稱 PAYG)；另一為儲金制，又稱十足準備制 (full-funded)、提存
準備制或公積金制。兩種年金制度也各有其利弊：⑴隨收隨付制有所得
重分配的功能，包括代際與代內所得重分配的功能 (inter and intra gener-
ation income redistribution function)，儲金制則無此一功能；⑵隨收隨付
制，基本上並不必提撥準備金，從而無龐大基金保管與運用的風險；⑶
隨收隨付制下，年金保險費率雖經過精算確定，但國民年金是長期性質
的社會保險，諸多因素皆會影響其運作；⑷隨收隨付制之給付與繳費並
無直接關連，保險受益人對調整費率，缺乏意願；⑸通常隨收隨付制年
金多屬公營，每每受到政治的左右，增加給付比較容易，調整保險費率
則困難重重；⑹採用儲金制，尤其年金計畫的參與者按個別設帳，可以
避免上述隨收隨付制的缺失，但卻有通貨膨脹、貨幣貶值的風險，在通
貨膨脹的作用下，終生提撥到退休時領取給付，其購買力大幅降低，無
法維持老年人基本生活；⑺儲金制下，個別參與者對本金加投資的收益
十分透明。

　　眾所皆知，隨收隨付制與儲金制既然各有其優缺點，世界各國在建
立國民年金制度之際，便各有其考量。有些國家的退休年金制度的規劃，
在參酌兩種財務融通制度優缺點之後，截長補短採折衷的制度。無可諱

言，制度是隨時空轉變而做調適，像德國等較早建立年金制度的國家，曾採儲金制（非按個人設帳）或十足準備制，但因二次大戰時發生通貨膨脹，馬克大幅貶值的結果，老人領取年金給付，但因其購買力銳減，使保障老年經濟生活的目標無從達成。因此，德國政府不得不將年金制度從儲金制改為隨收隨付制 (Köhler and Zacher, 1981, p. 45)。事實上，大戰後德國修正其年金財務的融通方式，許多國家因戰爭或其他因素，皆與德國有相同的經驗。由於此種痛苦的經驗，所以在二次大戰過後不久，除新加坡、馬來西亞等國採中央公積金制的年金制度之外，世界上極少有國家採儲金制的年金制度❷。

　　吾人必須指出的是，採隨收隨付財務融通制的國家，多採確定給付制 (defined benefit)，在此種制度下，退休者符合一定條件，其給付水準與多寡，是事前確定；即各依照其退休前若干年之平均薪資或終生平均所得 (average life time income)，乘上其服務年資等條件，領取給付。是以，給付與其保險費繳納多寡，並無直接關連。相對於確定給付制，是確定提撥制 (defined contribution)。在確定提撥制之下，年金參與者在退休時，所領取的給付水準，是依照其提撥多寡，即提撥基礎乘以提撥率再乘以提撥年限，外加儲金之投資報酬作為給付的總額；即其提撥愈多，時間愈長，投資報酬愈高，則其退休後提領的給付水準愈高。

　　簡而言之，在確定提撥之下，年金參與者的權利（給付）與義務（提撥）直接掛勾，收益與成本結合。因此在確定提撥制之下，年金參與者有意願提撥費用，並因切身利益，亦比較關心年金基金的財務狀況與運作過程，不若確定給付制，提撥與受益並無直接關連，年金基金的財務

---

❷新加坡稱儲金制為中央公積金制（Central Provident Fund, 簡稱 CPF），馬來西亞將儲金制稱作受雇者公積金制（Employees' Provident Fund, 簡稱 EPF）。

運作良窳，被保險人並不關心，每每等到財務巨額虧損或瀕臨破產，必須提高保險費率或降低給付時，才引起軒然大波。

▉貳、國民年金制度良窳的關鍵因素

一、依賴人口比例

　　一國究竟採取何種年金制度，與其人口結構，即依賴人口比例 (dependency ratio) 有關。採行何種國民年金，首應考慮的因素，是人口結構，亦即退休人口與工作人口的比例。按照國際上計算標準，此乃是指一國之中，六十歲或六十五歲以上人口佔二十歲至六十歲或六十五歲人口的比例，但二十歲至六十歲或六十五歲人口中，有部分仍在就學、服兵役或失業，故工作人口應低於此一年齡層的人口。凡一國退休人口佔工作人口之比重愈高，亦即表示，較少的工作人口「扶養 1 個退休者」。是以，一國的工作人口愈少，而相對地退休人口愈多，則在隨收隨付制度下，一定保險給付標準，給付支出愈來愈多。換言之，工作人口需負擔的保險費愈來愈重 (參閱附表 1–3)，以臺灣的情況來說，六十五歲以上人口，在民國四十年時佔總人口 2.50%，至民國八十九年時，此項人口比重已上升至 6%。依照行政院經建會的預估，至公元 2020 年，六十五歲以上人口之比重將高達 20%。值得注意的是，我國人口老化的速度，遠超過一般國家，先進國家六十五歲以上人口佔總人口的比重達 20%，需五十年的時間，而臺灣到達同一情況，只需二十年時間。臺灣預估二十年後，每七位工作人口扶養一位老人，而四十年後，每三位工作人口就必須扶養一位老人。

　　六十五歲以上人口佔工作人口的比重，又稱做依賴人口比重，依賴

人口比重愈高，充分顯示人口愈老化。須加重視的是，任何國家一旦建立保險制度，並且採隨收隨付的財務融通方式，日後工作者需繳的保費，漸趨增加將是無可避免的。

二、勞動參與率

影響保險財務健全，或考量採取何種保險制度的另一項重要考慮因素，為勞動參與率 (participation of laboration)，簡稱勞參率。勞參率的高低決定於二十歲至六十歲或六十五歲人口中，實際加入各行各業的工作人口。因為除了就學、生病等原因外，許多國家男性須服兵役，而一般女性，在結婚生育之後，有相當時間會退出勞動市場。故整體而言，大多數國家的男性勞參率高於女性。以臺灣的情況觀察，民國八十八年平均勞參率為 50.93%，男性有 69.93%，但女性僅 46.03%❸。因勞參率影響保費繳交的能力，許多國家對自營工作，或處於失業狀況者，都有停止繳交保險費的規定，此項規定當然會影響年金基金的收入。更重要的是，儘管保險費收入因上述因素減少，但任何國家國民年金的給付，不會因為失業人口增加，或勞參率的降低而減少。在隨收隨付的年金制度下，當一國失業人口增加或勞參率降低時，對年金財務而言，確實是雪上加霜。

三、勞動生產力

如果一國工作人口一定，或勞動參與率一定，被保險人繳交保險費的多寡，在保險費率一定的情況下，端視其薪資的高低而定。世界上大多數國家，若採保險型的國民年金制度，保險費的提撥多以薪資高低計

❸請參閱行政院勞工委員會編印，《中華民國臺灣地區勞動統計月刊》, pp. 12–15。

算，而薪資的高低或調整，基本上是受到勞動生產力的影響。若勞動生產力增加，薪資多隨之調升，反之，勞動生產力變動不大，薪資亦無甚更張。值得注意的是，在社會保險中保險費之徵收，一般按投保薪資，但投保薪資皆低於全部薪資，若社會保險費之繳交用定額方式，則與薪資不相關連。再者，在投保薪資表中通常都設有上限，凡超過上限愈多者，其投保薪資佔實際薪資比例愈低。易言之，勞動生產力使薪資上升，但投保薪資未必隨之增加。從臺灣的資料觀察，以民國八十八年為例，製造業生產力上升 7.05%，但投保薪資僅上升 3% 左右，即可獲得佐證。

四、物價穩定

通貨膨脹對國民年金的影響，係來自兩方面，一方面是對給付方面，若國民年金的所得替代率 (replacement ratio) 一定，物價上漲使購買力降低，為保障其實質所得（給付）一定，許多國家有給付指數化的規定，即給付必須隨物價上漲而調整。另一方面的影響是在提存準備上，尤其是國民年金採部分或完全提存準備的方式，如果物價上升，準備金隨之貶值，如果實質所得替代率不變或給付隨物價調整，原有準備之購買力必然不足，甚至完全耗盡。當然，物價上升後，受雇者會要求提高薪資，則保險費之收入可望增加。物價膨脹對國民年金之衝擊，依據各國的經驗顯示，其對給付與提存準備的影響，高於對保險費收入的影響，職是之故，無論國民年金採隨收隨付制，或採提存準備制，物價的穩定，皆十分重要。但無可諱言，關於物價膨脹的風險，提存準備制遠超過隨收隨付制，蓋從提撥到給付的時間，提存準備制遠長於隨收隨付制，時間愈長，物價膨脹的風險就愈大。

五、所得替代率

　　所得替代率，是指國民年金的給付佔退休前平均所得的比例，按世界各國國民年金保險的所得替代率差異頗大，以英國為例，目前的基礎年金，其所得替代率不及 20%，德國則高達 65% 左右。事實上在同一個國家，其所得替代率高低變化頗大。在英國，早期基礎年金的所得替代率亦有 40%，而後降至不及 20%。應加留意的是，各國年金制度差異頗大，在年金制度建立初期，除基礎或國民年金之外，尚無職業年金（或職域年金）與商業年金，退休者依賴國民年金維持其基本生活。但後來企業逐漸為其員工建立職業年金制度，尤有進者，退休者本人為求獲得更好的生活條件，而購買商業年金，於是國民年金的重要性乃相對減弱。所以這些國家國民年金的所得替代率逐漸降低，實其來有自。進言之，隨著人口的增加，如果所得替代率很高，尤其是像早期英國、澳洲等國以賦稅融通，財政上的壓力將難以承擔，政府不得不降低國民年金的所得替代率。相對而言，德國、法國等國家，始終維持較高的所得替代率，並且將給付予以指數化，但是這是「羊毛出在羊身上」，被保險人的保險費負擔將不斷上升。即使如此，這些國家財務上仍逐漸陷入了困境；為求所得替代率仍大致能維持原有水準，故不得不將退休年齡延長，以減輕年金制度財務上的壓力。總之，所得替代率或給付水準，與保險費的負擔息息相關。假如其他條件不變，所得替代率越高，被保險人的保險費負擔愈重。即使一國不採保險型，而採賦稅型或儲金型的國民年金制度，在其他條件不變的情形下，所得替代率愈高，該國人民賦稅負擔，或強制儲蓄之提撥，亦必須相對提高。

六、國民年金基金的管理效能

　　眾人皆知，國民年金所累積的資金，遠超過其他社會保險，年金基金的管理與運用，因此更顯得重要。如果僅就國民年金的不同財務融通方式加以比較，吾人立即可以發現，隨收隨付制的年金，當其制度尚未成熟之前，亦累積相當多的資金，必須加以管理與適當運用。唯當制度漸趨成熟，給付使累積資金減少，資金管理與運用的責任才減輕。比較言之，在儲金制之下，累積的資金將十分可觀，其管理運用責任重大。因此，年金基金管理機構的管理效率相當重要，蓋其管理運用的績效，會直接影響年金參與者的權益。

　　採儲金制的國民年金基金收益的高低，與年金受益者退休後的經濟收入有關，受益者比較關心基金資金的運用與管理，人人可發揮監督的功能。反之，採保險型的年金，承保機關在收取保險費之後，資金的運用管理受到極大的限制，報酬的多寡與被保險人並無直接關連，在此種制度下，年金計畫的參與者就很少關切資金運用的良窳。除監理機構外，更不可能發生監督的作用。

　　早期的國民年金，因屬於社會保險，故理所當然由政府經營管理，民營者可說絕無僅有，直到最近配合公營事業民營化的趨勢，吾人發現愈來愈多的國家，將國民年金交由民營公司經營管理。並為分散風險計，國民年金基金乃交由多家民營公司管理運用。論者嘗謂多家民營公司的經營管理，較單一的公營公司管理運用的成本為高，但不應忽視多元的民營公司，其所管理的年金基金的報酬，超過單一公營機構甚多，即使扣除其成本之後的淨報酬，亦超過了公營管理機構（Vittas, 1995；陳聽安、吳英同，民 89）。

七、年金基金行政獨立自主與否

　　無庸置疑，不少國家年金基金的管理與運用，不僅是公營或民營，單一或多元的問題。國民年金在財務上陷入泥沼，部分是因為政治上或行政上的干預，尤其是民主政治之下辦理社會保險，往往是太多的政治，與太少的保險專業考量。最典型的情形是，給付多多益善，給予被保險人更多的優惠，即使國民年金已經入不敷出，提高保費卻遲遲未見行動。故批評社會安全制度不安全，社會保險不保險，並非無的放矢 (Gordem, 1990)。

八、人性化的制度

　　國民年金制度推行能否成功，固為訂定此項制度之目標，但無論如何，當一項政策予以多項目標，尤其是目標之間相互衝突，基本即違背所謂丁培根法則 (Tinbergen's rule)❹，政策目標往往顧此失彼。尤其更加值得重視的是，政策目標不祇一端，且陳義過高，不僅原定目標無法達成，更為嚴重的是，可能導致相反的結果。例如，國民年金的主要目標，是促使退休者能獲得最低的生活保障，但在實施此項社會保險政策的同時，欲經由保險費的徵收，達成劫富濟貧的所得重分配目標，但實施的結果又如何？從諸多實證資料分析顯示，極其諷刺的卻是劫貧濟富，獲致與政策目標相反的結果。其所以如此，考其原因有二：⑴以薪資所得計算保費設有上限，以及低報、匿報薪資等因素，保險費負擔呈現累退；

---

❹所謂丁培根法則，指除少數例外，政策目標數與政策工具數必須配合，否則政策目標即難以達成，會造成顧此失彼，見 Jan Tinbergen, *Wirtschaftspolitik, Verlag Rombach Freibury,* 1968, pp. 39–65。

(2)所得較高者的平均餘命較長，領取的給付較所得低者為多。是以，吾人在設計一套社會保險制度時，對人性的弱點需納入考量，不宜陳義過高，或賦予太多的政策目標。除少數利他主義者之外，一般人總是想盡辦法，多領少付。職是之故，社會保險的所得重分配目標，基本上與人性亦不相容，因為其與人性未合，故多少年來各國實施的結果，已證明「此路不通」，如果再一味繼續強行，也只會獲得適得其反的效果。低報、匿報與逃漏，以減輕保險費負擔，或以實物方式給予薪資，規避保費負擔，永遠都難以消弭。對民營事業而言，如果雇主與受雇者相互勾結，使保費負擔減輕、互蒙其利，試想彼等何樂而不為之？

■ 參、世界銀行建議的年金規劃

　　我國國民年金制度何去何從？吾人認為：除針對既有類似制度的缺失，加以檢討之外，世界銀行所設計的三柱年金體制，的確值得臺灣加以參酌，世銀模式的特色是：

　　1.年金體系的建立不只一柱，共計有基礎年金、職業年金及商業年金三柱。

　　2.每柱年金僅擔負一個政策目標。

　　(1)基礎年金負責所得重分配功能

　　(2)職業年金負責風險分擔功能

　　(3)商業年金負責生活舒適功能

　　3.不同年金以不同方式融通財務。

　　(1)基礎年金以租稅支應

　　(2)職業年金以保險費支應

　　(3)商業年金用自願儲蓄達成

4.基礎及職業年金為強制性，但商業年金為自願方式。

世界銀行的年金模式，並非福至心靈或油然而生，此乃是經過檢討各國年金制度實施經驗，並深切思考得來。我們可以發現，各柱年金之目標單純，不失含有理想，但又不致陳義太高，尤其不能單靠基礎或國民年金一種制度達成三種目標。特別值得正視的是，基礎年金的財源取自一般賦稅，而非由保險費支應。世銀專家如此的設計，是因為他們發現，用徵收保險費達成所得重分配的目標，乃力有未逮。實際上，即使先進國家用賦稅融通，其重分配效果仍然有限。假如透過保險費的徵收，其重分配效果更為欠佳，因為如果保費徵收以薪資為基礎，對於所得重分配不僅無效，甚至有逆進作用。易言之，基礎年金雖不建議用保險費融通，但企業或職業年金的財源，仍須取自保險費，並且以薪資為基礎。職業年金雖為強制各企業要保，卻允許企業有若干彈性，即保險費與給付企業各有不同。既然保險與給付不同，個別企業應無保險費低報、匿報之虞，因如此作法影響員工權益，受雇者基於自利，必然會監督雇主保險費之繳交。至於第三柱的保險，是自願參加，儲蓄的多寡，依照個人經濟能力與退休生活需要規劃，保險費的低報、匿報更不可能發生。

如果一個隨收隨付制度的社會保險制度運作的結果，連自身都難保，遑論風險分散，「社會保險」仍然「不保險」，這是許多人始料未及的。就所得重分配的功能而言，除女性的平均餘命高於男性，導致男女之間所得重分配外，在人口結構老化的情況下，代際之間的所得重分配的效果，只會加重下一代的保險費負擔，造成更大的不公平。近年來許多國家的隨收隨付或部分準備的社會保險，紛紛改為完全提存準備與確定提撥制的非保險型國民年金制度，原因即在此；換言之，傳統社會保險的功能已遭到強烈的質疑。

觀察各國所採行的年金制度，當今絕大多數的國家係採保險型的國

民年金制度，較少國家採公積金制，更少國家採稅收制度。採社會保險型的制度目的有二：⑴風險分擔；⑵所得重分配。但從上文許多國家實施年金制度的經驗來看，上兩項功能不是不彰，便是適得其反。蓋採保險型的國家多採隨收隨付制，雖然其中亦有採部分提存準備制者，但由於其給付往往大於提撥，在缺乏保費自動調整的機制下，部分準備容易耗盡，不得不將保費一再提高，或將給付水準降低，但人盡皆知，上述改善保險的兩種途徑皆非易事。

更值得一提的是，年金制度的民營化，含有去政治化的意義，蓋由政府經營管理的年金基金，每易受到政治或行政上的干預。在民主政治體制下，無論是政府本身或民意機構，增加給付容易，提高保險費則十分困難。是以，採公營年金制度的國家，其財務上健全者，可說是鳳毛麟角，發生入不敷出者則卻比比皆是 (Feldstein, 1998)。職是之故，年金制度的民營化，釐清政府在社會安全制度中之責任，與扮演的角色，可說是各國長期以來痛定思痛的結果。政府是制度的設計者與經營監督者，也是公務人員的雇主，故必須分擔財務責任，除此之外，政府不再負有填補虧損的財務責任，發生盈虧悉由年金制度的管理者與參與者承擔。

▋肆、國際趨勢

二次大戰之後，除新加坡、馬來西亞外，世界各主要國家的退休年金幾乎皆採確定給付制，財務上用隨收隨付的融通方式。即使是新加坡、馬來西亞採行確定提撥制，財務上提存十足準備，但卻是由政府或成立專責單位集中保管運用，而非按個人設帳，用民營化的方式經營。1981年之後，上述趨勢雖然沒有全盤改觀，但吾人可以發現，不僅是拉丁美洲的國家，如智利、阿根廷等國，也包括東歐匈牙利等國、美國的諸多

大型企業、澳洲，乃至亞洲的香港，可以發現愈來愈多的國家或企業退休金，採確定提撥制，並且按個人設帳，以多元化、民營化的方式來經營管理 (Guck, 1998)。

眾所周知，國民年金由政府經營，不僅財務負擔沉重，在經營管理上亦一肩挑起，隨著人口的增長，政府財政上不勝負荷，不得不將給付水準不斷降低，但如此一來，給付便不足以維持老年退休後的基本經濟生活需求。而公營的管理機構，效率偏低，年金制度的民營化，乃成為國際上公營事業民營化的一部分。易言之，年金制度的民營化，顯然是受到公營事業民營化的影響。無庸諱言，由智利首創的民營化年金制度，曾受到不少的質疑：⑴有人批評智利年金制度採行的時間太短，尚不足以論斷其成效；⑵民營化的經營管理，讓參與者每年有選擇的權利，以致經營成本偏高；⑶智利採行新年金制度是專制政權下的產物，不足為民主國家所仿效；⑷智利採十足準備制，資金管理運用風險極大；⑸如無適當的資本市場配合，資金出路會有很大的問題。

以上的批評，雖非無的放矢，但智利在嘗試錯誤中逐漸修正，諸如降低參與者選擇的次數，由每年三次降低為二次，基金的管理民營機構 (AFP) 原有二十五家，現已合併至十二家，以降低經營成本，但就整個基本制度而言，未做重大修正，仍是多元化、民營化。

吾人同意，一項制度的成效，的確需要經過時間的考驗，而智利年金制度的成功，也不足以說明此項制度，可以為他國所仿效，「橘逾淮為枳」確為自古名訓，針對不同國家的國情加以修改，確實有其必要。唯從晚近世界各國年金制度改革的趨向，吾人可以歸納為：

1.愈來愈多國家採年金制度民營化的方式管理經營。

2.其他國家所採行的國民年金版本並非智利的全部翻版，如阿根廷、秘魯、墨西哥、匈牙利及澳大利亞 (Feldstein, 1998) 等國，均或多或少做

了某種程度的修正。換言之，年金制度的民營化，仍須作某種程度的本土化。

■ 伍、嘗試建立臺灣國民年金制度的雛型

從上述的討論，吾人以野人獻曝的心情，嘗試建構未來臺灣的國民年金制度，個人認為此制度至少應該符合下列原則：

1. 人性化原則
2. 透明化原則
3. 民營化原則
4. 多元化原則
5. 自由化原則
6. 國際化原則
7. 財務機制自主原則

在上述原則考量之下，我們認為臺灣未來的國民年金制度，不可重蹈過去公、勞、軍保的覆轍，採社會保險隨收隨付的財務融通方式。從上文討論可知，國民年金目的在保障退休老人的基本生活，達成此一目標的過程或採行的手段，不宜強調所得重分配的目標。從國內外的經驗可知，以強制保險的方式，不僅重分配目標無法達成，反而影響基金總收入，進而危害年金給付，是名符其實的得不償失。我們認為，政府的職責在訂立適當的所得替代率水準，維持最低生活費用的給付水準，但此所得替代率不宜過高，30% 至 40% 即可，並與職業年金與商業年金相互配合。

不論未來國民年金採取何種形態，為減少政治與行政的不當干預，行政上年金基金必須能獨立自主運作，政府的職責應限於立法監督，與

以公教人員雇主身分所負擔的財務責任，讓國民年金的保管與運用，完全交由民間專業經營。至於監督方面，政府雖扮演重要角色，但應絕對避免作政治性酬庸。

國民年金的資金龐大，不宜交由單一的公營機構管理運用，而宜由多家民營公司負責，對經營年金公司的條件，應嚴加審核，必要時可開放國外公司採競爭方式，取得國民年金基金的經營權，基本給付要求一致，但各經營管理公司的投資報酬，由國民年金的參與者分享。換言之，提撥相同，給付允許差異。

國民年金雖採強制方式，凡達一定年齡，就業之後必須參加國民年金計畫，但允許參與者有自由選擇何家管理公司的機會。選擇的次數加以限制，以避免成本過高。此一制度之下，值得強調的是，給付的權利與提撥的義務直接相關。不僅如此，風險亦不由政府直接承擔，而由個人、管理公司與政府分別分擔，但與雇主無涉。雇主僅負提撥之責任，提撥按薪資之 10%，雇主與受雇者均分，保管與運用交民間公司負責。

為避免過去的錯誤，未來國民年金應採確定提撥制，在財務融通上，不再採隨收隨付方式，而是採完全提存準備，即採儲金制，工作期間強制儲蓄，退休後定期領取，即不採一次給付而採按月給付，以確保退休老人及其家屬的基本生活。

未來的國民年金，應按個人設帳，意即採個人強制設立儲蓄帳戶 (Individual Forced Saving Account)，簡稱 IFSA，除特殊情況平時不准提領，專做退休後生活之用。

為鼓勵個人於工作時間未雨綢繆，強制其儲蓄，對提撥金額不予課稅，在個人申報綜合所得稅時，將此提撥全額扣除，亦即不列入課稅所得，俟其退休時，針對超過基礎年金部分課稅，對基金管理機構之財產亦免稅，其投資所得則列入營利事業所得稅課徵範圍。

為確保年金基金財務健全，監督管理機構應與基金管理經營公司之電腦連線，充分掌握其資金運用之資訊，如果出現任何違規狀態，應立即斷然處理，以確保參與者之權益，同時年金基金管理公司應加入中央存保公司，以避免發生任何危機。

國民年金基金管理公司，對參與者帳戶內之儲金，投資報酬應充分透明化，任何個人透過網路可充分瞭解其儲金之多寡，外加公司投資分攤利息紅利所得。

■陸、結　論

在過去經過二年時間，政府所規劃評估的國民年金版本，似缺乏前瞻性，吾人發現主管機關顯然誤解世界銀行的國民年金模式，基礎年金仍採保險型。雖然已顧及投保薪資低報的弊端，揚棄用投保薪資金額乘以保險費率繳交保險費，改採定額方式，每人每月繳交 870 元，繳納四十年後，退休時每人每月可領取 8,700 元，相當於平均消費水準的 60%。唯仍採確定給付制，財務融通依然採隨收隨付方式❺。我們在上文中指出，採用確定給付制的國民年金，其先決條件是人口結構必須穩定，否則工作者終生提撥，經過四十年等到退休，會發現每月領不到 8,700 元。蓋臺灣人口老化，遠比一般國家為快，扶養比例不斷上升，要領取確定每月給付 8,700 元，唯一的方法是當代工作人口的保險費不斷提升，或者將給付水準降低。眾所皆知，在民主制度之下，兩者皆動輒得咎。故我們認為，政府所設計的國民年金版本，缺乏前瞻性，且罔顧人口老化

---

❺ 依據民國九十一年行政院送立法院的「國民年金法草案」規定，此法施行第一年，全額年金為新臺幣 7,500 元，保險費為全額年金之 10%，即新臺幣 750 元。

的嚴重性，如果按此一方案實施，無異是埋下一顆定時的核子彈，國民年金一旦破產，其嚴重性遠超過目前疲憊的全民健康保險。

吾人絕非危言聳聽，凡對年金制度有深入研究者，當可瞭解此言非虛，是以我們應衷心期待，國民年金茲事體大，寧可延遲實施時期，但務必重新規劃，我們建議參考世界銀行或國際貨幣基金的研究，與本地學者合作，重新規劃一套去政治化，又符合人性化，吻合世界年金改革潮流的國民年金制度，並且有助我國未來資本形成、儲蓄與經濟成長，這將是國家之福，亦為未來臺灣全體國民之福。

參考文獻

中文部分

行政院經濟建設委員會（民 84），〈國民年金保險制度整合規劃報告〉，《經濟研究》，編號 (84) 008–802。

陳聽安（民 88），〈國民年金制度之規劃與公務人員保險之革新〉，《國民年金：經濟發展與國家安全之屏障》，頁 19–31，中華國家安全與經濟發展協會出版。

陳聽安、吳英同（民 89），〈臺灣年金制度規劃之評析〉，《財稅研究》，第三十二卷，第二期，頁 1–40。

陳聽安、吳英同（民 88），《論智利年金之民營化》，財團法人中國財稅金融文教基金會。

許振明、周麗芳、蕭麗卿（民 88），《國民年金保險給付調整規定之研究》，內政部報告。

勞工委員會編印（民 90）《中華民國臺灣地區勞動統計月刊》

鄭文輝、吳明儒、鄭清霞（民 87），《國民年金政府財源籌措之探討》，行政院經濟建設委員會財務處委託研究，國立中正大學社會福利研究所研究。

英文部分

Banks, James and Emmerson, Carl (2000), "Public and Private Pension Spending: Principles, Practice and the Need for Reform", *Fiscal Studies,* vol. 21, No. 1, pp. 1–64.

Buti, M., Franco, D. and Pench, L. R. (1999), *The Welfare State in Europe: Change and Reform,* Edward Elgar, Cheltenham, U. K..

Bos, E., Vu, M. T., Massiah, E. and Bulatao, R. A. (1994), *World Population Projection*, 1994–95 Edition: Estimates and Projections with Related Demographic Statistics, Washington, D. C., The World Bank.

Brian, Guck (1998), "the Development of Pension Scheme",《國民年金：經濟發展與國家安全之屏障》，頁 19–31，中華國家安全與經濟發展協會出版。

Creedy, John (1998), *Pension and Population Ageing,* Edward Elgar, Cheltenham, U. K..

Davis, E. P. (1993), "The Structure, Regulation, and Performance of Pension Funds in Nine Industrial Countries", Working Paper 1229 (December), The World Bank, Policy Research Department, Washington, D. C..

Disney, R., Palacios, R. and Whitehouse, E. (1999), "Individual Choice of Pension Arrangment as a Pension Reform Strategy", Institute for Fiscal Studies, Working Paper No. 99/18.

Feldstein, Martin (1998), *Privatizing Social Security,* The University of Chicago Press, LTD., London.

Folster, Stefan (1999), "Social Insurance Based on Personal Saving Accounts: a Possible Reform Strategy for Overburndened Welfare State?" in *The Welfare State in Europe: Challenges and Reforms*, ed. by Marco Buti etc., Edward Elgar, Cheltenham, U. K., pp. 93–115.

Gordem, Margart S. (1990), *Social Security Policies in Industrial Countries,* Cambridge University Press, New York.

Holzmann, Robert (1999), "On Economic Benefit and Fiscal Requirement of Moving from Unfunded to Funded Pension", Edward Elgar, Cheltenham, U. K., in *The Welfare State in Europe: Challenges and Reforms*, ed. by Marco Buti, Daniele Franco and Lucio R. Pench, pp. 139–196.

Kevin, Stephenson (1999), *Social Security: Time for a Change,* Jai Press Inc., London, England.

Köhler, Peter A. and Zacher, Hans F. (1981), *The Evolution of Social Insurance 1881–1981,* France Pinter, London.

Müller Katharina (1999), *The Political Economy of Pension Reform in Central-Eastern Europe,* Edward Elgar, Cheltenham, U. K..

Turner, John A. and Watanabe, Noriyasu (1995), *Private Pension Policies in Industrialized Countries,* W. E. Upjohn Institute for Employment Research.

Vittas, Dimitri (1995), "Strengths and Weakness of the Chilean Pension Reform", *World Bank Discussion Paper 110,* Washington D. C..

Vittas, Dimitri (1996), *Policies to Promote Saving for Retirement: Tax Incentment or Compulsory Provision,* The Word Bank, Washington, D. C..

（本文發表於《華信金融季刊》第十一期，八十九年九月）

附　錄

附表 1-1　男性所得替代率之國際比較

單位：百分比

國　家	平均男性所得替代率
加拿大	51
法　國	95
德　國	72
義大利	82
荷　蘭	41
紐西蘭	38
英　國	34
美　國	55

資料來源：Banks and Emmerson, 2000.

附表 1-2　年金制度改革：舊制改為新制時採自願或強制

國　家	改革年份	對新加入者	對原有勞工
阿根廷	1994	自願	自願
羅德維亞	1997	強制	強制
智　利	1981	強制	自願
哥倫比亞	1994	強制	自願
克羅愛西亞	2000	強制	小於四十五歲強制，四十至五十歲自願
厄瓜多爾	1998	強制	小於三十五歲強制，三十五至五十五歲自願
匈牙利	1997	強制	自願
卡薩斯坦	1997	強制	強制
墨西哥	1997	強制	強制
秘　魯	1993	自願	自願
波　蘭	1999	強制	小於三十歲強制，三十至五十歲自願
英　國	1988	強制	自願
匈牙利	1996	強制	小於四十歲與高所得強制

資料來源：Disney, Palacios and Whitehouse, 1999.

附表 1-3　依賴比例之國際趨勢

單位：百分比

國　　家	依賴比例		
	1960 年	1990 年	2030 年
加拿大	13.0	16.7	39.1
法　國	18.8	20.8	39.1
德　國	16.0	21.7	49.2
義大利	13.3	21.6	48.3
日　本	9.5	17.1	44.5
瑞　典	17.8	27.6	39.4
英　國	17.8	24.0	38.7
美　國	15.4	19.1	36.8

註：上表依賴比例是指該國六十五歲人口佔工作年齡人口之比
資料來源：Bos, Vu, Massiah and Bulatao, 1994.

附表 1-4　指數化之所得替代率

單位：百分比

國　　家	依照物價指數化之年金	依照工資指數化之年金
美　國	37.6	36.9
英　國	66.4	52.6
德　國	40.0	27.6
日　本	28.4	18.9
加拿大	23.1	19.4
荷　蘭	40.5	32.2
瑞　典	16.1	13.7
瑞　士	21.6	17.8
丹　麥	33.2	15.3

資料來源：Davis 1993.

第二篇

美、英、德、日與智利等國家之老年年金制度

▌壹、前　言

　　語云：他山之石可以攻錯。在探討我國國民年金制度未來走向之前，對若干國家之老年年金制度，及其財務狀況做一番瞭解，甚有必要。唯先進國家往往因國情有異，常有不同老年年金制度，不僅其涵蓋之範疇，與財源取得的方式有甚大的差別，給付的條件與水準，也有相當大的出入。

　　下文將就美、英、德、日與智利等國家的老年年金制度的內涵概略作介紹，並觀察其財務狀況。我們之所以選擇上述國家，作為探討與介紹的對象，是因為德國最早建立退休金制度，是典型的社會保險制度國家，依照風險分擔與所得重分配原則，由俾斯麥首相首創，故世人多稱德國的退休金制度，為俾斯麥型的老年年金制度 (Köhler and Zacher, 1981)。英國有所謂基礎年金之設置，原本是屬於社會福利型的老年年金制度，後來鑒於政府的財政困難，而不能不做調整。基礎年金係採定額的保費與給付，此即所謂貝佛理奇 (Beveridge, 1942) 型的老年年金。美國雖亦有政府（公共）老年年金制度，但並無基礎年金的設置，相對於其他國家，美國的私人年金制度發達，並配合以賦稅優惠措施，所以美國的 401 (K) 與 IRA 等退休年金計畫日趨增加，值得特別介紹 (Poterba, 1997; Samwick and Skinner, 1997)。日本既有基礎年金，亦有厚生年金制

度，又與我國最為鄰近，頗值得觀摩。智利是老年年金制度的「後起之
秀」，其民營化的年金制度開世界各國之先河，其中雖有新加坡公積金制
度——個人設帳的影子，但營運管理上卻迥然有別。智利模式已成為世
界各國重視與學習的對象，也是本文捨新加坡，而特別介紹智利模式的
原因之一。

以上美、英、德、日、智利五國之年金制度，將分別介紹與比較於
後。

■貳、美　國❶

一、美國老年年金制度之立法

美國自 1935 年立法規範老人、殘障及死亡年金制度以來，曾經經過
多次修訂；但基本的制度架構，到今天仍在實施中。

二、美國老年年金制度之主要內涵

㈠涵蓋範圍

包括自我雇用者（自營作業者）與有收入之職業人口；臨時性農業
與國內雇用人員，以及淨所得低於 400 美元的自我雇用者則不包括在內；
此外，於 1984 年前聯邦政府之受雇者並不涵蓋在內。

美國各州與地方政府的受雇者和神職人員，可以自願方式加入（在
1991 年 7 月 1 日前），之後，凡未納入退休制度的州與地方政府之受雇

---

❶請見 *Social Security Programs Throughout the World—1999,* Office of Research,
Evaluation and Statistics, Social Security Administration, U. S. A., pp. 372–373.

者，均須強制加入。

經過 1935 年樹立的制度，同樣適用於波多黎各、北馬利安那島、維京群島、關島、美屬索莫亞及在國外受雇於美國雇主的居民與公民。

對鐵路人員、聯邦雇用人員，以及州與地方政府雇用人員，則另有特別退休制度。

㈡財源取得

1.保險費

一般按被保險人收入的 6.2%，自我雇用者收入的 12.4%，雇主之提撥則依照薪資的 6.2%。

2.政府補助

⑴凡 1968 年前，年滿七十二歲的老人給付與費用，由政府補助。

⑵所有經資產調查發放之老人津貼，亦全部由政府補助。

3.提撥與給付收入之上限，1999 年為 7 萬 2,600 美元，並自動隨工資水準調整。

㈢給付條件

老人年金原則上年滿六十五歲方得領取養老給付，但六十二至六十四歲可獲減額給付，唯鑑於基金之財務狀況欠佳，正逐步由公元 2000 年至 2007 年提高為六十七歲。在 1991 年前，未達六十二歲者，祇需繳費滿四十季，亦即繳費滿十年，便可領取養老給付。

凡年齡小於六十五歲之被保險人，其收入超過 9,600 美元之每 2 美元，年金將減少 1 美元給付。年齡在六十五至六十九歲，收入超過 1 萬 5,500 美元，每 3 美元減少 1 美元。

如訂有平等互惠之規定，對外國人受雇者亦給予年金給付，並且自 1984 年起，外國人之眷屬與遺屬亦列入給付範圍，但必須經調查符合居留規定。

有關身心障礙者與遺屬年金之給付規定從略。

㈣給付水準

給付水準是依照 1950 年後加保之平均收入,並且至六十二歲按工資上升幅度作指數化調整,同時扣除最低收入的五年,作為給付標準,年滿六十二歲可獲得養老給付,唯每月給付水準降低,至六十五歲再恢復正常水準。

至 1981 年以後,勞工達六十二歲,不再有最低給付 (minimum benefit),從 1999 年起,六十五歲退休之勞工,每月最高給付為 1,373 美元。

六十五歲至六十九歲延後退休,可獲增額給付,增額之多寡視勞工於何年達六十二歲,凡在 1999 年滿六十二歲,每年增加 5.5% 之給付。給付水準隨生活費用自動加以調整,眷屬之津貼,妻或夫按被保險人之給付 50% 支給,祇要在年滿六十歲時結婚超過十年,或者任何年齡之寡婦或鰥夫,若必須照顧孩子,而孩子的年齡在十六歲以下或孩子為身心障礙者,或祇要其孩子小於十八或十八至十九歲且仍在中、小學讀書,皆給予給付。最高的家庭年金,為勞工基本年金的 150% 至 188%,對貧困的老人另有輔助性社會安全所得計畫,透過資產調查給予老人津貼。

三、美國老年年金之財務

到 1996 年止,美國年金基金高達 7 兆 2,000 億美元,大約等於 60% 的 GDP。美國的年金制度可分為公共及私人年金兩部分,茲簡略分述如下:

㈠公共年金

原則上美國缺乏全國性的基礎年金,但美國政府針對六十五歲以上的老人,戰爭死難的遺屬,以及身心障礙者 (Old Age, Survivour & Dis-

ables, 簡稱 OASD）提供社會安全的年金，此項年金佔全國年金資產的三
分之一。

公共年金的財務融通是採隨收隨付，加上資產的收益，給付的水準
以國際標準衡量，屬於中等水準，約等於平均工資的 40%（1995 年為
43%），雖然平均給付水準比歐、日等國家低，但據估計，如仍依照目前
的財務融通方式與給付水準，因人口的老化，至公元 2030 年，美國的年
金將面臨破產。是以，像全世界其他國家一樣，美國的公共年金計畫不
得不作以下的調整。

1.依照 1983 年的年金改革，上項社會安全老人年金從公元 2000 年
至 2007 年，給付年齡將由原來的六十五歲延長為六十七歲；

2.降低退休之給付；

3.取消退休後最低所得限額。

㈡私人年金

由於美國的傳統崇尚自由，政府的干預限於極小的範圍，是以美國
的年金制度，傳統多用儲金的方式 (pension systems based on capital
cover)，從目前國際的趨勢觀察，由確定給付轉為確定提撥，美國早就站
在時代的尖端。

美國私人退休年金的基本型態，是採取賦稅減免與鼓勵儲蓄的方式，
其中又可分為❷：

❷美國用賦稅優惠政策，鼓勵企業或個人提撥老人年金的制度，與美國消費傾向偏
　高、儲蓄傾向偏低有關，請參閱 Sylvester J. Schieber and John B. Shoven (1997),
　"The Economics of U.S. Retirement Policy: Current Status and Future Directions" in
　Public Policy toward Pension, ed. by Sylvester J. Schieber and John B. Shoven, *A
　Twentieth Century Fund Book*, The MIT Press, Cambridge Massachusetts, pp. 1–40.

1. 401 (K) 計畫——是屬於職業年金的範疇，多屬大企業為其員工著想，而提供的退休年金計畫。

2. IRAs——即個人退休儲蓄帳戶 (Individual Retirement Accounts)，此種制度是為個人自行策劃提供的養老退休年金制度。

以下將上述兩項年金計畫細述於後:

1.職業年金計畫

大致上，美國的職業年金計畫 (occupational pension scheme，或譯職域年金)，有三分之一是採確定給付制，給付水準是依照退休前之平均工資。提撥之退休基金，雖採信託基金方式，唯基金之所有權仍屬公司所有。美國大多數的確定給付年金，僅由雇主提撥。換言之，受雇者不必繳交費用。在雇主提供的退休年金中，有所謂的 401 (K) 計畫，該項計畫是肇因於 1984 年，美國的所得稅法第四百零一條第 K 款，政府鼓勵公司為其員工提撥退休金，所建立之確定提撥制退休年金制度，簡稱確定提撥制 (Defined Contribution Scheme，一般縮寫為 DC)。提撥金額可從所得中扣除，不列入公司所得稅繳交的範圍，自此之後，確定提撥便大幅度增加。

依照此一計畫，雇主為員工每年提撥 9,000 美元，作為退休基金。依照統計，雇用員工超過 5,000 人以上的公司，有 96% 都有 401 (K) 計畫。

又依照 401 (K) 計畫，若受雇者自願增加提撥，受雇者每提撥 1 美元，雇主必須對等提撥，但設有上限，提撥最多為薪資全額 25%，或每年至多 3 萬美元。設限的目的，是為防止企業私用提撥規避公司稅。

提撥退休基金可用作基本投資 (primarily investment)，或購買證券，並可獲得免稅的計畫，又為防止投資者在年金參與者（即受雇者）退休前動用基金，規定此種情形必須負擔 10% 的稅。依照 401 (K) 提撥的退

休年金基金的用途，約三分之一是投資於股票市場。

401 (K) 計畫的優點包括：

　⑴對雇主而言：

　　A.成本較低，將可使投資的風險移轉至受雇者；

　　B.提撥享有賦稅優惠。

　⑵對受雇者而言：

　　A.受雇者可掌控自己的計畫；

　　B.受雇者可依照本身的退休時期，選擇不同的投資計畫；

　　C.降低高齡就業之困難；

　　D.年金帳戶可移轉 (portable)。

確定提撥制雖具有上述優點，唯亦有其缺失：

　⑴受通貨膨脹的風險較大。

　⑵就整體而言，無風險分攤與所得重分配之作用。

　2.個人退休儲蓄帳戶

　　自從 1974 年起，美國為那些缺乏職業年金的勞工，設計了個人退休帳戶制度之後，此一制度已成為美國最重要的，同時也是最成功的退休金計畫，因而促成美國於 1981 年訂定就業退休所得帳戶安全法（The Employment Retirement Income Account Security Act, 簡稱 ERISA），此項法案有如下規範：

　　每一受雇之美國公民，每年可從其課稅所得中，在 2,000 美元的範圍內，存入個人退休儲蓄帳戶，不予課稅，作為投資之資產。個人退休帳戶之資產，可投資於主要的證券 (primarily securities)，為了管理日增的年金計畫投資與勞工就業的移動，管理費用之增加，幾乎難以避免。

　　此外，因為 1981 年通過 ERISA 法案，個人退休帳戶儲蓄巨幅增加，1985 年 IRA 僅 1,500 萬美元，至 1996 年 IRA 的總金額已高達 1,315 兆

美元。

　　根據伊利薩法 (ERISA Law)，IRA 由美國勞工部掌理，負責：

　　1.訂定移轉最低標準

　　2.設定最低的提撥金額

　　3.建立退休給付保證公司 (Pension Benefit Guarantee Corperation, PBGC)，以確保即使投資破產，仍可獲有基本年金給付。

　　4.依照謹慎者規則 (prudent man rule)：除對確定給付之退休計畫，投資於自己的事業不得超過 10% 的限制外，原則上對投資並無數量上的限制。

　　5.為防止利用提撥退休金避稅，美國內地稅局限制退休基金提撥，使其不得超過累積給付債券或計畫給付債券 150%。

　　6.建立投資標準與防止不當之資金移轉。

　　有關美國退休基金之租稅處理，則有下列規定：

　　1.退休基金之資產免稅

　　2.除確定給付之提撥外，皆免稅

　　3.退休金給付時予以課稅

　　值得一提的是，目前個人退休帳戶計畫中給付採指數化者不多，僅有 5%。另外就公、私部門區分，公部門部分，96% 的受雇者參加退休年金計畫，但私部門部分，僅 50% 左右參加此種計畫。

四、美國老年年金制度發展之趨向

㈠局部改革的重點

　　為解決社會安全的財務問題，有如下的改革措施：

　　1.短期改革措施

　　⑴提高退休年齡

　　⑵對退休給付增加稅負

　　⑶降低給付水準

　　⑷對公務人員之社會安全延長

　2.長期改革措施

　　⑴社會安全制度採民營化經營

　　⑵提高基金投資之比例

　　⑶增加額外義務性個人儲蓄比例 (creation of an additional obliga-
　　　tory individual savings portion)

　㈡全盤改制之趨向

　　自 1981 年起，新的退休金計畫，有 80% 是採確定提撥制。上文曾
提及，改採確定提撥制的優點，是對雇主責任減輕，行政成本較低。從
發展的趨勢可發現，職業年金中採確定提撥制者愈來愈多，1990 年僅佔
30%，1997 年改為 37%，估計至 2007 年，可佔 60%。導致改制為確定提
撥制不斷增加的原因為：

　　1.美國受雇者平均轉換工作有日增趨向

　　2.遷移居者也有增加趨勢

　　3.課稅對確定提撥制之發展較為有利

　　4.提早提取給付設有懲罰

■參、英　國❸

一、英國老年年金制度之立法

　　英國有關老年年金 (Old-age Pension) 最早於 1908 年完成立法，殘障保險於 1911 年，以及老年與遺屬年金保險在 1925 年完成立法。現行制度是根據 1992 年的綜合立法 (Consolidated legislation)，以及 1995 年的年金法 (Pension Act)，大英帝國的社會安全制度是採雙重性的制度，即採取社會保險與社會救助並行的體系。

二、英國老年年金制度之主要內涵

(一)涵蓋範圍

　　英國的政府老年年金制度有兩項，一為政府基礎退休年金，另一為政府所得相關退休年金（State Earning Related Pension Scheme, 縮寫 SERPS）。前者採定額，後者與所得高低相連；兩種制度皆採強制納保，凡受雇者在 1999 年週薪超過 66 鎊以上皆須加入。在特殊情形下，雇主或受雇者可將 SERPS 以委外方式 (contract out) 辦理。

　　政府基礎退休年金之提撥，採定額的方式，對自我雇用人員（自營作業者）之每年淨所得在 1999 年超過 3,770 英鎊須強制提撥，而週薪低於 66 鎊的非自我雇用者，和年淨所得低於 3,770 英鎊的自我雇用者，可以自願方式參加。

(二)財源取得

❸見 *Social Security Programs Throughout the World—1999,* pp. 368–369.

1.被保險人——即受雇者

⑴於 1999 年週薪在 66 至 500 鎊，支付 10%（某些已婚婦女與寡婦按週薪 3.85% 支付保險費）。

⑵如 SERPS 委外經營，週薪在 66 至 500 鎊間，按 8.4% 計費。

⑶自我雇用者年淨所得在 7,530 和 2 萬 6,000 英鎊間，每週 6.55 鎊加所得的 6%。

⑷自願參加者，以每週 6.45 鎊之定額繳交保險費。

2.雇　主

以受雇者薪資超過 83 鎊按 12.2%，假如 SERPS 委外經營時，受雇者週薪超過 83 鎊，以 9.2% 至 11.6% 計費。SERPS 之財源視不同委外計畫 (contract out scheme) 之種類，保險費互有差異。

3.政　府

政府有關經資產調查之老年津貼 (mean-test allowance) 與不繳費之給予，其財源由政府全部承擔，對於需要繳交保險費之計畫，每年之給付支出如產生財務短絀，在 17% 給付支出範圍內，由政府負責。

除雇主、自營作業者與非雇用者，投保金額之上限為每週 500 鎊，下限為每週 66 英鎊。

由於英國之老年年金保險是與疾病、生產、職業災害與失業等保險以及部分醫療服務所合成的國民保險，故受雇者與雇主之提撥包括上述各項給付，自我雇用者除失業給付外其餘給付均有，自願參加者則僅有退休養老與寡婦給付。

上述保險費的繳納，其中有 15% 指定用作國民健康財務之用。

㈢給付條件

1.老年年金

男性年滿六十五歲，女性年滿六十歲，可申請老年年金，唯因英國

此項給付之財源短缺，故計畫自 2010 年至 2020 年，女性逐漸提高至年滿六十五歲，方可申請老年給付。

　　2.政府基礎退休年金（定額）

　　在 1975 年 4 月前，按最低收入提撥五十週，每週可領取 50 英鎊。或在 1975 年 4 月至 1976 年 4 月會計年度按較低收入，最少五十倍提撥，之後按上述收入之五十二倍提撥。此項條件大約即工作時間的十分之九，一般女性為四十四年，男性為四十九年。如不足上述條件，採取減額給付，唯如果為照顧孩子或長輩或身心障礙者之親屬，領取全額年金之條件有降低之例外規定。

　　假如給付條件領取金額低於全額年金之 25%，即不予支付，另以社會救助處理。對身心障礙者、失業等給予之條件比較優待。即此等情形之提撥時間可酌量縮短。SERPS 從 1978 年 4 月起，受雇者之所得需按所得水準提撥，在任何會計年度介於上限與下限之間。

　　年齡在八十歲以上，或不必繳費者，或每週收入不足 39.95 英鎊者仍可領取老年年金，六十歲後在過去連續二十年中於英國居住滿十年，老年年金可以在國外領取。另有關身心障礙者與遺屬年金之規定本文從略。

　　(四)給付水準

　　1.老年年金

　　　⑴公營政府基礎年金採定額給付，1999 年時每週最高為 66.75 英鎊，眷屬為成人，每週加 39.95 鎊，孩子部分，第一個小孩給予 9.9 鎊，其餘每位支付 11.35 鎊。

　　　⑵SERPS──在 1978 年後，給付是按每一納保年平均指數化盈餘收入 (average surplus earning) 之精算率 (accrual rate) 1.25%，即退休前最終收入水準超過下限之指數化收入。相當於最佳工作

年限平均收入的 25%。介於 1999 年至 2009 年之退休者，1988年 4 月後收入逐漸減為全部工作年限收入之 25% 至 20%。

於公元 2000 年 4 月以後達到退休年齡,經物價調整之收入按最低投保薪資，而非按退休前之工作收入。並且，給付每週最高為 131.22 鎊。對於延後退休者，女性年齡在六十至六十五歲，男性年齡在六十五至七十歲，上述給付至少需延長七週，方有此優惠給付。

2.老人年金 (Old Persons' Pension)

是一種屬於不必繳費之津貼，依照 1999 年規定每週給予 29.95 鎊減去任何老年年金，如超過八十歲，每週增加 2 先令 5 便士。屬所得支持計畫者，經資產調查之社會救助，不必繳費。單身者，視年齡高低，每週給予 75 至 82 鎊 5 便士，但如領有其他年金或津貼必須減除。夫婦視年齡高低，可獲得 116 鎊 60 先令至 125 鎊 30 先令，如領有其他年金或所得必須減除。上述年金隨物價連動予以調整。

三、英國的年金制度財務概況

㈠政府年金

目前英國的政府年金給付水準，是歐洲國家中最低者，並且有進一步降低的趨向。如上所述，英國年金給付的條件，男性為六十五歲，女性為六十歲，但由於財務狀況欠佳，預定 2010 年到 2020 年，女性將延長至與男性同樣的退休年齡，即六十五歲。

就英國政府年金的給付水準而言，大約是平均工資的 33%，且此項水準是包括了政府基礎退休年金與所得相關政府年金，如僅算基礎退休年金，則給付水準不及 20%，茲分述於後：

1.基礎年金

基礎年金的給付，是決定於工作年限之長短,與其所得高低並無關。

目前給付最高為每人每週約 60 英鎊，此項給付隨物價變動調整，不參照工資水準的上升，此種規定，乃是造成英國基礎年金所得替代率較低的主要原因。

英國現行年金給付的財源，是由國民保險之提撥 (National Insurance Contribution) 取得，目前的提撥率是按受雇者毛所得的 9%。此項為國民保險的提撥，亦可被視為分類所得稅 (Separate Income Tax) 的一種，並且規定專款專用。除受雇者外，雇主分擔部分費用，依照毛所得 4.6% 到 10% 的比例提撥，基礎年金並不累積基金或資產，是採隨收隨付制的財務融通制度。

衡諸實況，依照上述提撥和給付，英國的基礎年金財務已呈入不敷出的狀況。為今之計，英國唯有採取不斷降低政府年金之給付水準。從表 2–1 中，可以看出英國政府年金給付水準降低之概況。

表 2–1　英國政府基礎年金佔平均工資比例

性別 ＼ 年份	1996 年	2030 年
女　性	16%	10%
男　性	22%	14%

資料來源：Hansard/DSS (1998), *The New Retirement Survey*, London: HMSO.

2.所得相關年金

SERPS 亦有人稱所得比例年金計畫❹，此項年金計畫是針對受雇之勞工設計，不包含自營作業者 (self-employed) 在內。此項年金的給付，是參照受雇者之所得水準訂定，1999 年的水準大約每週為 93 英鎊。有

❹田近榮治、金子能宏、林文子著 (1996)，張秋明譯，《年金之經濟分析》，財團法人保險事業發展中心，民國八十八年。

鑑於財務上的困窘，英國有計畫地改革隨收隨付制的年金制度，1986 年已通過的社會安全法 (Social Security Act)，正逐步降低附加政府年金 (即政府所得相關年金)，直到廢除為止，有關年金的民營化，亦已在英國引起廣泛的討論。

年金制度變革的方向，包括：

　(1)不以年金計畫參與者之退休前平均所得，而是用其終生平均所得 (life-time average income) 認定給付水準，比例約為 20%；

　(2)遺屬年金，由現行 100%，降低為 50%；

　(3)年金的財源由國民保險提撥支應；

　(4) SERPS 計畫，用外包方式民營化；

首先必須確認，職域或個人年金 (Occupational or Personal Pension Provision)，用外包方式委託經營有其需要。據估計大約有 420 萬的英國人，已準備脫離 SERPS，而轉向個人退休年金加保。

(二)職業年金

從資料顯示，目前約有 48% 的勞工參加職業年金，除了少數例外，英國可說並無整個產業的職業年金，但許多公司有自己的職業年金計畫。有一些職業年金計畫，是取代政府所得相關年金計畫 (SERPS)，用委外方式辦理，此計畫的目的，在保障受雇者退休後之最低所得 (Guaranteed Minimums Pension)。就一般而言，職業年金之提撥由雇主與受雇者共同負擔，雇主之提撥多寡無抵稅限制，但受雇者之提撥，在薪資的 15% 以內，可免於課稅。

退休年金基金之運用，作為購買股票的，以英國為最多，達 80%，超過美國的 52%，荷蘭的 30%，日本的 29%，更遠高於德國與瑞士的 11%。

英國的年金基金用作投資的項目，與是否有賦稅優惠有關，英國還

有一種類似職業年金的團體個人年金 (Group Personal Pension, GPP)，是為新進職員所提供的一種退休年金制度，在此種年金制度下，雇主最多僅負擔年金的行政費用，除此之外，別無提撥負擔。就整個職業年金而言，以資產值計算，大約佔 GDP 的 30%。

在職業年金計畫的架構下，雇主與受雇者的提撥，以及提撥後所衍生的收入，皆可獲得免稅的優惠，直至最後領取給付予以課稅。

㈢個人年金部分

英國的個人年金制度發展良好，亦是歐洲最大的年金基金。英國的年金基金投資於股票市場的，大約佔基金的 30%，個人年金多採確定給付方式，但是發展趨勢上，採確定提撥者已日趨增加。

有關個人退休計畫，因其提撥需從課稅後之所得繳交，故年金給付仍給予免稅之規定。

就整個年金市場分析，英國 70% 的勞工有儲金式或稱提存準備制的年金 (funded pension)，50% 的勞工有職業年金，還有 25% 的勞工有自願式的個人年金。惟以公、私部門比較，公務人員 100% 有職業年金，而民間部門卻不及一半有職業年金，即 48% 在工作晚年又回到 SERPS 體制。個人年金提供，又可分為個人股票計畫 (Personal Equity Plans, PEP) 與個別公司計畫 (Single Company Plan, SCP)，茲分述如下：

1.個人股票計畫

此項計畫於 1986 年實施，是針對個人需求設計的計畫，若年金基金投資於股票，則給予賦稅優惠。並且超過十八歲的人，如購買股票，或其他有價證券之投資，祇要合乎 PEP 的規範，並且 75% 用於英國或歐洲股票的購買，便可免於課徵所得稅。

依照上述方式投資，每年獲得股利在約 5,760 英鎊範圍內可獲免稅，至於分紅則完全免課所得稅。

　　由於同樣金額的儲蓄利息，不能從所得稅中扣抵，故股票投資甚具
誘因。此外，年金給付全部免稅，亦頗有激勵作用。

　　2.個別公司計畫

　　　⑴私人投資者可個別或依單一公司附加 PEP，但以不超過 3,000
　　　　英鎊為限；

　　　⑵賦稅的優惠──如 PEP。

　　英國的職業年金計畫，並無法律加以規範，但因為涉及免稅的問題，
故計畫必須先給英國內地稅局 (Inland Revenue) 核准始可享受賦稅的優
惠，核可的條件，是年金計畫必須為一種不可迴溯的信託 (unirrevocable
trust)，亦即年金計畫的行政與財務管理必須受信託人監督。

　　上述年金基金參與者的權利，經由信託基金和信託人的地位而獲得
保障。

　　值得一提的是，英國人之所以偏向股票投資，是與柴契爾夫人執政
時，所採用一連串年金提供和資產建構連結之措施有關，其中包括：

　　　1.用溢價發行之方式民營化；

　　　2.股票投資按受僱者分紅入股計畫之持股，可獲得賦稅優惠。

　　至於有價證券之規範，有如下的規定：

　　英國的年金基金，按照「謹慎者原則」(prudent man rule)，經理人應
採持股多元化原則，對本公司投資不得超過總投資金額的 5%，單一公司
之投資不得超過總投資金額的 10%。

　　歐洲國家對年金基金法律上的規範付諸闕如，對基金管理則有：

　　　1.對委外的年金計畫，有義務提撥準備；

　　　2.信託人計畫 (trustee plan)，年金資產必須分別管理。

四、英國老年年金制度未來發展方向

　　以退休年金發展趨勢言,今日大多數退休年金計畫是採確定給付制,但已有明顯的跡象轉變, 晚近愈來愈多的年金計畫改成確定提撥制, 預計至公元 2008 年,市場將有 30% 至 50% 採此計畫,目前還不到 10% 的年金計畫,是採確定提撥制。尤其自 1997 年起, 大型企業如銀行 Lloyds Bank, Barclay Bank, 百貨公司如 WH Smith 等, 藥廠如 Glaxo Wellcome 等皆改採確定提撥制之員工退休年金計畫。尤其引人矚目的是, 針對英國的政府基礎年金, 已有民營化的建議:

　　1.英國極有可能在 OECD 國家中,不再有傳統的第一柱年金,即無政府規範的年金;

　　2.脫離隨收隨付的年金制度;

　　3.在轉型時期, 政府的債務或者少數世代的提撥必須提高;

　　4.公共年金民營化已列入政治議程 (political agenda),如英國改革成功,極可能影響其他 OECD 國家仿照,一如智利年金新制對拉丁美洲與其他國家所產生的影響一般。此外,公元 2000 年, 英國推出一項新的年金制度, 吾人暫譯作「休戚與共者年金計畫」(Stakeholder Pension)❺, 有取代現行政府所得相關退休年金之意, 作為第二柱的政府年金 (Second State Pension, SSP) 計畫, 涵蓋超過基礎政府年金 (Basic State Pension) 所提供的給付,但設有上限。休戚與共者年金由民間機構經營管理, 採全額準備 (pre-funded) 型態。此項年金之提供, 目標為安全, 並且符合效率與便利。

　　此項休戚與共者年金之設置, 是屬於強制性的年金, 凡業者雇用受

---

❺Stakeholder Pension 是英國規劃中的老年年金制度, 其與傳統的社會保險型年金制度迥然不同,強調個人責任並積極參與年金制度的運作,用民營方式經營,計畫之成敗和參與者息息相關, 故稱之為「休戚與共者年金計畫」。

雇者 5 人以上的企業，未提供職業年金者，必須設置上項年金計畫，但
雇主不須額外強制提撥，祇需從受雇者之薪資中扣除即可成為基金。由
獨立之信託人，或具有執照之金融機構代為管理，此一計畫預定在公元
2000 年底完成準備，從 2001 年起，雇主即必須按規定辦理。

　　休戚與共者年金可用作替代個人儲蓄帳戶（Individual Saving Ac-
counts, 簡稱 ISAs），此項儲蓄帳戶之建立，其目的是為取代平等基礎，
用租稅優惠的儲蓄計畫 (equity-based, tax-advantaged saving plans)。個人
儲蓄帳戶於 1999 年建立，如個人設置此一帳戶是為退休生活之需，個人
每人每年可存入數目為 4,800 英鎊，頭一年更允許在 6,700 餘英鎊可享受
租稅優惠。個人帳戶退休金可用作投資之範圍項目，包括基金、股票、
存款與人壽保險等。有關英國現行與未來年金制度的架構，可以圖形表
示如下：

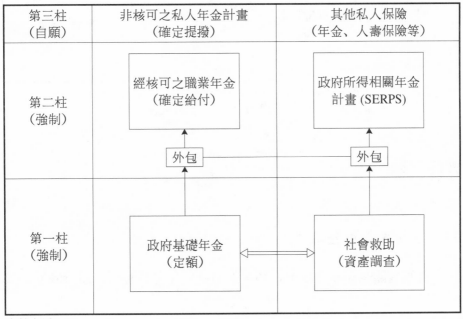

資料來源: Disney, Emmerson and Tanner, 1999.

圖 2-1　　1980 年後，英國現行年金制度

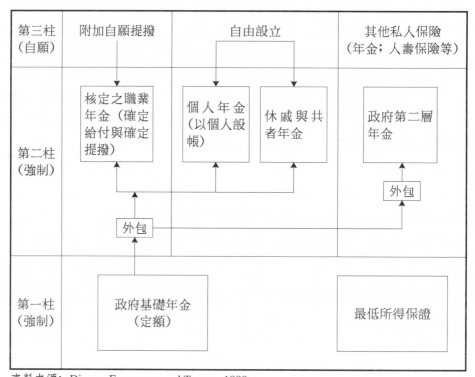

第三柱 (自願)	附加自願提撥	自由設立		其他私人保險 (年金;人壽保險等)
第二柱 (強制)	核定之職業年金(確定給付與確定提撥)	個人年金(以個人設帳)	休戚與共者年金	政府第二層年金 外包
			外包	
第一柱 (強制)	政府基礎年金(定額)			最低所得保證

資料來源: Disney, Emmerson and Tanner, 1999.

圖 2-2　未來(2010 年)之英國退休年金體系

■肆、德　國❻

一、德國老年年金之立法

　　德國有關老年年金制度,最早在 1889 年完成立法,現行制度是於

---

❻見 *Social Security Programs Throughout the World—1999*, p. 140.

1999 年修正完成，德國老年退休年金類型，是屬於社會保險體系。值得注意的是，德意志聯邦共和國（西德）(Federal Republic of Germany, FRG) 與德意志民主共和國（東德）(German Democratic Republic, GDR) 在 1990 年合併統一，在 GDR 境內，亦仍適用原先之制度，FRG 的社會安全制度亦仍然有效。FRG 與 GDR 之年金制度在 1992 年 1 月 1 日，纔合併成為統一的制度。

二、德國老年年金之主要內涵

(一)涵蓋範圍

德國老年年金的涵蓋範圍，包含受雇人員（包括學徒）、部分自營作業者、三歲以下兒童的照護人員、領取社會津貼者（如失業給付）和志工。工資與薪水受雇者，各有其單行制度，規範則相同。對特定自我雇用、礦工、公務人員與農夫，另訂有特殊退休年金保險制度，在德國稱作輔助性保險 (Supplementary Insurance)。

對所有年齡在十六歲以上，德國公民居住海外與外國人居住在德國者，不納入強制保險，可以自願方式加入 (voluntary affiliation)。

(二)財源取得

1.被保險人：一般受雇者依照每月收入之 10.15% 繳交保險費。唯每月收入低於 630 馬克者（1999 年）免繳保險費；自我雇用者依照收入的 19.5%。

2.雇主：依照所支付薪資的 10.15%。

3.政府：補助給付與提撥差額。

4.收入最高上限為每年 10 萬 2,000 馬克（德東為 8 萬 6,400 馬克），下限為每月 630 馬克。

(三)給付條件

1.老年年金：年滿六十三歲需繳費三十五年；或年滿六十五歲，繳費達五年，年滿六十歲，繳費滿十五年，而在過去十八個月曾失業一年或年長之受僱者，過去二十四個月僅部分時間工作；對女性滿四十歲，有十年的強制納保，以及重度身心障礙者年齡達六十歲，加保至少三十五年，始符合給付條件。

2.年齡在六十五歲以下，工作有部分中斷時間，在德國亦可部分退休 (partial retirement)。如每月之收入少於 650 馬克，支付全額年金；如超過 650 馬克，則視收入多寡可獲三分之二或三分之一的減額年金。

另有關身心障礙者與遺屬年金之規定從略。

㈣給付水準

老年年金給付是等於總收入點數 (the total of earnings points) 乘以年金因子 (pension factor) 與年金值 (pension value)。

1.收入點數是依照個人年收入除以全體提撥者之平均收入，無法工作之時期、失業及十七歲以後接受教育時間亦加以考量。

2.年金因子等於一 (the pension factor is one.)

3.年金值是以個人平均收入計算之月給付數額，並按照工資之變動加以調整。從 1998 年 7 月 1 日至 1999 年 6 月之平均工資變動為 47.65 馬克（德東為 40.87 馬克）。

如延後在六十五歲退休，給付另加因子一‧○，每月再加○‧○○五。對於低所得的年金，如參加年金保險三十五年，可按平均收入加至一‧五倍，最高可加至為全部被保險人平均收入的 75%。給付每年按相對於名目收入之實質年金收入變動加以調整。

值得回顧的是，直到 1956 年，德國的年金制度原本是採取個人年金帳戶 (Personal Pension Accounts)，用強制個人方式為自己在工作時間儲蓄，為未來退休提供準備。後來德國遭遇惡性通貨膨脹，此一制度始作

了重大改變，成立現行的保險制度。

三、現行德國的國民年金種類

(一)公共年金

德國的國民年金，是在十九世紀時，由俾斯麥所建立，在世界各國的公共年金制度中，德國的所得替代率訂得較高，大致為退休前平均薪資的 70%，德國的公共年金，在財務上採隨收隨付制原則 (pay-as-you-go principle)，保險費由雇主與受雇者各分攤 50%，由於所得替代率較高，故保險費的負擔自然較高。費率方面，1992 年為 19.2%，目前已調升，至 2010 年將上升至 23.0%，2040 年更將攀升為 28.7%，而且，未來有不斷提高之隱憂❼。預估至 2039 年，保險費將提高至 25.8%❽。

(二)私人年金

以 1995 年為例，德國大概有 42% 工作人口具有職業年金 (Occupational Pension)，然而自 1995 年之後，職業年金計畫的參加人數，有下降的趨勢。由於德東長期在共產制度之下，即使在德國統一之後，德東部分仍極少有職業年金制度存在，在德西方面，參與職業年金計畫的人數，也顯著下降。在 1993 年，德西的受雇者原有 66% 參加職業年金，從 1995 年已剩下 42%，目前降得更低。

就職業年金的組織型態而言，可分作：

1. 直接承諾 (direct commitment)

---

❼Monik Queisser (1995), *Pensions in Germany*, Financial Sector Development, The World Bank, Washington D. C..

❽參見 Borsh-Supan, Axel (1994), *Aging in Germany and the United States: International Comparison in Wisc, David A (Hrsg).*

在德國，總計 3,420 億美元的職業年金，主要為直接承諾的年金基金。

2.支持基金 (support fund)，佔8%。

3.獨立年金基金 (the independent pension fund)，佔總基金23%，由於法律嚴格管制，已有逐漸結束此項基金的明顯趨勢。

唯強制個人儲蓄，為自己退休提供準備 (funded) 之老年年金，因後來受到惡性物價膨脹，貨幣大幅貶值，使原先儲蓄準備之退休金，其購買力大不如前，已無法維持老年生活，從而德國不得不對完全提存儲蓄準備之年金制度加以改革，於是 1957 年德國將完全提存準備制 (funded system)，改成為如今的隨收隨付制 (pay-as-you-go system)。在隨收隨付制下，受雇者不再為自己儲蓄提存退休之準備，而是當代工作者為下一代退休者提撥退休金。在此一制度下，隱含了一項重要的概念，即「代際契約」(contract between the generations)，退休金的提撥，是由雇主與受雇者共同分擔。在此種情形下，提撥多寡直接影響勞動成本。並且在提撥過程中，比較不受物價膨脹的影響。無可諱言，阻隔物價膨脹之制度亦有如下缺陷：

1.易受就業水準起落的影響。

2.易受人口成長之影響。

換言之，年金基金改隨收隨付制，提撥必須與給付平衡，否則財務上便會入不敷出，產生財務危機，制度難以繼續運作。進言之，鑑於人口與勞動市場兩項因素，對隨收隨付制能否順利運作，至為重要。假如人口不斷老化，平均壽命延長，或者失業人數眾多，將影響年金基金的收支，在此種情形下，除非提高提撥或降低給付水準，否則年金財務即陷困境。從德國過去四十年觀察，年金基金之收支比例不斷萎縮，亦即相對而言，提撥之保險費愈來愈少；反之，從年金基金領取的給付不斷

上升。就目前而言，德國大約是每 2 個提撥者所繳交的保險費支付給 1 個退休者的給付，但至公元 2030 年，每 1 個提撥者必須支應 1 個退休者，對未來世代負擔之沉重，不言而喻。

　　在年金的財務上，老年扶養率 (old-age depency) 是一項重要因素，所謂扶養率，是指六十歲以上人口，佔二十至五十九歲人口之百分比，此項比例愈高，社會就愈老化，對公共年金的運作也愈加不利，保險費收入則隨之愈來愈無法因應給付需求。

　　德國政府曾檢討扶養比例上升的原因有三：

1. 人口出生率下降；
2. 教育時期更長，終生工作時間縮短，又提早退休；
3. 營養保健因素促使壽命延長。

　　依照德國的情形觀察，1960 到 1994 年間男性的壽命平均增加六年，女性更為長壽，平均增加了七年之多。人們愈長壽，代表退休者從年金基金提領愈多，因為祇要人們活著，便可繼續不斷從退休年金基金中提領，直到他們去世為止。實際上，退休後的平均餘命愈長，即表示從離開工作崗位到逝世愈久。無庸贅言，人類長壽，醫學的進步在其中扮演了重要角色，對老年的醫療成本更是倍增。此外，教育與訓練時期越來越長，相對而言，實際工作的時間就縮短。其結果，提撥的期間減少，而領取給付的時間愈來愈長，此項結果反映在年金基金的財務上，即是入不敷出。

四、德國年金制度的現況與未來改革趨向

㈠政府年金制度──第一柱

　　為維持政府年金基金的財務收支平衡，公司與受雇者提撥的保險費必須增加。易言之，政府年金計畫之提撥佔毛工資之比例必須跟著增加。

以 1997 年至今而言，提撥佔工資金額之比，已達 20.3%。最後是德國聯邦政府用強迫方法 (strong arm act) 以提高加值稅 (value-added tax) 來補助財務達成平衡。在策略上，德國於 1992 年首先採取措施抑制支付之上升，同時使年金之增加與淨工資相聯結。退休年齡男性與女性均提高 (從六十歲提高為六十五歲)。但是上述方法，並不能徹底解決年金財務不足的困境，下列問題仍在德國討論之中：

　　1. 進一步延長退休年齡；

　　2. 取消非保險支付 (non-insurance payment)；

　　3. 降低年金給付水準；

　　4. 加稅以增加政府收入。

　　建立十足提存準備的年金制度 (funded pension system)，改進德國現行年金制度的缺失呼聲四起，唯至今在政治上尚未取得多數的認同。

　　雖然目前已利用延長退休年齡，緩和對年金基金財務上的衝擊，唯根本的問題並未解決。在過去二十年中，提撥率未曾調整，費率至今保持在 20.3%，依照德國人口老化的速度計算，未來的提撥率須提高到大約 30%，假如未來對調整提撥率保持 20.3%，標準的年金給付水準，將從目前的 72%，降至 57%。

　　有關德國政府年金制度之改進，吾人發現有下列趨向：

　　1. 取消非保險支付

　　雖則非保險之支付並非由保險費中提撥支應，而是由政府用編列預算補助，德國政府為給予此一經常性的補助，必須用增稅方式籌措財源。進言之，即使提高了政府補助，仍不足以長期保證現行年金給付水準不變。根據一項設算指出，即使提撥率為 22%，並且增加政府補貼，至公元 2040 年，年金給付水準將降低六分之一，亦即淨所得替代率從現行 71% 降至 60%。

2.削減給付水準

德國用了前述措施，恐怕仍無法使提撥率壓低至 25% 以下，估計至公元 2000 年，提撥率必須提高到 28%，提撥率作如此提升，必然增加德國公司的工資成本，於是德國產品在國際市場之競爭力將更為衰弱。

若為顧及德國產品在國際上的競爭力，也許降低給付水準是一項比較現實的作法。如提撥率固定在 20.3%，至公元 2030 年，年金受益人祇可能領到目前給付水準的 80%。再過十年之後，即公元 2040 年，給付水準祇有現行水準的四分之三，如果提撥不及 20.3%，未來給付水準就更低。

㈡職業年金制度──第二柱

就性質而言，德國雖然從公共年金計畫開始實施，即有輔助性質的職業年金，然而德國此項第二柱年金制度並非用強制手段，而是採自願的方式，此與世銀年金模式，將職業年金列為強制性質有顯著的差異。德國對私人企業的受雇者，是由企業主自行決定，是否給予員工除公共年金外，額外的退休年金。

根據晚近的估計，德國大約祇有三分之一的企業，具有職業年金計畫。換言之，祇有 30% 的受雇者有附加年金給付，其中企業的規模愈大，愈具備有職業年金計畫。就經營成本而言，風險與行政費用考量，中小企業較少提供職業年金計畫。

正因為德國的職業年金，並非強制的形態，是企業為凝聚員工向心力，視自己的情況與負擔能力，為其員工提供的一種附加年金，故通常企業直接對員工承諾 (direct commitment) 提存退休年金準備。當然，亦可透過外在組織，形成一個職業年金或補充年金 (a pension or support fund)。例如經由人壽保險公司，員工直接向其購買輔助性職業年金給付，亦無不可。

不過，從德國整體而言，年金承諾有下降之趨勢，通常參加此項年金者，大多為新進年輕的受雇者。進言之，年金的給付水準有縮水的現象，此一現象的產生可歸之為：

1.整體法定的賦稅與其他強制性負擔改變，例如補充性年金提撥之賦稅優惠受到限制，對員工直接投保職業年金之定額課稅增加；

2.在東、西德統一之後，經濟情況欠佳；

3.職業年金也受到人口結構改變，平均壽命延長的影響；

4.依照德國的估計，提撥的年金準備，由於國民的平均壽命延長，已不足 3,000 億之多。易言之，目前提撥的年金準備，僅為應有的半數。此外，企業必須按生活費用每三年調整年金的給付。職是之故，由於種種因素，使德國的企業皆重新考量，是否繼續提供自願性的退休年金。以上考量，雖尚非全盤，但中小企業已趨向摒棄此項年金計畫。

職業年金的改變，已使德國的受雇者對企業的信心質疑。蓋職業年金的領取，依規定必須服務滿十年，年齡超過三十五歲。依照 1992 年的資料，大約有 60% 的受雇者因提早離開公司，因此喪失了領取該項年金的權利，目前的情形，祇會增加，不會減少。

值得重視的是，德國的勞動市場對受雇者的需求，變化越來越大，受雇者長年在同一公司工作的愈來愈少，受雇者服務的不連續，不僅有其事實上的需要，個人的保障也不可或缺，迄今為止，大部分退休者仍相當仰賴職業年金，唯未來的情形並不十分樂觀，不僅是公共年金有縮水之虞，連企業承諾的職業年金也有相同的態勢。

(三)商業年金制度──第三柱

商業年金之提撥，在德國有日益增加的趨向，此項年金制度屬於整個年金系統的第三柱，係由民間所提供，目的在保障老人更好的生活水準。

　　從 1960 年代初期開始，德國的國民，其儲蓄佔可處分所得 (disposable income) 大約為 13%，至 1980 年代，金融資產的持有已超過當年度國民總生產。今日而言，德國國民持有金融資產為 5 兆馬克，超過國內生產毛額的 40%，如果以私人持有的總資產估計，大約有 12 兆馬克。既然德國人持有如此多的金融資產，於是商業退休年金的提供，已視為鼓勵儲蓄的良方。從上可知，德國的第一柱與第二柱年金皆問題重重，於是第三柱商業年金的地位，日趨重要。

　　就金融資產的組合而言，人壽保險佔金融資產的五分之一。對德國人而言，人壽保險是屬於較傳統的資產，擁有房地產則表示老人不必支付房租。

　　由於德國人口結構與整體經濟的改變，德國第一柱加第二柱退休年金的給付水準，受雇者平均所得從 70% 降低至 65% 左右，德國的受雇者為維持原有 70% 的所得替代率，可行的方法便是購買商業退休年金保險或額外的金融資產。但此項第三柱的退休年金保險，尚不夠普及，至今仍有 40% 的人，年齡在五十五至六十五歲之間，並未購置此項年金保險。

　　由上顯示對未來的德國退休者而言，為維持既定的生活水準，甚有需要購置此項年金保險資產。唯值得注意的是，如果未來愈來愈增加對商業年金資產的需求，年輕的一代雖無加重保險費的負擔之虞，但卻有年長的一代愈來愈需要依賴商業年金的惡性循環 (a vicious circle)，是以德國之公共年金之相對式微，也可預見強化私人年金之提供，確有其需要。

　　綜上顯示，考量人口結構之改變，長期公共年金給付之削減，造成不利之影響。假如一切如目前的情況發展，未來的退休者，必將面臨很大的挑戰。

　　至 1999 年為止，距德國的年金制度大幅改革剛滿五年，卻再度面臨

了相同的問題，如果原則上一切照舊，提撥雖已避免提高至 21%，但那祇是暫時依靠加值稅率提高的緩兵之計。倘若年輕的一代想要確保他們未來的生活水準，年金制度的調整有其需求，就此一立場而言，年金制度之創新，不應附加任何條件。原則上，整個金融性投資，需能顧及德國傳統的公正與增加收益。

從德國各項投資型態 (investment forms) 的報酬比較可知，公共年金制度未能增加投資收益，而是減少其收益。蓋在此一制度下，受雇者領取的給付比提撥的金額還少 (the contribution gets less out—on today's cal-culation—than he has paid in)，而且愈來愈糟，從德國過去二十年的資料對照，股票投資超過公共年金計畫收益的五倍，即使是非股票的正常投資，其報酬率亦超過公共年金計畫收益約三倍。以上可知，投資的組合，十分重要，不祇限於投資的風險考量，亦應兼顧老人收益的獲得，如果不是短線操作，股票的投資風險與股票的波動，可以大為降低。就此觀點而言，德國的投資公司已為年金提供，樹立起上項觀念，並且在法律上已建立架構，即用最大的可能保障私人投資者。此項法律保障，不僅適用於第二柱的職業年金，也同樣適用於私人商業年金 (private pensions)。

未來的德國，愈來愈少依靠公共年金養老，反之，愈來愈多設法從資本市場取得老年合理的額外所得養老。適當的退休年金保險給付，自當涵蓋死亡與遺屬的給付，就現行的職業年金而言，係採確定給付制，雇主承諾在員工退休後，每月可獲得一定的給付。然而在不久的未來，公司多將拒絕此項承諾，未來的職業年金將改為確定提撥制 (defined contribution)。當然，制度的轉換必須有利於當事人方能獲得同意，有鑑於美國確定提撥的退休年金制度已普遍獲認同，即使在中小企業間，建立確定提撥的退休年金也日趨增加，德國已漸有立法見賢思齊之意。

伍、日　本❾

一、日本老年年金制度之立法

日本最早有退休年金之立法，是在公元 1941 年的受雇者年金保險 (Employees' Pension Insurance)，在日本稱為厚生年金。現行退休年金的法規，則是於 1944 年修訂後的受雇者年金保險法，及後來於 1959 年建立的國民年金計畫 (national pension program)，並於 1985 年修正完成。

日本的年金體系由兩柱構成，性質上屬於社會保險的年金制度。第一柱是國民年金計畫，採全體國民一致的費率 (flat-rate) 與給付；第二柱是厚生年金（受雇者年金保險），或其他就業相關計畫，費率與給付視所得高低而定。

二、日本老年年金制度之主要內涵

㈠給付規定

1.國民年金計畫

日本國民年齡在二十至五十九歲強制參加，年齡在六十至六十四歲則採自願參加，在特殊情況下，六十五至六十九歲亦可參加。日本國民居住在國外，年齡在二十至六十四歲亦允許參加。

2.受雇者年金保險計畫（厚生年金）

工商企業的受雇者，包括海員在內，均參加此項年金保險。此項年金保險計畫，由企業自行辦理，或以委託方式辦理，但委辦之年金給付，

❾見 *Social Security Programs Throughout the World*－*1999*, pp. 193–194.

不得低於自辦年金給付水準。除一般受雇者外，公務人員、私立學校教職員，農業、林業與漁業之受雇者，另成立特殊之年金計畫。

㈡財源取得

　1.國民年金計畫

　　⑴被保險人，即受雇者及眷屬之提撥，以 1999 年為例，每月支付 1 萬 3,300 日圓，外加附加給付之提撥，每月另加 400 日圓。

　　⑵雇主——包括在就業相關計畫 (employment-related program) 雇主之提撥。

　　⑶政府——負擔給付的三分之一，此外行政成本由政府負擔。

　2.受雇者年金保險計畫（厚生年金）

　　⑴被保險人——一般按照三十個薪資等級的 8.675%，礦工與海員負擔收入的 9.575%，外加特別保險費按獎金的 0.5%。如受雇者保險採外包方式，保險費按收入的 8.145% 至 8.175%。

　　⑵雇主——與被保險人之費率相同。

　　⑶政府——負擔行政成本。

對提撥與給付之收入上限，1999 年每月為 59 萬日圓，最低為 9 萬 2,000日圓。

㈢給付條件

　1.國民年金計畫

　　⑴老年基本年金——年滿六十五歲及繳費滿二十五年。

　　⑵年齡在六十歲至六十五歲可獲得減額年金給付，但從六十五歲才加入繳費，則年金提高。

　另有身心障礙者與遺屬給付之規定本文從略

　2.受雇者年金保險計畫（厚生年金）

　　⑴老年受雇者年金

　　　　年齡在六十或六十五歲（海員與礦工降低），參加達二十五年，
　　　　其中包括參加國民年金計畫之年限。
　　　⑵身心障礙者及受雇者遺屬年金從略
　　㈣給付水準
　　　1.國民年金計畫
　　老年基本年金——完全加保，即提撥達四百八十個月，給付為每年
80 萬 4,200 日圓，如果為自願參加者，每月需外加 200 日圓。若年齡為
六十至六十四歲，退休給付減額；或六十六歲以上始退休，給付增額。
　　　2.受雇者年金保險計畫（厚生年金）
　　老年受雇者年金——按指數化每月工資的 0.75%，乘以加保之月數。
退休年齡為六十至六十四歲，被保險人每月可增加給付 1,625 日圓，在
六十至六十四歲退休後仍繼續工作者，假如連同每月工資與 80% 的年金
收入，不超過 22 萬日圓，減少給付 20%。倘若工資連同 80% 年金，在
22 萬至 34 萬日圓之間，每增加 2 日圓工資減年金給付 1 日圓。假如每
月工資收入超過 34 萬日圓，年金減少 100%，即不再給予年金。
　　眷屬一年補助 23 萬 1,400 日圓，第一與第二個小孩給 23 萬 1,400 日
圓，第三個小孩以上，每位給予 7 萬 7,100 日圓。

三、日本國民年金財務及制度演變

　　日本的國民年金制度可分為：
　　㈠政府年金計畫——第一柱
　　1995 年 5 月總基金約達 1 兆 7,000 億美元，佔國內生產毛額的
35%。除此之外，日本政府尚舉辦二項補充年金 (two supplement govern-
ment pension) 即：
　　　1.國民年金保險制度

2.受雇者年金保險制度（厚生年金）

兩項年金的總資產至 1999 年有 1 兆 2,410 萬美元，佔國內生產毛額 25.5%。

此兩項年金經由信託基金局 (Trust Fund Bureau)，將年金基金 80%，投資於政府之公共計畫，另有 20% 由福利服務公營公司（the Pension Welfare Service Public Cooperation，即 Nenpuku）負責管理，尚有 4,530 億美元，佔 GDP 9.3%，作為互助協助 (mutual aid association)，另有 590 萬美元的公共年金基金，作為照顧公務人員用。

日本公共年金的給付，一向都相當慷慨，超過平均所得 50%，唯經過 1980 年代的泡沫經濟之後，加上日本人口老化的速度為世界最高者，這些情形使得日本的老年退休年金，不得不予以調整。調整的方向為：

1.受領者的資格從嚴，工作時間由原來的三十年提高為四十年；

2.退休的年齡由六十歲延至六十五歲。

於 1994 年時又進行另一次改革：

1.提高雇用年齡，目的在鼓勵延後退休；

2.年金給付的指數化，由毛工資改為淨工資，以作為指數化之基礎。

（二）私人年金計畫──第二柱

約有 2,270 萬受雇者參加此項年金，採確定給付制，財務融通採隨收隨付方式，即以受雇者最終之基本薪俸，作為計算給付的基礎。

除公共年金之外，日本尚有兩個主要的職業年金計畫：

1.賦稅資格年金基金（Tax-Qualified Pension Fund，簡稱 TQPF）

此項職業年金是於 1962 年設置，凡企業雇用員工 15 人以上者提供此一退休年金，70% 採一次給付，依照統計分析，民營企業大約有 28% 的勞工納入此一計畫中。

2.受雇者退休年金基金（Employee Pension Fund，簡稱 EPF）

此一年金計畫始於 1966 年,是針對大公司其雇用職工達 500 人以上者所設置,目前大約涵蓋 26% 的勞工,按照此計畫,原則係採按月給付,但亦有用一次給付者,受雇者退休年金之設置,含有用選擇方式,取代政府社會安全 (state social security) 中,依賴所得補助成分 (income dependent component) 之意。

另外,可選擇以職業年金替代社會安全捐:

1.倘若支付等額的職業年金,公司可免去社會安全捐之繳交。上項許可僅限於大企業,且職業年金的給付必須高出社會安全之支付。

2.雇主支付的社會安全捐,不能全部退回。

政府退休年金開始領取的年齡為六十歲,如受雇者欲提早在四十至五十五歲退休,私人職業年金必須彌補差額。特別值得強調的是,合乎第三柱年金之商業年金制度,日本並不存在。

有關退休年金的管理,日本有如下的規範:

首先,日本退休年金受到下列機關的監督:

1.厚生省衛生與福利部

2.大藏省(財政部)

3.年金基金協會 (The Pension Fund Association)

至於年金基金的用途有如下的規範:

1.購買政府公債至少 50%;

2.購買本國股票不得超過 30%;

3.購買外國股票不得超過 30%;

4.購買不動產不得超過 20%;

5.購買單一公司之股票不得超過 10%。

上述各項比例限制,於 1999 年逐漸放寬打破。唯日本的退休年金,依政府的規定不可從事風險性投資 (invested in venture capital),衍生性金

融商品或擔保品的投資。

為防止退休基金的過度累積，日本政府亦有若干規範，特別是針對防止 TQPF 與 EPF 兩項職業年金累積之基金過多，故規定公司提撥之退休金，超過公司應付薪資之總額時，將予課稅。依照日本政府的規定：

　　1. 提撥免予課稅；

　　2. 年金基金之資產報酬，依公司稅 1.75% 之優惠課徵；

　　3. 大公司之職業年金計畫，若投資於資本可獲免稅之優惠。

在職業年金中，TQPF 之報酬必須課稅，但 EPF 資產之報酬則享有免稅，由於賦稅優惠尚有所差別，故使 EPF 在日本較具吸引力。按照規定，年金給付時必須課稅，但一次給付與按月給付並無不同，一次給付之稅負較按月給付為低。另一項值得重視的是，日本政府為了使退休年金給付獲得更確切的保障，又訂定了工資支付法 (The Payment of Wage Act) 是以自願加入方式，目的在防止年金給付的中斷，唯各公司之提撥是本乎良知，而勞工參加上項計畫者，大約有 37%，並且僅對提存準備的公司，勞工才參加此項計畫。在日本，為鼓勵公司對員工終生雇用 (life long employment)，對就業之轉換多有限制。

■陸、智　利❿

一、智利老年年金制度之立法

智利最早的老年年金，是在 1924 年立法，現行的制度在 1952 年，對工資所得者（藍領階級）與薪資所得者（白領階級）分別立法，而在

❿見 *Social Security Programs Throughout the World—1999,* pp. 75–76.

1980 年與 1981 年，樹立現在新的社會安全制度法。智利的年金舊制是屬於社會保險的類型，新制則是民營化強制的保險制度❶。

二、智利年金制度的主要內涵

㈠涵蓋範圍

1.舊年金制度

⑴工資所得者之年金計畫——包括勞工及自我雇用者。

⑵薪資所得者之年金計畫——包括民間的受雇者。

⑶特別計畫——鐵路員工、海員及碼頭工人，公務人員、軍人及三十五種其他職業年金。

2.新年金制度

涵蓋藍領與白領階級強制加入，自我雇用採自願方式加入。智利的新年金制度於 1981 年 5 月實施，舊制廢除，實施之初允許勞工或受雇者留在舊制或加入新制，但於 1981 年 12 月 31 日進入勞動市場者，一律參加新制。

㈡財源取得

在舊制下，被保險人，勞工按工資提撥 18.84%，白領階級按薪資提撥 20.7%，政府負特定財務補助之責。新制下，被保險人按工資或薪資水準的 10% 提撥，作為年金基金，對身心障礙者和遺屬和行政費用，另按工資或薪水的 3% 提撥，確定的比例依選擇的民營年金基金管理公司 AFPs(Administradoras de Fondas de Pensiones) 而定。在新制下雇主不需要提撥，至於政府的職責，僅在補助保證最低年金。

---

❶嚴格而言，智利的年金新制，缺乏風險分攤與所得重分配兩項功能，是否仍可歸類於傳統的社會保險制度，頗待商榷。

㈢給付條件

舊制下勞工需年滿六十五歲，並提撥一千零四十週，或者提撥八百週，並且距開始參加年金已有一半時間，曾履行提撥保險費（男性）；或年滿六十歲與提撥五百二十週（女性）。薪資所得者，年滿六十五歲與至少提撥十年（男性），或年滿六十歲與至少有十年提撥（女性）。

身心障礙者與遺屬給付條件從略。

㈣給付水準

1.舊制之給付

工資所得者的給付，為基本工資之 50%（依退休前五年之平均每月工資計算，前兩年再依薪資變動情況加以調整），超過五百週者每五十週加 1%。最低給付由法律訂定，為最高基本工資的 70%。薪資受雇者的給付是按其基本薪資的三十五分之一，乘以提撥年限。對婦女而言，提撥超過二十年者，每多扶養一個小孩所獲得的給付，按基本薪資增加三十五分之一，如為寡婦，按基本薪資加三十五分之二，但最多為基本薪資 100%。此外，為了使退休者維持一定的生活水準，給付按物價水準自動調整。

2.新制之給付

退休年金按被保險人提撥，加應計利息與投資報酬，減掉行政成本，政府負責保證給予參與者最低年金給付。退休後，被保險人可從個人帳戶中提領，並且在生存餘年可領取保證所得，亦可從私人保險公司購買年金，或者作兩者之綜合規劃。

三、智利年金之沿革及財務概況

智利政府於 1981 年 5 月 1 日，因為將公共年金作徹底的改制，而引起世界矚目。原則上，智利政付不再提供第一柱的基礎年金，換言之，

不採行一般國家由政府提供的基礎年金，但政府保證最低之年金給付，年金完全採民營化方式辦理，茲詳述如下：

(一)私人年金部門

智利之年金新制，不採行第一柱的基礎年金，並且無所謂第二柱的職業年金。而是採取個人設置帳戶的年金制度 (Individual Pension Account System) 由民營的年金基金管理公司 AFPs 負責。詳言之，智利的新年金制度，是一種民營、強制、分權與儲金方式的年金制度 ⑫：

1.個人設帳——年金參與者之保險費提撥，皆進入個人自己的帳戶，個人有選擇參加任何一家 AFPs 的權利，並且允許被保險人每年可以轉換公司。

2.民營化——由私人年金公司負責經營與管理年金基金。

3.強制參加——所有勞工或受雇者，一旦進入勞動市場必須選擇加入核准之年金基金管理公司，即 AFPs。

4.分權化——年金原由智利政府提供，今將權力下放，由多家民營公司負責。

改制之後，政府職責是僅保證最低年金給付，此項給付的水準是依照退休者過去三十年工作時期，提撥平均所得的 20%。此外，政府也對窮人給予平均所得 12% 的資助。

新制最大的不同是，揚棄隨收隨付制，改採全額儲金提存準備制 (fully funded)，亦即 AFPs 對未來的給付有十足的準備金，此制又稱為確定提撥制，亦即受雇者或勞工，依照每月工資的 13% 提撥。由此可知，智利的新制，並無所謂第二柱的年金，或者可以說，智利的新制年金已

⑫參閱陳聽安、吳英同，《論智利年金之民營化》，財團法人中國財稅金融文教基金會，民國八十八年。

將第一柱與第二柱結合，進言之：

1.勞工或受雇者，每人祇允許有一個退休金帳戶，但允許他們對經營管理退休金的公司，即 AFPs 不滿意時，可轉移其退休金帳戶到其他公司。

2.AFPs 祇可提供一種退休金帳戶；領取退休年金的勞工或受雇者，如擔心 AFPs 提供的給付，受到物價膨脹的影響，他們可向承保的公司購買指數化的年金。

3.AFPs 提供的年金，除包括退休年金外，尚涵蓋提早退休年金、身心障礙者年金、寡婦與孤兒年金。

(二)制度轉變的過渡時期措施

從政府的隨收隨付制改為全額準備，在改制的過渡時期，智利的勞工或受雇者可以選擇留在舊制，或參加新的民營化年金制度。但對於新加入勞動市場者，則沒有選擇的權利，必須全部參加民營化的制度。

對勞工權益的保障如下：

1.對勞工有最低年金保障，

2.年金基金的管理，必須與公司的其他資產區隔，

3.AFPs 對年金基金運用，必須達成最低年金給付，假如 AFPs 基金運用之收益，無法達成此最低年金給付水準時，由年金管理公司自行彌補差額。

(三)有價證券的管理

公司投資最低收益之目標訂定相當複雜，例如：

1.證券投資限制在 37% 以內；

2.國外證券投資最高為 4.5%，全部國外投資不得超過 9%；

3.對一家公司發行的公司債購買有所限制，包括其子公司在內的公司債；

4.投資國外基金 (foreign investment fund) 祇能佔年金基金資產的 1%，同時投資者持份不超過 20%；

5.購買政府公債限 50%；

6.對基金的投資 (investment in fund) 限制在 5% 以內，國外公債在 9% 以內，浮動利率之變動在 4.5% 以內。

對 AFPs 監督機構之規範：

AFPs 之設置與投資項目，必須獲得主管機構 The Commission Clasificadera de Riesge 與 Superintendencia de AFPs 許可，後者屬監理機構；AFPs 的投資交易必須每天提報，財務與營運情形按月提報。

㈣相關問題

1.智利政府對年金的提撥不予課稅，即准許從毛所得中扣除提撥之金額，不列入課稅範圍。

2.年金管理公司之投資收益，亦不加課稅。

3.年金管理公司給予給付時，給付金額列入個人所得稅中課徵。

㈤新制度之成效

智利在實施新年金制度之後，儲蓄增加了三倍之多。由 1981 年之 8%，增加為 1997 年的 27%，經濟成長率增加了兩倍多，由 1981 年的 3%，增加至 1997 年的 6.5%，至今已有 96.6% 的工作人口參加新年金制度。全國三分之一的人口，約 500 萬人納入此一新制度，AFPs 之競爭激烈，管理成本確有偏高之現象，唯年金參與者對自己提撥的退休金多寡，以及提撥後資金的運用皆了然於胸，新制優於舊制至為明顯[13]。

㈥展　望

---

[13]Dimitri Vittas, "Strengths and Weakness of the Chilean Pension Reform", *Financial Sector Development,* World Bank, May 1995.

　　對傳統的三柱制度，智利的新年金制度、民營、競爭與透明化確是反傳統的改革。由於智利刻意降低政府給付，與徹底廢除第一柱的年金制度，所以勞工與受雇者，必須經由 AFPs 為自己提供退休金。

　　由於智利新年金制度之成效良好，許多拉丁美洲國家紛紛跟進，美國、亞洲與歐洲國家皆有學習智利的民營化年金制度 ❹ 之意，但無可諱言，因智利的年金新制，實施時間僅二十年，不少國家仍在觀察中，未敢作定論。

■ 柒、主要國家年金制度之比較

一、政府老年年金制度之比較

　　各國的政府年金，由於國情不同，有很大的差別，德國、日本的政府年金給付一向偏高，而英國與美國則相對偏低，至於智利則根本取消政府或公共年金計畫。

　　除給付水準差別甚大外，尚有：

　　1.除智利之外，幾乎所有國家，皆採雇主與受雇者共同提撥。

　　2.就政府年金言，各國主要採隨收隨付制的財務融通。

　　3.晚近的發展趨勢，大多數國家朝降低政府年金比重的方向發展。

　　4.德國與日本屬於給付偏高的國家，相對地，提撥也高。依照 Holzmann 指出，德國必須從毛薪資的 20.3%，日本用毛薪資的 17% 提撥為保

---

❹Robert Holzmann (2000), "On Economic Benefit and Fiscal Requirement of Moving from Unfunded to Funded Pension", in M. Buti. Franco, D. and L. R. Pench, *The Welfare State in Europe*, Edward Elgar, Cheltenham U.K. pp. 140.

險費，用國際的水準比較，提撥率甚高❺。英國政府年金中衹有基礎年金的給付，美國甚至衹有 OASD 才有基礎年金給付，故兩國的提撥率也相當低。英、美兩國為滿足給付約 50% 至 70% 的平均薪資，他們用建立第二與第三柱年金的方式達成，即以透過私人部門職業年金或商業年金（個人儲蓄）的方式，達成同樣的給付水準目標。

由此可知，英、美國家與其他國家相比，年金基金的資產佔 GDP 之比或每人平均年金資產，之所以會高出許多的原因。

二、民營化年金制度之比較

許多國家和部門職業年金計畫的建立，是由雇主與受雇者共同提撥，職業的年金計畫，採確定給付與確定提撥制兩者皆有。迄今為止，雖則採確定提撥有管理與經營上之優點，仍以採確定給付者較多，但未來的發展之趨勢，採確定提撥者已在不斷增加中。

很明顯地，國際上朝降低政府年金，增加職業年金計畫發展，至於智利，根據 AFPs 已採全額準備。進言之，智利既無第一柱政府年金，亦無一般國家的第二柱職業年金，整個年金是建立在民營化的支柱。相對而言，日本則揚棄個人或第三柱，採用民營化的職業年金計畫。

三、老年年金制度未來發展之比較

美國和英國基於私人年金之運作成效良好，兩國已打算將政府年金民營化。德國的問題是，基本上僅在採用職業年金制度能與歐洲國家接

---

❺同❹，唯在雇主是否與受雇者共同負擔年金保險費方面，是寫由受雇者與雇主共同負擔，與 *Social Security Programs Throughout the World 1999* 年資料和本文有所出入，可能是因為資料引用年份不同的關係。

軌，設法減少彼此的差距。日本似乎在將高度管制的年金市場自由化，經由此種方法使資本市場得以獲利。英、美的退休年金，是交由信託人經營管理，但在歐洲大陸的國家，則由受雇者與雇主共同成立理事會，負責管理年金基金。

在許多國家，負責年金基金的投資抉擇，已從公司信託人 (corporate trustees) 轉向交由獨立的投資顧問公司 (independent consultants) 負責經營管理。

四、老年年金基金投資規範之比較

以年金基金投資於有價證券為例，英、美兩國最自由，而日本居中，德國之規則最為嚴格。基本上，英、美兩國皆僅依據「謹慎者原則 (prudent man rule)」，使年金基金的經理人有很大的空間可以決定投資策略，唯就整個趨向而言，包括日本，甚至德國和智利在內，都朝減少管制的方向邁進。

五、老年年金課稅之比較

就英國、美國與智利相比較，不論雇主或受雇者之提撥與資本利得，在基金之累積過程皆不課稅。是以，賦稅有利於退休年金之提供，唯年金的給付仍需繳稅。

相對而言，德國和日本的課稅比較複雜，兩國皆規定，不僅在儲存或資金累積階段必須課稅，在年金給付的支付階段亦需付稅。職是之故，日本與德國的私人年金市場並不發達，其來有自。

六、年金資產配置之比較

從年金資產之配置可發現，有些國家，像德國、日本配置於有價證

券之投資，較英國與美國為少，日本多作為政府投資，從事各項基礎建設。在智利，年金基金主要必須投資在國內市場，大多購買公債，融通該國的經濟建設。就針對有價證券投資之限制較少的國家分析，對國內和國外的有價證券投資，比公債、不動產與現金持有較多。

事實證明，投資之高報酬與高風險有關，並且年金基金投資限制愈嚴的國家，投資報酬亦愈低，唯一的例外是智利。

七、全球退休金提供之趨向

許多國家的退休年金制度，正逐漸遠離隨收隨付制度，朝全額準備制方向發展，許多國家的職業年金，未來將由確定給付，改變成確定提撥。

從資料顯示，不僅是美國，而且包括世界其他國家在內，年金制度紛紛揚棄確定給付，改採確定提撥之制度，尤其在美國，此種趨勢的轉變尤其明顯。

採確定提撥制對雇主的優點：

　1.對雇主之成本較低；

　2.雇主不再負擔投資風險；

　3.受雇者參加提撥。

採確定提撥制對受雇者的優點：

　1.較易控制自己的年金計畫；

　2.按自己退休年齡選擇不同投資；

　3.可參與年金基金之運作；

　4.更具彈性。

其他優點：

　1.對人口結構變動風險，與未來立法改變因素可明確計算。

2.對未來年金給付盡力支付。

採確定提撥制之最大缺點有二：

1.缺乏風險分攤功能。

2.缺乏所得重分配功能。

八、採全額儲金年金計畫之趨向

將職業年金採個人儲蓄帳戶、用十足準備、民營化，揚棄隨收隨付的年金制度，並不限於工業化國家，智利年金民營化的成功，即對其總體經濟產生良好的成效；不僅拉丁美洲，像秘魯於 1992 年跟進；阿根廷、哥倫比亞在 1994 年仿效；烏拉圭於 1996 年實施；玻利維亞與墨西哥在 1998 年改制；連歐洲的匈牙利、1999 年亞洲的香港、1995 年東歐的拉塔維亞、1997 年的哈薩克，也都紛紛立法採新年金制度 ❶⑯。

（本文為修改原載於中華民國工商協進會委託研究《國民年金對企業經營之影響》之第二章文稿，民國八十九年十一月）

---

❶⑯有關前蘇聯國家與波羅底海國家的年金改革，可參閱 Marta de Castello Branco "Pension Reform in the Baltics, Russia, and Other Countries of the Former Soviet Union (BRO)", *IMF Working Paper,* International Fund, Feb, 1998.

第三篇

論智利年金之民營化

█ 壹、前 言

對關心社會保險制度者而言，1981 年是一個重要的年份，因為從這一年開始，位於南美的智利，破天荒將原本由政府經營的國民年金制度民營化，改由民間的年金基金管理公司，即 AFPs (Administrdoas de Fund de Pensiones) 來管理經營。在當時，這項社會保險的先驅計畫，無人敢保證其將獲致成功；但歷經十七年（編按：原文發表於 1998 年）之後，根據種種證據的顯示，它不僅減輕了舊制公營年金的債務，使得大多數被保險人所享受的給付提升，尤其值得稱道的是，透過此一年金保險計畫，進一步帶動了智利整個資本市場的蓬勃發展。

智利年金保險民營化的成功，引起世界各國的注目，世界銀行與美國的國家經濟研究局 (National Bureau of Economic Research) 的專文報導，皆引起熱烈的討論。同樣位於南美的秘魯、阿根廷、烏拉圭，以及哥倫比亞、墨西哥等國亦已紛紛跟進，到 1998 年 3 月為止，已有十三個西班牙語系的國家，仿照「智利模式」將年金保險民營化，並且在 1996年 5 月成立了「年金管理國際聯盟」(Federacion Internacional de Administradoras de Fondos Pensionsfiap)。智利的年金制度究竟有何特別之處，竟能受到世界各國如此的重視？除了南美以外，其他地區甚或我國，是否亦可採行此一制度？它需要在何種條件之下才可採行？以上諸多問題解答，中文相關文獻仍不多（參見劉惠玲，1997；徐廣正，1993），

值得我們進一步的介紹與評釋。

我國國民年金規劃小組，經過二年多的研究，除已建立年金建制之基本原則——「業務分立、內涵整合」之外，大致亦確立了所得替代率以及給付範圍、水準與條件等。熟悉我國社會保險的人都知道，無論公保、勞保或農保，皆是虧損累累；公保的潛藏負債將近 2,600 多億元❶，勞保的潛藏負債，更高達 4,000 多億❷。我國所規劃之年金制度，不論是否從頭開始或另起爐灶，抑或與舊有公、勞保制度銜接，如係由舊制轉變成為新制，潛藏負債的處理與解決，將是一個極大的難題與障礙，智利的年金制度在這方面，可以提供我們相當寶貴的經驗。

以下參酌 NBER 的專文，先介紹智利年金制度的架構和組織，再觀察其投資限制，及政府所扮演的角色，與智利年金制度的影響。最後對於智利模式移轉於我國之可行性，做若干的探討。

■貳、智利舊年金制度概況

吾人欲探討 1981 年智利年金制度的改革，必須先瞭解該國舊年金制度及其缺失。

　　1.舊的年金制度，是一種公辦公營方式。

　　2.舊制度的保障對象，依不同身分及職業而有區別。分別是工資所

---

❶八十四年底精算結果，已達 2,146 億元，參見《公教人員保險保險費率精算研究報告》，中央信託局公務人員保險處，中華民國八十五年十月。

❷勞保過去服務債務至八十三年二月時已達 9,000 餘億元，目前當有上兆之債務。參見蕭麗卿，〈公共年金採行確定提撥制之探討〉，《保險專刊》，第四十九輯，中華民國八十六年九月，頁一四六。

得者、薪資受雇者及公務人員三類，再依照職業區分三十多種年金保險制度，是一種多元化的社會保險制度。舊制度依照不同職業別區分為太多種制度，不僅缺乏重分配效果，反而對所得分配有逆進作用，即中高所得者之獲益較低所得者為多，給付水準欠缺社會公平性。

3.舊制度採隨收隨付制 (pay as you go)❸，因人口老化等因素，造成入不敷出，財務嚴重虧損。

4.舊制為強制保險，並依職業、身分不同，而區分出不同的年金系統，國民毫無選擇的自由。

5.舊制之保險費，由雇主與勞工共同分擔。

6.舊制中年金並未採指數連動調整，物價膨脹使得實質給付日漸降低，自 1962 至 1980 年，勞工之平均年金實質給付減少了 41%。

7.舊制下繳交之保險費很高，例如 1973 年時，雇主與勞工繳交之保險費，已達工資的 26%。

8.舊制下，繳交之保險費與領取之給付並無關連，以 1955 年時 1 名已退休者的給付為例，平均需要 12 名被保險人繳交的保險費才能支應；雖然到 1979 年已遞減為平均 2.58 個被保險人的繳費支應 1 個退休者之給付，但仍屬偏高。

總之，智利的舊年金制度，既不公平，又缺乏效率，已造成嚴重虧損，負債累累，如此的制度到 1980 年，終於難以為繼，而不得不有所興革。

---

❸其實，智利 1920 年起本來採集合式儲金制 (collective capitalization of fund)，1970年才改為隨收隨付制（或稱賦課制）。

■ 參、智利年金新制度的基本架構

基本上，新制年金已揚棄隨收隨付制（或稱賦課制），改採儲金制 (Funding System or Capitalization System)，為每位參加者設立退休年金帳戶，交給「退休年金基金管理公司（Administradoras de Fundos de Pensiones, 簡稱 AFPs）」的民間機構管理，每一個 AFPs 祇能管理一個退休基金，AFPs 與該管理機構之資產必須嚴格區分。再者，並規定 AFPs 分散對有價證券之投資，與最低之投資收益。每位參與者有自行選擇參加何種 AFPs 之自由，如果他們退休，仍有繼續購買年金之權利，或者可選擇提取部分儲金。新年金制度除養老外，亦涵蓋遺屬年金與殘障年金。智利政府為管理所有 AFPs，特別設置現代化的監理機關「智利年金監理總署」(Superintendencia de Administradoras de Fondos de Pensiones)，監督各 AFPs 之各項投資、確保其自由訂定費率及自由進入此一市場。此監理機構一開始即訂定嚴格的規範，以確保 AFPs 投資之多元化與自由化。

在新制的規定下，公私部門的受雇者，必須繳交 10% 的保險費，作為實施年金計畫的基礎。值得我們注意的是，政府與雇主雖不需負擔此項保費，但雇主在新制開始生效當時，被要求提高受雇者薪資 18%，以作為補償；且政府亦設定最低工資或薪資，避免對就業市場造成負面影響。AFPs 將投資基金獲得之收益，悉數撥入加入者的個人退休帳戶。尤其必須強調的是，在新制下，參與者若不滿意所參加的 AFPs 管理其退休基金的績效，可以申請轉換，每人每年有四次機會，可以將帳戶由目前參加的 AFPs 轉到其他的 AFPs❹。

---

❹自 1997 年起，轉換 AFPs 已改為每人每年二次。

再者,除退休給付之外亦包含殘廢及遺屬給付,但須另行提撥 3% 的工資作為儲金，並定有上限。

就參加人數而言,單就勞工部分,智利 99% 的勞工加入新制的年金,其中 55% 屬於受雇者,尤其值得一提的是,總就業人口中,仍有 5.5% 的人仍自願留在舊制，並未參加新制年金。

除了繳交法定的年金保險費之外,被保險人如果願意,亦得自動向 AFPs 提撥較法定費率為高的費率, 計入其個人名下的帳戶,但每月不得超過 2,000 美元,此項法定提撥之金額,可以從個人所得稅中扣抵,但超過法定提撥自願繳納的部分,不得列為租稅扣抵,待參與者退休,其所領取之法定年金給付, 應列入所得課徵的範圍,但自願繳交的部分,在未來領取給付時, 則不列入所得課徵的範圍。雖然有租稅的優惠及 AFPs 良好的理財成果,但參加自願基金佔總基金的比例,大約僅有總投保人數的 1.4% (Fuentes, 1995)。

■ 肆、基金累積運用的報酬

從下表中可知,在 1981 年智利年金民營化之後,基金大幅成長,在 1985 年至 1995 年,十年之間,基金佔 GDP 之比例由 10.22% 升至 43%,為世界各國所罕見。尤有甚者, 根據預估, 至公元 2010 年, 更佔 GDP 的 134%, 確屬驚人 (Bustamate, 1996)。

在新年金成立初期,為了保障年金受益人財務安全,政府對 AFPs 操作基金範圍的規定甚為保守,對於投資的類別, 規定十分嚴格,對單一金融工具持有數額, 亦定有上限。

表 3-1　智利新制年金之成長

時　　間	金額（折合美金）	佔 GDP 之比例	基金成長率
1981	276.43	0.86	
1982	871.00	3.36	215.12
1983	1,582.14	5.97	81.62
1984	2,062.68	7.88	30.38
1985	2,881.54	10.22	39.69
1986	3,775.84	12.48	31.04
1987	4,645.50	14.49	22.49
1988	5,640.05	15.39	21.94
1989	6,970.49	18.46	23.59
1990	9,243.57	24.73	32.61
1991	13,082.19	32.17	41.53
1992	14,587.29	32.24	11.50
1993	18,749.30	39.39	28.50
1994	22,663.69	41.18	20.91
March 1995	22,076.19	43.00*	

資料來源：Bustamate, 1996.
＊全年估計數

　　在最初數年，基金限制在投資政府公債、銀行存款、公司債和抵押證券 (Mortgage Bonds) 上。新制開辦四年後，即 1985 年始被獲准投資股票市場。儘管如此，投資股票之金額，仍然受到限制，不得超過個別基金的 5%，並且僅允許投資於上市公司的股票。在 1980 年代後期，基金的投資，僅限制購買民營化企業的股票，而且受到了種種設限。至 1986 年，所有 AFPs 僅投資於六種股票，佔整個基金不及 4%，比例甚低。

　　由於受託經營年金的 AFPs 是民營事業，對於基金管理運作績效良好，監理委員會乃將上述投資限制予以放寬。於是，大多 AFPs 投資於股票市場之金額比例顯著增加，全體 AFPs 持有之企業股票種類增加為二十三種，佔總基金之比例上升為 11%，唯其中 90% 的股票是屬於晚近民營化之企業，總數為八家。至 1989 年，限制進一步鬆綁，基金甚至獲准

從事不動產的投資。1992 年時，更獲得允許，在不超過 9% 的範圍內，可投資於外國的有價證券，惟截至 1995 年 12 月止，國外投資之金額佔總基金比例不到 1%。從下表中可知，基金的投資報酬相當起伏，時高時低。

表 3-2　智利年金之投資報酬率 [a]

時　間	加權平均報酬率 [b]	範　圍	中位數
1982	28.8	23.2–30.2	27.6
1983	21.2	18.5–24.7	20.8
1984	3.6	2.2–5.1	3.5
1985	13.4	13.0–14.3	13.4
1986	12.3	10.6–15.5	12.4
1987	5.4	4.8–8.5	5.4
1988	6.5	5.9–8.7	7.1
1989	6.9	4.0–9.5	7.9
1990	15.6	13.3–19.4	17.0
1991	29.7	25.8–34.3	30.8
1992	3.0	0.9–4.2	3.0
1993	16.2	14.6–16.9	16.1
1994	18.2	15.7–21.1	18.2
1995 [c]	(4.9)	(6.6)–(3.5)	(4.8)

資料提供：智利中央銀行年報
註：　a.名目年報酬率按物價指數平減
　　　b.按各 AFPs 之資產計算權數
　　　c.由 1994 年 12 月至 1995 年 11 月

　　基金投資帶有投機的色彩，但主要的原因，還是受到該國該時期經濟變動的影響。1985 年到 1995 年間，智利經濟成長快速，企業之資產倍增，依照 Valck 及 Walker 二人的研究指出，AFPs 的投資報酬有 40% 是受兩家電力公司股價的影響 (Valck and Walker, 1995)。在此期間，基金的報酬率，受到利率及股市報酬率雙重影響。智利市場開放的結果，使兩者均接近國際水準，故實際上，1995 年及 1996 年，AFPs 的投資報酬，

曾一度出現負值。

　年金監理總署對投資報酬率，分別設有上下限的規定：

　1.AFPs 必須保證每個月的投資報酬率，不可低於過去十二個月平均報酬率減去 2%；或至少達到年平均報酬率的 50%。

　2.各 AFPs 必須按受託管理退休基金總資產的 1%，提撥「投資準備金」(Investment Reserve)。

　3.為了避免 AFPs 之間投資報酬率差異過大，智利規定，當年度基金的每月投資報酬率高於某一特定水準時，則需提存「利潤準備金」(Profitability Reserve)，所謂超過某一特定水準是指：一家 AFPs 的實質報酬率，超過所有 AFPs 過去一年平均報酬率加上 2%，或超過年平均報酬率的 50%（取二者較高者）。

　一旦基金管理公司投資報酬率不能達到應有的水準，則依序由利潤準備金及投資準備金補足差額。遇兩項準備金均無法彌補差額時，年金基金管理公司即應宣布破產，予以解散，該公司名下個人帳戶的基金資產，則移轉至其他 AFPs 管理，並由政府彌補差額。

　依照智利政府的規定，每一年金管理公司只准經營一個基金，同時，由於受到最低與最高獲利率之規定，AFPs 的性質與投資組合十分相似 (extremely similar portfolio)，從表 3–2 的資料即可顯示，投資報酬的差距甚小。

■伍、行政組織、行政成本與 AFPs 的收益率

　在 1981 年開始，智利新的年金制度誕生，但舊有年金體系並未完全瓦解，因為參加舊制或新制，由被保險人自行選擇，在 1981 年新舊年金並行，但上文已指出絕大多數投保人皆已參加新制，留在舊制的人大約

僅有 4%。

　　新制年金基金管理公司，皆為民營企業，最初有十二家，一度增加為二十三家，經營效率較差者已遭到清算及解散，至 1997 年 10 月，僅剩下二十一家。為有效監督年金管理公司，智利政府於勞工暨社會安全部下成立「年金監理總署」，設署長 1 人，由總統直接任命。並設委員顧問若干人，下設七個單位（見圖 3–1）。各年金管理公司均設有投資部門，但二者之資產分開。年金監理總署雖設置於勞工部之下，但並無隸屬關係，其地位超然，獨立運作，嚴格監督各基金管理公司的經營。

　　許多批評指出，舊制的社會安全改革，促使年金改變為民營化、多元化，其成本可觀。尤其是允許參與者任意選擇，在 AFPs 間自由轉換。各 AFPs 為吸引人們加入，不惜刊登廣告促銷。所以有學者建議，最佳的方法，是仍由政府直接管理退休基金，或至少限制被保險人遊走於 AFPs 之間 (Diamond, 1994; Mesa-Lago, 1991)。

　　AFPs 收取之費用多寡由其自行決定，收取之費用包括五項：

　　1. 按提撥金額收取一定比例之費用

　　2. 開立新帳戶的手續費

　　3. 提領年金手續費

　　4. 自願提撥之營運費

　　5. 除提撥金額外，定期繳交的定額費用 (a flat fee)

　　近年來，上列第 5 項費用大多已免收。除上列費用外，1987 年後，政府另允許 AFPs 對每一帳戶收取管理費用，但是，規定 AFPs 不得收取退出費用 (Exit Fee)。在初期，行政成本很高，約佔工資的 9%（或佔保險費的 90%），之後大幅下降，至 1994 年下降為佔工資的 1%（或保險費的 10%）。儘管行政成本偏高，但新制按參與者個別設帳制度 (Capitalization System) 之行政效率，勝過舊有的隨收隨付制，是無庸置疑的。如果

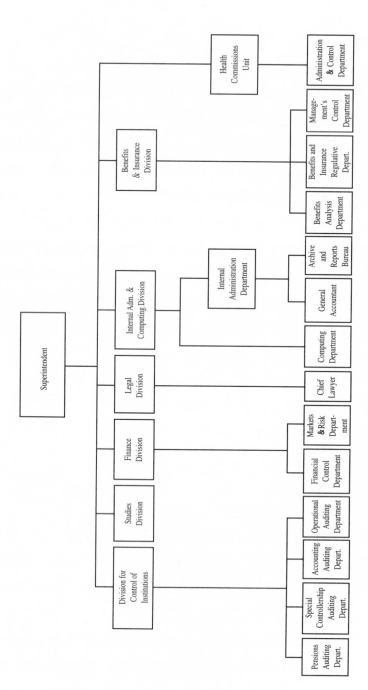

圖 3-1 智利年金監理總署組織圖

以總成本比較，新制的總成本反較舊制低了 42%。

　　若以累積之資產表示，行政成本佔資產的比例，1983 年為 15%，1993 年已下降到 1.83% (Margozzini, 1995)，所以說，儘管行政成本偏高，但就整體而言，參加新制的實質淨報酬，超過舊制 10%。Vittas (1995) 指出，雖然智利年金管理公司的行政成本，與英美兩國無分軒輊，但比新加坡、馬來西亞之公積金制年金仍高出 0.1% 至 0.2%。

　　無可諱言，廣告費用是一項頗大的支出，例如，Valdés-Prieto (1994) 估計行銷費用本身佔總成本的 20%，廣告促銷又增加 3%；尤有進者，各種證據顯示，近年來，行銷費用顯著上升，自 1988 年到 1995 年，銷售成本佔總成本之比例已攀升二倍多。論者指陳，降低被保險人的移轉次數，可有效降低行政成本，並可增加被保險人的淨報酬。然而，對於開立新帳戶的移轉成本甚高，一個更為有效，而又能維持個人自由選擇的方式，是允許 AFPs 不只管理一個基金。在此情形下，個人在不同基金間移轉其退休儲蓄，但仍在同一家 AFPs 中，如此即可節省成本。

　　再者，若能評估或修正營運績效最低報酬的保障，那麼將更有助於 AFPs 間之競爭，允許個人針對不同風險，選擇適合自己偏愛的基金。值得進一步考慮的是，被保險人選擇的不僅是基金，亦是選擇代為管理的公司。否則即使放寬讓一家 AFPs 管理不止一個基金，最後是否會有效降低被保險人的遊走，仍會讓人懷疑。

　　在 1981 年新制年金開辦初始，成立了十二個年金基金管理公司，到 1997 年已增加到二十一家。雖然加入相當自由，但此一行業仍具非敵對之集中度 (a non-rival degree of concentration)，於 1990 到 1994 年間，有 68% 的受雇者屬於三家最大的年金管理公司，不過，這項集中度已有下降的現象 (Vittas, 1995)。關於新年金制度在過去十五年間 (1981–1995) 的營運，年金管理公司有甚高的報酬率，資產平均報酬率為 16.6%。高

峰是在 1989 至 1991 年間，每年皆超過 35%，但此僅僅表示一個平均數，並不意涵每個年金管理公司獲利都高，更不表示每家公司都能獲利；以 1994 年為例，在二十一家公司中，就有十一家虧損 (Margozzini, 1995; Vittas, 1995)。

■ 陸、政府扮演的角色

如上所述，智利的新年金制度，是按個人來設置年金帳戶，再交由民間經營管理。但此並非表示智利政府從此袖手旁觀；相反的，政府仍扮演著極為重要的角色，政府為監督年金基金管理公司，特別成立了年金監理總署 (SAFP)，該機構為一政府機構，負責年金基金營運之監督。並且，凡參加年金繳費超過二十年，而累積基金仍未達最低給付水準者，由政府負責補貼其差額，使低收入的參與者，亦能獲得最低的年金給付。

並且，最低給付隨物價水準而調整，即所謂指數化 (Indexation)；就現行制度而言，最低退休給付為平均工資的 25%，或最低工資的 75%。又政府也用以下的措施，保障那些加入年金計畫者 (a pension based on programmed)：

1.透過嚴格的規定，詳細規範基金的運作。

2.給予被保險人最低的給付保證和補貼。

3.協助新舊制度的轉換。

4.盡其所能，維護有利的金融與經濟環境。

5.對於有提撥合理金額的受雇者，透過最低保障年金的方式，提供某一程度的保護，以協助貧窮年老者。

6.透過資產調查的公共救助年金 (public assistance pension)，協助沒有加保，且沒有其他方式可獲得救助的人。

其次，政府規定年金基金管理公司，必須保證可達到某一最起碼的報酬率；若無法達到，AFPs 須以其準備金來補助，若準備金用完後仍無濟於事，則該 AFPs 將被迫解散。再者，即使基金管理公司破產，政府亦保證給予被保險人應有的給付。除此之外，智利政府亦負責協調因年齡或其他因素，而不易轉移至新年金體系者，使其達成心願，而不論處理之行政費用需要多高。

相對於世界銀行建議的年金體系「三柱保障」(World Bank, 1994)，智利的年金有兩項顯著的差異：

1. 第一柱的「公共年金」扮演最終提供者的角色。
2. 個人被強制儲金的年金，由民間公司經營管理。

■ 柒、智利新年金制度的特色

智利年金改革的一項重要目標，是提高實質年金的給付，特別是對低收入者。在舊制之下，年金給付水準常受到政治的干預，但在新年金制度之下，年金給付的多寡，取決於提撥的金額及基金的運用情形。新制的退休年齡，男性為六十五歲，女性為六十歲，除提前退休的給付外，退休之後的給付可分為下列二種：

1. 被保險人可使用自己已累積之基金，繼續購買一項保險公司的年金。
2. 被保險人亦可選擇一種計畫性提取 (programmed withdrawal)，依照繳費之多寡提領累積之基金。

兩種選擇乃魚與熊掌，各有利弊。在計畫提領下，被保險人死亡，其所剩餘之金額，可以讓繼承人繼承。在此一制度下，退休者仍可在 AFPs 間移轉。相對地，在前一項的年金體系下，如個人比較長壽，基金已經

領罄，但退休者仍可繼續領取最低年金給付。故年金保障其在晚年可領取固定之所得。唯在此項年金體系下，並不能繼承，而且費用較高。最近，從 4,064 個樣本顯示，新制下退休者，其平均替代率 (average replacement rate) 為 78% (Baeza and Burger, 1995)。有趣的是，選擇提早退休者，其平均替代率為 82%。學者將此種現象歸之於自願提撥之累積下，有提早退休的功能。而殘障年金之所得替代率高達 67%。甚至，遺屬給付之替代率亦高達 71%，顯而易見，全部的所得替代率平均皆高於舊制，在 1980 年，舊制的平均替代率僅為 50% 而已。

新制亦允許提早退休，但僅僅為一種選擇年金，此基金的給付大約為參與者原來薪資的 70%，提早退休者亦可選擇計畫提領式定期給付。在 1994 年，約有 20 萬退休者參加新制；其中半數選擇繼續參加，另一半選擇計畫提領。

計畫提領允許定額提領 (lump-sum withdrawals)。選擇此項方式，必須合乎兩項條件：

　　1. 年金不得低於 70% 的所得替代率

　　2. 年金必須至少有最低給付之 120%

雖然缺乏具體數字，以確切佐證個人選擇定額給付之多寡，但根據 Baeza and Burger (1995) 估算，大約有 24% 的參與者做此項選擇，如果將新制的有效替代率一併納入考量，可能達到 84%。新舊制度並存，允許已退休者對隨收隨付制度做直接比較，至 1994 年 12 月，個人基金制之養老年金，比舊制的隨收隨付制高 42%，至於殘障年金，新制較舊制高 61%。

平心而論，年金和計畫提取的替代率相差有限，依照 Baeza and Burger (1995) 的研究，提早退休的年金替代率為 78%，而計畫提領的替代率為 83%，但標準年金的替代率也不過 74%。

年金制度改革的另一項作用是，具有激勵自願或主動積極的年金市場 (active annuities market)，由於年金改制的結果，保險公司的資產與 GDP 之比，從 1985 到 1995 年增加了四倍。但無可諱言，新年金的行政成本不貲，遭受不少批評。於是，行政成本偏高，似乎成了新制年金制度的一項特色。惟應加強調的是，新制年金之經營成本雖高，但其收益更高。

▌捌、舊制轉換成新制的問題

由隨收隨付制轉變為個人儲金制，如何將新舊制加以銜接，是其關鍵所在，智利政府採取了下列措施：

1.確定移轉的規則，被保險人願加入新制，或願留在舊制，政府由其自行選擇。

2.在舊制下已繳交保險費，之後加入新制者，採取一種信託基金的方法 (a method of crediting funds)。

3.對舊制退休者，繼續給予給付，唯參加自願年金者，一旦從舊制中退出，並加入新制的個人基金時，舊制即不再有準備金。

從智利新退休年金制度建立時起，凡自 1982 年 12 月 31 日前加入者，在五年內，必須做出是否願意參加新制的決定。凡在此期間參加新制的，就必須同時選擇其所願參加的 AFPs。由於加入 AFPs 者，立即感受到增加 11% 的給付金額，於是許多被保險人紛紛加入新制。自 1982 年來，超過 100 萬的勞工，加入新制，佔總就業人口的 36%。

尤其值得重視的是，對於舊制下已繳納的保費，由政府發行一種債券，給予被保險人，存入 AFPs 個人帳戶名下，以確認其往日之提撥，此項債券被稱為「確認債券」(recognition bond)，作為提供新退休基金的基

礎。即以發行確認債券的方式，承認於舊制下已繳納的保費，並保證可移轉至新制下，繼續投保。此一債券之實質報酬率僅有 4%，並且規定在1994 年前，不能在次級市場出售。而參與者獲得確認債券的條件是，在舊制下至少五年，曾繳交保險費至少十二個月。確認債券的真實價值，是用一個相當複雜的公式計算，其步驟為：

1.用 1979 年 7 月之前的十二個月的平均薪資，乘以 0.8；

2.用上項數字乘以「已繳納保費之年數佔三十五年之比率」(假定三十五年為一般勞工之退休年數)；

3.將所得到之數字再乘以影響購買年金因素 (annuity purchase factor)，此一影響購買年金因素依性別而異，男性為 10.35，女性為 11.36。所求得數字再乘以個人年齡、性別，男性約在 1 至 1.11；女性約在 1 至1.31 之間。

例如，以此公式計算，一個男性年滿三十五歲，且繳納十五年保險費，平均每年的年金為 6,000 美元，此種情形下，確認債券之價值存入新 AFPs 帳戶為 2 萬 292 美金。又如一個四十五歲的女性，繳交了二十五年保險費之後，其平均年金所得也為 6,000 美元，但她領取確認債券存入個人帳戶價值為 4 萬 896 美元，實質報酬率為 4% 的確認債券，等待其退休、死亡或殘廢可以兌領回 (redeem)。在上述假定條件下之男性，倘若六十五歲退休時，該債券價值為 7 萬美元，女性六十歲退休，該債券價值 7 萬 4,000 美元。從政府財政觀點視之，智利新年金制度產生了兩項公共支出負擔，包括：

1.確認債券的提供與支付

2.舊制退休的給付

從表 3-3 可以看出過渡時期的財政成本 (fiscal cost)，第一欄代表政府對舊制負擔的債務。其中包括新制退休者及自願加入新制者。因為最

大的「現金成本」是對那些 1981 年已退休者，其負擔高峰在 1983 年，
此支出佔 GDP 之比例達到 4.58%。事實上，如果智利人平均壽命不變，
從 1995 年後，此項成本即快速遞減。表中第三欄的數字表示，確認債券
的提供與支付，此係存入現行勞工之退休帳戶 (active worker retirement
account)。確認債券的時期過程 (time path) 可以用智利的人口變化顯現，
依照預測，按智利人的退休型態，政府支付債券的高峰期將在 2005 年。

表 3–3　年金制度改革對財政的影響，舊制年金債務（佔 GDP 之比例）

年　　份	現金赤字	確認公債	總　　計
1981	1.47	0.11	1.48
1982	4.08	0.11	4.19
1983	4.58	0.22	4.80
1984	4.55	0.25	4.80
1985	4.27	0.30	4.57
1986	4.33	0.41	4.74
1987	4.35	0.49	4.84
1988	4.23	0.50	4.73
⋮	⋮	⋮	⋮
1995	3.10	0.80	3.91
2000	2.57	0.94	3.51
2005	1.84	0.99	2.83
2010	1.19	0.80	1.99
2015	0.80	0.40	1.20

資料來源：IMF 之估計

　　由上述可知，在新年金改革過程中，智利政府面對舊制的潛藏負債
直接負起責任，由政府編列預算支應。實際上，智利年金改革最引人入
勝之處，即在舊制下原有負擔透明化，政府不僅承認未提撥準備的負擔，
在新制實施後逐年編列預算支應兌現，使新制不必背負舊債，而得以從
頭開始。有些學者指出，此項舊債成本十分可觀，故智利年金的轉換方
式很難移植於其他國家 (Mesa-Lago, 1991)，儘管如此，先驗上並不明確。

智利年金改革模式是否可移植於其他國家，仍須視經濟、財政與特殊的政治環境而定（參見附錄 3-1）。歸根究底，年金制度的改革之成功與否，關鍵仍取決於其轉換成本和實施後之效益而定。對其他國家而言，應加深思的是，是否為了避免花費將年金改制為民營化之成本，而甘願維持無效率公辦公營，繼續採行入不敷出的隨收隨付年金制度。

■ 玖、新年金制度對資本市場、儲蓄與勞動市場的影響

毫無疑問，智利年金制度的革新，對整體經濟起了重大的影響。其中最重要的影響是，參與者提撥的結果，使儲蓄率由 1986 年的 10% 上升至 1996 年的大約 29%。儲蓄率的提升主要來自公共部門的儲蓄，公共部門的儲蓄，在 1983 年僅佔 GDP 的 0.1%，1993 年已增加為佔 GDP 的 5%。不少研究指出，增加公共儲蓄是提升一國總儲蓄最有效的方法。一般而言，公共儲蓄提升會形成一種良性循環，即高儲蓄率可創造高經濟成長，高度經濟成長又帶動儲蓄率之提升。Haindl (1996) 晚近利用計量方法，估計智利年金新制對儲蓄的影響，已獲得肯定的結論；Morande (1996) 用時間序列估算，證實年金新制有鼓勵儲蓄提升的作用；而其他學者所作的研究也指出，新制年金的提撥，使儲蓄佔 GDP 的比率，增加了 3%。年金基金 (Pension Fund) 已成為智利資本市場最大的投資來源。因為其總資產佔 GDP 比率超過 40%，相對於 1981 年，此項比率僅佔 0.9%。從表 3-5 可知，AFPs 投資有價證券之比重顯著提高。觀察表 3-4 可以發現，個人年金帳戶的平均報酬率，比整體金融機構的平均報酬率為高。AFPs 掌握的大量資金，對於創造一個動態的現代資本市場，產生相當大的助力。然而，更重要的是，對融通長期投資計畫，功不可沒，尤其對民營化的公用事業 (privatized utilities) 居功厥偉。如果缺乏長期的

融資，大型的基礎建設 (infrastructure) 根本無從興建。

表 3-4　金融機構與個人儲金帳戶之平均年實質報酬率（百分比）

年　份	金融體系	儲金之報酬率
1981	13.2	5.3
1982	12.1	25.5
1983	7.8	19.4
1984	8.4	2.4
1985	8.2	11.6
1986	4.1	10.9
1987	4.3	4.5
1988	4.6	6.1
1989	6.8	6.7
1990	9.4	15.7
1981 至 1990 平均	7.8	10.4

資料來源：IMF 由智利政府提供資料計算

更值得一提的是，年金制度的革新，對智利勞動市場的功能，有著重大的影響：

　1.由於薪資稅的降低，減輕了勞動成本，並鼓勵就業的創造。

　2.藉著新的個人基金年金制度，大幅降低退休勞工的租稅負擔 (labor tax component)。

對大多數的勞工而言，他們將提撥金額視為一種遞減給付，而非對薪資課稅。但儘管如此，關鍵問題仍在依照此項制度，退休給付是否必須負擔租稅，事實上，此一問題決定於諸多因素；其中包括基金的投資報酬率、期待的年金收入、管理費用的高低、避險的程度及貼現等。Diamond 與 Valdés-Prieto (1994) 認為，雖然新制度包含了一些租稅，但比舊制低了許多。Cox-Edward (1992) 也認為，智利的年金改革，顯著地減輕了勞動者的有效租稅，並且指出，此舉不僅有助於加強智利勞動市場的就業狀況，同時亦提高了勞工的平均實質報酬。

■ 拾、智利年金新制移植的可行性

　　臺灣已規劃完成國民年金制度，智利的新年金制度是否仍有參考的價值，值得吾人深思。觀察智利新年金制度，該國打破舉辦社會保險，政府責無旁貸的傳統觀念。世界各國公營年金制度的結果，均陷入財務的泥濘，虧損累累。我國自民國四十二年舉辦的勞保，民國四十七年啟辦的公保，及後來開辦的農保，亦無一例外。有此前車之鑑，及參考各國公營的社會保險，我國行政院訂於民國八十九年開辦的國民年金（近因民國八十八年九月二十一日發生大地震，行政院決定國民年金延期實施，將來如何演變，目前尚難預測），仍採確定給付制，用隨收隨付 (pay as you go) 的財務融通方式，即使計畫中設有部分提存準備 (partial funding)，但是依照以往的經驗觀察，在目前人口結構演變的趨勢下，終將使整個保險財務入不敷出，虧損累累。當然，我國年金制度設計並不單純，因目前已有公、勞、農保為公辦公營，如果對尚未納入各種退休保險者之國民年金保險，採取公辦公營模式，甚至打算將現行各種社會保險年金化後，使其納入同一體制，並成立「中央社會保險局」，在此一機構下統籌運作，則未來營運之績效十分堪憂。眾所皆知，在國際上除少數例外，公營事業效率不彰，資金運用之報酬偏低，仍是不爭的事實。故吾人似乎不必浪費時間與資源，再作無謂的實驗，未來我們國民年金的規劃，朝向民營化的方式辦理，應為良策。當然，如未來國民年金由民間機構辦理，並非表示政府袖手旁觀。相反的，政府至少在下列幾方面需要承擔責任：

　　1.建立一確定提撥，個人儲金之年金制度。政府仍為退休年金最後的負責者，對參加此一制度，並能滿足保險費繳交之一定條件者，保證

給予最低給付。

　　2.主管機關應負責確定退休後之平均所得替代率，並將公、勞、農保予以年金化。

　　3.建立一多元化的國民年金體系，不再強行整合公、勞、農保，並進一步將公勞農保皆開放民營，或委託民間機構辦理。

　　4.由於我國人口快速老化，採取隨收隨付之年金制度，亦將難以為繼，我國年金制度的建立，宜採透明化的個人儲金制。

　　5.規定各年金基金經營管理的最低報酬。

　　6.訂定一定期間內，讓現行工作者選擇加入新制，或繼續留在舊制中。

　　7.由政府設置監理單位，使其充分發揮監督各基金管理之職責，預防弊端之發生。此一機構必須獲充分授權，使其超然獨立，運作不受政治的干預。

　　8.訂定清算規定，同時建立營利平衡準備金。

　　9.舊制下之潛藏負債，宜由政府發行債券，依每年退休人數分年編列預算支付清償。惟有如此，新的年金制度不必背負舊的包袱。

　　無可諱言，從本文附錄中可知，智利年金民營化是其整體經濟自由化的一端，年金民營化的成功，不僅仰賴年金制度本身設計的良窳，更有賴整體經濟結構的調整，即經濟制度的自由化，與社會保險的民營化應同步進行。從以上的分析，再觀察我國之社經狀況，金融自由化早在進行，稅制合理化及兩稅合一亦已有建樹，故此時規劃年金的民營化並非東施效顰。復言之，使我國年金制度改革成功的條件大多已經具備，現在最重要的是，主管機關觀念的轉變。對被保險人而言，如果有一種制度，在相同的提撥率或同樣保險費率之下，使其可獲得的給付增加，則其並無理由不舉雙手贊成。我們的困難或許是在立法方面，及今後財

政上承襲的逐年負擔。有人認為，智利年金改革是強權政治下的產物，但不同的國家如秘魯、阿根廷、哥倫比亞、烏拉圭、墨西哥等十三個國家，亦都將年金制度，由確定給付制 (defined benefit) 改為確定提撥制 (defined contribution)，或者兩者並行，財務融通方式由隨收隨付方式，改用個人設帳的儲存 (full funding) 方式，又說明了什麼呢？智利的年金新制，值得我國國民年金制度在此一制度正式上路之前，再作深思；須知，年金的列車一旦啟動，更難回頭。

表 3-5　智利年金基金持有之各類資產

年份	公債	金融機構之定期存款	金融機構之票券	公司債	股票	基金	海外金融工具[a]
1981	38.1	61.9	9.4	0.6	0.0	0.0	0.0
1982	26.0	26.6	46.8	0.6	0.0	0.0	0.0
1983	44.5	2.7	50.7	2.2	0.0	0.0	0.0
1984	42.1	13.3	42.9	1.8	0.0	0.0	0.0
1985	42.4	21.3	35.2	1.1	0.0	0.0	0.0
1986	46.6	23.3	25.5	0.8	3.8	0.0	0.0
1987	41.4	28.5	21.3	2.6	6.2	0.0	0.0
1988	35.4	29.5	20.6	6.4	8.1	0.0	0.0
1989	41.6	21.5	17.7	9.1	10.1	0.0	0.0
1990	44.1	17.5	16.11	11.1	13.3	0.0	0.0
1991	38.3	13.3	13.4	11.1	23.8	0.0	0.0
1992	40.9	11.1	14.2	9.6	24.0	0.2	0.0
1993	39.3	7.6	13.1	7.3	31.8	0.3	0.6
1994	39.7	6.3	13.7	6.3	32.2	0.9	0.9
1995[b]	40.7	6.0			36.9[c]	0.4[d]	

a.AFPs 於 1993 年 5 月開始投資海外金融工具
b.1995 年 11 月
c.公司債加股票
d.基金加海外金融工具
資料來源：Valck and Walker (1995), *Banco Central de Chile, Boletin Mensual,* January 1996.

參考文獻

Baeza Valdes, Sergio, and Raul Burger Torres (1995), "Calidal de las Pensiones del Sistema Privado Chileno", in *Quince Anos Despues: Una Mirada al Sistema Privado de Pensiones,* ed. by S. Baeza and F. Margozzini, Santiago Centro de Estudios Publicos.

Bosworth, Barry P., Dornbusch, Rudiger and Laban, Raul ed. (1994), *The Chilean Economic: Policy Lessons and Challenges,* Washington, D.C. The Brookings Institution.

Bustamate, J. (1996), "Desatiosy Futuro del Sistema Chile-no de Pensiones", *II Congreso* Iberoamericano de Sistemas de Fondos de Pensiones, Santiago, Chile.

Cox-Edward, Alejandra (1992), *Economic Reform and Labor Market Legislation in Latin America*, California State University.

Diamond, Peter (1994), "Privatization of Social Security: Lessons from Chile", *Revista de Analisis Economico, 9 (1)* Unne pp. 21–39.

Diamond, Peter and Salvado Valdés-Prieto (1994), "Social Security Reforms", in *The Chilean Economy: Policy Lessons and Challenges,* ed. by B. Bosworth, R. Dornbusch and R. Laban, Washington, D. C.: The Brookings Institution.

Edwards, Sebstian (1995), *Crisis and Reform in Latin America: From Despair to Hope,* New York, Oxford University Press.

Fuentes Silva, Roberto (1995), "Evoluciony Resultados del Sistema" in *Quince Anos Despues: Una Mirada al Sistema Privado de Pensiones,* ed. by S. Baeza and F. Margozzini, Santiago Centro de Estudios Publicos.

Haindl, Erik (1996), "Chilean Pension Fund Reform and its Impact on Savings", *Working Paper,* Universidad Gabriela Mistral, Santiago, Chile.

Lglesias, A. and Vittas, D. (1992), "The Rationale and Performance of Personal Pension Plans in Chile", *Working Paper,* The World Bank.

Margozzini Cahis, Francisco (1995), "La Industria de las AFPs", in *Quince Anos Despues: Una Mirada al Sistema Privado de Pensiones,* ed. by S. Baeza and F. Margozzini, Santiago Centro de Estudios Publicos.

Mesa-Lago, Carmelo (1991), "Las Reformas de las Pensiones on America Latinay la Posicion de los Organisimos Internacinalcs: Comctario a la Propuesta de la CEPAL".

Mesa-Lago, Carmelo (1991), "Social Security and Prospects for Equity in Latin America", *World Bank Discussion Paper 110,* Washington, D. C..

Morande, Felipe (1996), "Savings in Chile: What Went Right?", Inter-American Development Bank, Office of the Chief Economist, *Working Paper,* 322.

Valck V. Eugenro and Eduardo Walker H. (1995), "La Invension de los Fondos de Pensiones, Ilitoria, Normativay Resultados," *Quince Anos Despues: Una Mirada al Sistema Privado de Pensiones,* ed. by S. Baeza and F. Margozzini, Santiago Centro de Estudios Publicos.

Valdés-Prieto, Salvador, (1994), "Cargos por Administracion en los Systems de Pensiones de Chile, Los Eatados, Mulasiay Zambia", *Cuadernos de Economia 93 (August),* pp. 181–227.

Vittas, Dimitri (1995), "Strengths and Weaknesses of the Chilean Pension Reform", *Financial Sector Development,* The World Bank.

World Bank (1994), *Averting the Old Age Crisis: Policies to Protect the Old and Promote Growth,* New York: Oxford University Press.

（本文發表於《華信金融季刊》第三期，民國八十七年九月）

附錄 3-1
智利政府 AFPs 法律規範

一、營運初期

1.由監理機關授權准許營運。

2.最低資本額為 5,000 UF（智幣單位），約為 16 萬美元。

二、命　令

1.每一管理公司僅能管理一個基金。

2.依法僅提供和管理給付事宜。

三、最低資本和準備

1.隨加入人數變動之最低資本額

5,000–7,499 人 1 萬 UF

7,500–9,000 人 1 萬 5,000 UF

1 萬人以上 2 萬 UF

2.最低準備金為年金基金之 1%

3.最低收益率

⑴全部基金年平均收益率減 2% 之管理費用

⑵平均實質收益率之 50%

四、投資許可範圍

1.公司股票

⑴在 1985 年以前，證券投資不得超過基金規模的 5%，持有一家
公司股票亦不得超過該公司股份的 5%。

⑵在 1985 年以後，證券投資不得超過基金規模的 37%。

2.海外金融公司

⑴自 1990 年，允許投資海外金融工具，惟準則在 1992 年中期始
公布。

⑵許可佔總資產較低的比例，購買低風險固定報酬之國外銀行或
政府發行之金融工具。

附錄 3-2
智利結構性改革之個案

改革項目	改革內涵
貿易自由化	1975 年至 1979 年片面開放，取消所有數量管制，採行單一關稅 (uniform import tariff) 10%，1980 年中期短暫提高關稅，自 1987 年進口關稅統一為 11%。
民營化	1974 年至 1979 年和 1984 年至 1989 年分階段自由化，第一階段，銀行首先民營化，隨即將製造業自由化。1982 年第一階段結束時，智利經濟出現危險，又將銀行國有化。第二階段在銀行和公營企業出售之前，先訂定規範，至 1994 年約 96% 之國營企業民營化，惟有些大國營事業，如鋼鐵製造業 CODELCO，仍維持公營。
財政革新	1975 年進行賦稅改革，引進加值稅，個人與公司所得稅兩稅合一，稅務行政重大改進，自 1977 年後政府收支平衡，自 1980 年中期，用租稅鼓勵儲蓄。
金融革新	從 1975 年起將銀行民營化，放鬆對利率與貸款之管制，存款準備大幅降低，開放銀行設立，社會安全改革後，證券市場受到鼓舞，金融檢查在 1980 年中期鬆綁之後，強化其功能。
社會安全	面臨無法償債之隨收隨付制，改頭換面，用民營化的個人儲金制取而代之。健康維護改為低收入者之健康照顧，與以勞工為基礎的健康保險，兩制並行。

第四篇

由前蘇聯國家年金制度改革論年金制度發展之新趨向❶

▌壹、前　言

　　我國政府本計畫在民國八十九年底，實施國民年金制度，因八十八年九月二十一日臺灣中部發生大地震，對於吃緊的國家財政，無異是雪上加霜。歲入短收，而災後重建的各項支出，需 2,000 多億元，基於財政上的考量，國民年金不得不延後實施。站在一個長期關心國家財政的立場，對於原本計畫實施的國民年金版本（經建會，民 88 年），我們有著迥然不同的思考（陳聽安、吳英同，民 89 年）。

　　國民年金制度的建立，是巨大的社會工程，此項制度一旦實施，其影響所及，較之全民健康保險尤有過之，不僅關係老年退休的生活費用，並且對於勞動市場、資本市場的發展，以及國民儲蓄，乃至於未來經濟的榮枯，皆息息相關。職是之故，國民年金制度的建立，不能不慎於始。眾所周知，制度的建立不易，制度的修正，因涉及既得利益，在民主政治體制下，更是難上加難。

　　遠在波羅底海的三小國以及前蘇聯共產國家，自從 1987 年東歐的共

---

❶本文除前言與結論之外，其餘皆取材 IMF Working Paper, Marta de Castello Branco 於 1999 年 2 月發表的 *Pension Reform in the Baltics Russia, and Other Countries of the Former Sovie Union (BRO)* 一文。

產制度崩潰後，蘇維埃聯邦共和國隨即瓦解，原先各國所建立的年金制度，受到極大的衝擊，必須隨其經濟制度的轉換加以調整，但此等國家年金制度的調整，恰恰反映世界各國年金制度改革的趨向 (Marta de Castello Branco, 1998)。無論是北美或南美、西歐或東歐國家年金的改革，乃至於晚近香港年金制度的變革，幾乎都朝同一方向進行 (Barrientos, A., 1998; Müller, K., 1999; Schieber, S. J. and Shoven. J. B., 1997; Shipman, W. G., 1999; Yuen, M., 1999)。

反觀我國國民年金制度的設計，與世界銀行建議的三柱年金模式並不相同，也未考量未來人口老化的趨勢，並與世界各國年金制度的革新潮流相背。故下文我們特別根據國際貨幣基金的研究，介紹前蘇聯國家年金原來的制度，及其改革的趨向與模式❷，希望在我國國民年金制度尚未實施之前，及時徹底重新檢討制度設計的妥當性。

臺灣朝野都流行著一種論調，即認為國民年金愈早實施愈佳，因為如果國民年金不及早實施，社會上許多弱勢團體便得不到保障，而各地方政府常為選舉「亂開支票」，給予不同金額的年金或老人津貼，無法終止。論者又謂國民年金及早實施，不僅不會增加國家財政負擔，反而可以減輕。但以一個長期從事研究工作的人來看，這些論調皆似是而非。其中有些將社會救助與社會保險的規定混淆不清，作為選舉之伎倆。即使國民年金提前實施，若所得替代率過低，亦無人能保證地方民意代表或縣市首長，不會對國民年金給付做出「加碼」的可能。因此對於制度的設計，吾人必須秉持理性的思維，不宜滲雜入政治性的思考，由本文的探討，可以得到一個啟示，即一個國家如果在年金制度中納入政治因素，財務上必然會付出慘痛的代價。

---

❷見 Marta de Castello Branco, 1998.

▍貳、概　論

　　早期建立老人退休年金制度的國家，其年金制度發展到目前，莫不改弦更張，國際上幾乎沒有例外❸。雖然有些國家為顧及衝擊過大，避免作大幅度的變更，支付仍然採取確定給付制 (defined benefit)，財務融通依然採取隨收隨付制（簡稱 PAYG）的方式，但卻不得不將給付水準降低，或將申請給付的年齡延後，或是將提撥率提高。但是，愈來愈多的國家發現，在人口結構不斷老化的情形下，上述枝節的變更，仍然不足以挽回財務惡化的趨勢，而陷入赤字愈滾愈大的窘境。有鑑於此，許多國家，如智利 (1981)、秘魯 (1993)、阿根廷 (1994)、哥倫比亞 (1994)、烏拉圭 (1996)❹已將年金制度做根本性的變革，將確定給付制改成確定提撥制 (defined contribution)，財務融通上採十足準備 (full funding) 的方式，並取消統收統支，而改採個人專戶設帳儲存，委託民間公司將基金做有效的運用，或將確定提撥制改為確定給付制的補充年金。

　　依據國際貨幣基金會的研究報告指出，前共產國家瓦解後，棘手的問題之一，就是社會福利制度的問題。原先的社會福利制度，是規劃成從搖籃到墳墓的制度，對人民照顧可說無微不至。但由於社會福利支出耗用大部分的財政資源，使原有的社會福利制度，難以為繼。對於政府的支出，究竟應該從事投資以利經濟發展，抑或作為社會福利之用，各國當局煞費苦心。此外，經濟的惡化，使政府財政更加左支右絀。

❸德、法、英、美均已採取改革措施，或將退休年齡延長，或將給付標準降低。
❹採部分提存準備或部分退休金改為確定提撥，參閱 Robert Holzmann, 1999, p. 140.

　　此等國家共同的感受是，佔社會安全支出最大的項目，也就是公共年金，亟需改革。蓋原先的制度下，在收入方面，提撥產生工作的反誘因，在給付方面，有水準太低，人數太多，以及退休太早的問題 (Holzmann, 1993)。對於大多數前蘇聯國家而言，公共年金幾乎已經變成一項無關痛癢的社會安全計畫，既無法提供真正的社會安全保障，也無法鼓勵儲蓄。再者，已失去原先所欲達成的重分配功能，及抑阻絕對貧窮的既定目標。短期方面，提撥的低報和提前退休，皆成為年金制度嚴重的挑戰，而長期的問題，是必須面對如何籌措人口老化所需付出的成本。

　　財務上的壓力，迫使年金制度不得不進行改革，但是如何改革，各方的見解並非一致。有的主張將現行隨收隨付制的扭曲因素加以消除即可，有些卻認為應對年金制度做全面性的改革，採取確定提撥制，以及民營化的基金管理。

　　為了對問題作比較深入的探討，下文採用簡單的數學模式，闡述隨收隨付制的特徵，以作為年金問題討論的基礎。接著探討維持現制下，可能的年金改革方法，進而討論前蘇聯國家在轉型期，對年金制度改革的種種嘗試，最後，針對這些國家的改革方案，作進一步的評析。

■參、隨收隨付年金制度的特徵

一、隨收隨付制度的機制

　　就如同許多工業化國家一般，前蘇聯國家的年金制度，亦是採用隨收隨付的財務融通方式。值得注意的是，這些國家並未像工業先進國家，存有私人年金制度 (private pension schemes) 以補公營年金之不足。在隨收隨付制度之下，退休者的年金給付不是由其所繳交的保費融通，而是

由目前工作人口的薪資中，提撥一定比例，加上政府編列預算，予以融通支應。就理論而言，財務上收支應該平衡，假如退休者的年金給付都由薪資稅中予以融通，就不需要政府編列預算支應。但就一般情形而言，在此制度下，政府多對年金財務，給與一定數額的補助。若用公式來表示，可寫作：

$$\alpha \times W \times N = \beta \times W \times M \tag{4-1}$$

上述符號表示之意義如下：

N: 提撥者人數

M: 退休者人數

W: 平均薪資

α: 平均提撥率

β: 平均所得替代率

在隨收隨付制下的均衡費率 (equilibrium rate)，應為平均所得替代率乘以制度依賴比率（system dependency ratio，即退休者人數除以提撥者人數）為：

$$\alpha = \beta \times (M/N) \tag{4-2}$$

若有政府補助，隨收隨付制的提撥率可改寫為下式：

$$\alpha = \beta \times (M/N) \times (1 - \tau) \tag{4-3}$$

τ 為政府對年金支出補助的比率，$\tau > 0$，表示年金基金 (pension fund) 接受政府補助，$\tau < 0$ 表示年金基金有盈餘。

為建立隨收隨付制財務融通和人口年齡結構的關係模式，則依賴比

例可用依賴人口比例 (M^*/N^*) 的一個因子 γ 來表示，本文以年齡超過六十歲以上人口佔十五至五十九歲人口之比例表示：

$$M/N = \gamma \times (M^*/N^*) \qquad\qquad (4-4)$$

以上 γ 表示年金制度涵蓋比例 (pension system coverage ratio)，此比例大小視制度之成熟、退休政策、勞動參與率，以及勞動市場之情形而定。將 (4-4) 式代入 (4-1) 式中，可得：

$$\alpha = \beta \times \gamma \times (1-\tau) \times (M^*/N^*) \qquad\qquad (4-5)$$

假如 (M^*/N^*) 一定，則隨收隨付之基本政策參數為提撥率 α，所得替代率 β，政府補助比例 τ，以及受勞動市場條件和退休時點影響的 γ。

由 (4-5) 式可知隨收隨付的財務制度是深受人口結構 (M^*/N^*) 變化的影響，當一國人口老化，(M^*/N^*) 比例上升，對年金財務收支即無法保持平衡，必須持續提高提撥率與政府補助，或是降低所得替代率與縮減年金涵蓋的對象。

採行隨收隨付財務融通方式的國家，絕大多數是採用確定給付制。換言之，退休者所提領的年金給付是事先確定的，至於給付的多寡，與年金受領者工作與提撥年限，以及工作時的薪資水準高低有關。值得一提的是，採用隨收隨付財務融通方式的國家，亦有採確定提撥制者，年金受益人的提撥與所領的給付關係更明確，使其不至影響基金的提存。在前蘇聯國家之中，拉塔唯亞 (Latvia) 即為一例，該國建立國民確定提撥帳 (national defined-contribution account)，既為隨收隨付，又採確定提撥制，有關其制度的詳細內容，將於後文中進一步探討。

二、隨收隨付制的缺失

與許多開發中國家一樣，前蘇聯國家採行隨收隨付制，於實施多年以後，遭遇到不少困難，其中最為迫切的，是因人口老化所涉及的相關問題。下文將分別從效率、公平與風險三方面加以討論。

(一)與效率相關的問題

採用隨收隨付制最主要的問題是，它扭曲了勞動市場。在此制之下，年金的給付與提撥不相關連，為維持隨收隨付制，提撥率必須不斷提升。尤有進者，雖然人們壽命延長，但勞工卻提前退休，致使勞動參與率下降。Martin S. Feldstein❺等人的研究撰文指出，隨收隨付制的年金制度降低私人儲蓄和資本形成。不過，其研究引發之爭議不斷，至今尚無定論。但是無可諱言，相對於儲金制，隨收隨付制對資本形成較為不利。

(二)公平性問題

一般皆認為，採強制確定給付制公共年金，具有所得重分配的功能，即將薪資較高的受薪者的所得，移轉到低薪資的受雇者❻。但證諸事實，結果恰好相反，有所得分配的反效果。造成適得其反的原因，是因高所得者壽命較長，故退休之後獲得之給付必然較多，相對於其提撥期間則較短。職是之故，隨收隨付制之下，代際間給付與成本並不相等，前幾代領取的給付，超過其提撥金額，而後幾代退休者領取的給付，則低於其所繳的金額，此種代際重分配的逆進效果，在人口老化的過程中，尤其明顯。此外，隨收隨付制也會產生代內所得分配的不公平，這是因為

❺Martin S. Feldstein (1994), "Social Security Induced Retirement and Aggregate Capital Accumulation", *Journal of Political Economy* 82: pp. 905–926. Martin S. Feldstein (1976), "Social Security and Saving: The Extended Life Cycle Theory", *American Economic Review* 66: pp. 76–80.

❻見 Peter A. Köhler, 1981, The Evolution of Social Insurance, 1881–1981, pp. 70–71.

在某一世代之內，提撥者獲有不同的收益率（給付相對於其提撥）。舉例而言，女性通常比男性長壽，故可領取較多的給付。

（三）風險的相關問題

世界各國年金基金普遍感受財務困窘，致使未來公共年金的給付與提撥比例，呈現不確定的狀態。制度一旦進入成熟期，提撥更低於給付，使財務愈趨惡化，必須依靠持續擴大的補助，導致政府財政惡化，不勝負荷，並使制度陷入不確定狀態，提撥者與退休者皆處於風險之中。如眾所周知，無論提高提撥或降低給付水準，皆非易事，且都需要經過很長時間的努力，方能使年金財務獲得改善，其中涉及諸多利益團體的政治角力。

■肆、前蘇聯國家的年金制度

一、面臨的挑戰

本文在開端中業已指出，凡採行隨收隨付財務融通方式之年金制度的國家，莫不遭遇到財務的困窘，前蘇聯國家亦難倖免。尤有進者，因為這些國家由計畫經濟，改採為市場經濟制度，一方面必須維持既有的社會安全網，但另一方面，收入上卻遭受嚴重的侵蝕，使財務狀況在本就欠佳的情況下，更加雪上加霜。平心而論，此等國家繼承的社會基本架構與人力資本，欲採行市場導向的經濟，確非易事。以工業國家的標準衡量，其生產水準偏低，課徵保險費的能力又普遍感到不足。再者，前蘇聯時期所遺留的社會福利體制支出偏高，加上近年來貧窮的人口不斷增加，致使年金財務更為惡化。此外，該等國家亦面對縮減社會福利支出的壓力，以便能支應現代化政府的支出。但其面對的難題是如何維

持適當的社會安全水準，以緩和因經濟制度轉型，所造成的貧窮負面影響。此種兩難，引發該等國家對年金制度改革不少的爭議。

二、承襲的制度

現行前蘇聯國家的公共年金制度，大部分是根據 1990 年的蘇維埃聯邦法 (Soviet Union Law) 所訂定。依照此法規定，年金給付對象涵蓋全體國民，財務融通方式採隨收隨付。而事實上，此種規定是對國民從搖籃到墳墓的福利體系中的一部分，其中包括社會保障，如醫療與教育的提供，現金給付（包括年金與多種津貼），實物給付（如住宅），以及就業的保障等。在此一福利體系中，缺乏私人退休計畫，私人儲蓄也只能存入國家銀行，年金的給付與提撥之間，並無密切的關連，工資之支付與勞動生產力，亦無一定的關係。直到如今，每一公民仍然期待有工作保障，退休時能獲得足額的退休金。當這些國家財政狀況愈來愈惡化時，在既定制度下，社會原有的承諾已越來越難兌現。值得強調的是，在轉型期內，承諾的給付必須與其他支出項目相互競爭，致使原先承諾更不易兌現。

三、共同特徵

前蘇聯國家的年金制度各有不同，例如年金給付結構互異，從而行政作業亦有差別，而諸多特殊的年金，過分慷慨的提供給付，提撥的基礎被不斷地縮減，在各國間幾無例外。

㈠財務融通

概括言之，前蘇聯國家年金制度是一種缺乏準備金的制度，退休金的給付從工作人口的提撥支應，如收入不足，便由政府預算補助。令人驚訝的是，此等國家的提撥率頗高，愛沙尼亞及拉塔維亞為 20%，最高

為烏茲別克，高達 36%（見表 4-1）。各國的提撥率，因工作與其他規定
有所不同（例如農業部門的提撥率較低或不必繳費）。就雇主與受雇者的
分擔比例而言，勞工的提撥不是很低，就是根本不需提撥，最典型的提
撥率僅為 1%，雖則最近勞工分攤的比例，已略加提高。法定的高提撥率
造成勞動成本增加，以及受雇者實質收入的下降，因而鼓勵逃漏稅與非
法活動。其結果，促使有效提撥率（即實質提撥率）降低（見表 4-1）。

表 4-1　　1996 年底前蘇聯國家公共年金的財務（百分比）

	依賴比例 (1)	依賴比例 (2)	平均所得替代率	法定提撥率		有效提撥率 (3)
				總薪資提撥	年金提撥	
亞美尼亞	----	44.1	24.3	35.6	33.7	27.3
亞塞拜然	----	41.6	29.2	36.0	31.0	7.1
白俄羅斯	----	71.0	40.9	36.0	28.8	33.5
愛沙尼亞	----	55.9	29.4	33.0	20.0	18.5
喬治亞	82.1	54.9	36.4	33.0	28.0	3.6
哈薩克	----	57.1	34.0	32.0	25.5	19.8
吉爾吉斯	67.1	34.0	48.5	39.0	30.0	14.3
拉塔唯亞	65.9	34.9	38.6	38.0	20.0	18.2
立陶宛	69.2	53.8	30.8	31.0	26.7	13.0
莫多瓦	----	50.2	40.1	31.0	26.7	13.0
俄羅斯	----	57.0	28.4	36.0	29.0	17.6
塔吉克	----	27.0	30.5	38.0	24.0	4.9
土庫曼	----	25.3	53.3	31.0	----	13.9
烏克蘭	----	65.3	32.7	52.0	32.6	20.2
烏茲別克	----	29.2	40.9	39.2	36.0	18.0
主要工業國家	31.2		37.5	4.6-26.2		

資料來源：Chand and Jaeger (1996)
⑴為年金受領者佔提撥者之比
⑵為年金受領者佔受雇人口之比
⑶提撥除以工資

　　相對於許多工業國家而言，前蘇聯國家的提撥基礎狹窄，部分的原因歸之於工資本來就低，另有部分原因，則是歸之於若干類勞工免於繳納，例如自我雇用 (self-employed)、農業勞工與殘障勞工，加上失業者從事非正規部門的活動（informal sector activity，即地下經濟活動），使提撥基礎更加受到侵蝕。地下經濟的猖獗，伴隨著提撥基礎的萎縮，可是領取給付的人數並未減少。蓋因提撥者仍然可依照原先的資格領取給付，或者領取社會援助 (social pension)。在經濟轉型期，從薪資稅提撥的收入 (payroll tax revenue)，愈來愈少。此也反映出提撥基礎的日趨萎縮，與正規經濟部門工資的下降。正因為漏報，徵收比率的低落，彌漫著整個前中央控制經濟，使得年金基金的收入嚴重不足。但就相對而言，保險費之提繳，較諸其他稅捐的繳交，還算差強人意。企業低報勞工人數及薪資，以及用非薪資方式支付工資，設法避免提撥負擔的情形，卻是相當嚴重。從圖 4–1 中可顯示，薪資提撥佔國內生產毛額的比例差別頗大，此多少反映這些國家中，有部分國家比較能成功地擴充其提撥的基礎，或者用強制企業遵從提撥的方法，提升提撥的收入。

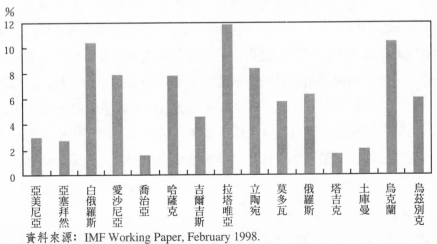

資料來源：IMF Working Paper, February 1998.

圖 4–1　前蘇聯國家之薪資提撥，1996 年（以占 GDP 之比表示）

　　唯不少例子顯示，不論提撥率有多高，政府補助仍佔相當大的比例，亞塞拜然、吉爾吉斯共和國 (Kyrgyz Republic)、喬治亞和俄羅斯聯邦 (Russia Federation)，從 1991 年至 1992 年紛紛獨立，年金基金也不斷地惡化。相對於提撥的人數，給付的人數不斷提升，短絀的收入，不足以支應原有體制下之優厚給付，其結果，使最初年度略有的結餘隨即用罄，進而造成財政赤字。這些國家中還包括若干人口結構尚屬青壯者，此項赤字或經由年金準備金中支付，或者被迫採取展期給付。

　㈡給予結構

　　在蘇聯解體之後，由於各國承襲原有高度複雜的年金給付體系，其中包括差別待遇，及高度複雜的計算公式，而在此種制度中，年金受益者不問其是否盡了提撥的義務。是以，年金的給予與提撥之間，關係甚為薄弱，而典型的年金給付，是應基於工作期間收入的提撥。值得強調的是，由於欠缺提撥的紀錄，一般都以退休前若干年的平均收入，以及工作年限，按照最低工資指數化給予給付。在各國中，以亞美尼亞、愛沙尼亞、拉塔唯亞、喬治亞與莫多瓦為例外，女性最低提撥需二十年，男性為二十五年。若以國際標準衡量，提撥期間較短❼，尤有甚者，尚有未滿上述條件，而給予給付的情形。此外，退休者領取的給付，不必繳交個人所得稅，給付的規定也不一而足，對某些職業有優惠的規定，實質上等於對這些職業團體給予補助。大部分國家的退休年齡，男性為六十歲，女性為五十五歲，已有少數國家將退休年齡予以提高（見表 4-2）。由於缺乏提前或遲延退休的明確規範，於是沒有誘因促使人們必須符合最低的退休年齡才能退休，其結果造成愈來愈多人提早退休❽，相

---

❼一般國家提撥需四十年以上。

❽我國公務人員退休法，規定服務滿二十五年或年滿五十五歲，即可提早退休，並

對於他們提撥的金額，其所領取的給付反而比一般為高，如此則造成有效的提撥與退休年齡下降。

表 4-2　前蘇聯國家退休年齡（至 1996 年）

	退休年齡		有效期間
	男性	女性	
亞美尼亞	65	63	2002
亞塞拜然	61	56	2000
白俄羅斯	60	55	無期限
愛沙尼亞	65	60	2003
喬治亞	65	60	1995
哈薩克	63	58	2002
吉爾吉斯	60	55	無期限
拉塔唯亞	60	55	無法定退休年限
立陶宛	62.5	60	2009
莫多瓦	60	55	無期限
俄羅斯	60	55	無期限
塔吉克	60	55	無期限
土庫曼	60	55	無期限
烏克蘭	60	55	無期限
烏茲別克	60	55	無期限
與歐美國家相較			
美　國	65	65	無期限
德　國	65	65	無期限
英　國	65	60	無期限
法　國	60	60	無期限

資料來源：前蘇聯各國主管機關，見 *IMF Working Paper*, WP/98/11, Feb, 1998.

且還加發五個基數，故近年來我國公務人員，特別是中小學教員，提早退休的人愈來愈多。

　　依照世界銀行的估計，俄羅斯聯邦和哈薩克，大約有三分之一或一半的退休者提前退休。就大多數前蘇聯國家而言，退休後仍從事工作者，給予全額退休金，像在亞美尼亞，亞塞拜然、愛沙尼亞、立陶宛、烏克蘭與俄羅斯等國家，退休後仍繼續工作的人數，佔總人數 13% 至 17% 之間。也有一些國家，對於退休後仍從事工作者，依照其最近工作的收入，重新計算其退休給付。總而言之，前述國家退休年金，比其他國家為佳。

　　儘管在隨收隨付的年金制度設計上，想達成所得重分配的目的，唯因為方向不夠明確，加上資源不足，故實際上反而有利於特定團體。如婦女與教育水準較高者，平均都比較長壽，但這些人提撥的時間，則相對較短。

　　就經濟轉型時間觀察，所得替代率有逐漸下降的趨勢，在 1996 年，前蘇聯國家的平均年金給付，大約為平均工資之 24% 至 53% 的範圍（見表 4-1）。唯隨著物價的膨脹，使不同時期退休者所領取的實質給付，也隨之下降。這些國家的退休者所領取的給付，實際上已無法維持最低的基本生活需求。更令人驚訝的是，這些國家的退休制度仍然相對慷慨，政府允許人們領取多重給付。我們可以發現，一般典型的退休者所領取的給付，不足以維持其最低生活的需求，但特權者卻可享有十分優厚的給予。

　　(三)人口趨勢

　　從人口成長發展的趨勢可知，前蘇聯各國中的人口結構不相一致，但是年金給付負擔的壓力，還不足以充分反映每一國家人口呈同等老化的程度（見圖 4-2）。由圖中可知，各國的人口結構確有差異，但老化的趨勢則為共同現象。尤有進者，其老化的程度較諸成熟的歐洲國家，則有過之而無不及。雖則亞塞拜然、吉爾吉斯、哈薩克、土庫曼、烏茲別克等國的人口結構比較青壯，然而此等國家的年金基金財務吃緊，並非

由於人口老化所致，而是肇因於給付條件過於寬鬆。至於其他國家，如波羅底海三國，白俄羅斯、烏克蘭與俄羅斯則面臨較差的人口結構，受領年金給付的人數，超過其總人口的 20%（見圖 4-3）。

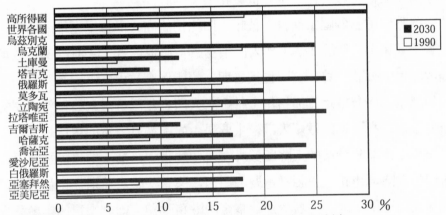

資料來源：同圖 4-1，世界銀行於 1994-1995 年對世界人口估測。
高所得國家包括澳洲、奧地利、加拿大、丹麥、芬蘭、愛爾蘭、以色列、義大利、日本、盧森堡、西班牙、挪威、葡萄牙、新加坡、瑞典、英國與美國

圖 4-2　前蘇聯國家六十歲以上人口佔總人口之比，1990 年與 2030 年

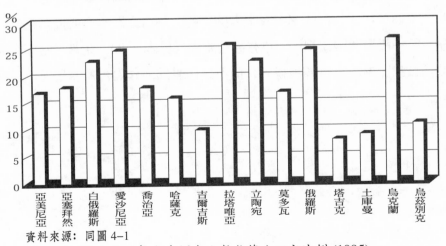

資料來源：同圖 4-1

圖 4-3　年金受領者人數佔總人口之比例 (1995)

在大多數前蘇聯國家，轉型期間的退休人口，大致上尚屬穩定。有
若干國家，面臨人口出生率的下降，與死亡率的增加，以致人口數減少。
也有一些國家，因人口移出與流入而造成人口的更換，但此現象應屬轉
型期的現象，不致於在二十一世紀持續發生。

就整個前蘇聯國家而言，依賴人口比例偏高，而且呈遞增的趨勢。
在若干國家中，低於 2 個工作人口須支應 1 個退休者（見表 4-3），依據
隨收隨付的公式估算，實際提撥者與依賴比例應該更高，因為只有一部
分的就業人口有效地提撥給年金基金。人口老化已經成為一個新國家的
重要因素，高比例的依賴人口，主要是由先前過度寬鬆的退休規定，以
及正規生產部分就業的下降所致。在有些國家中，勞工的移民造成工作
人口的下降，也扮演著相當重要的角色，又有些國家將退休年齡提高，
退休人口可望下降，然對於退休基金的財務改善，則需視退休年齡逐步
提高，方能奏效。但另一方面，二次大戰後出生的嬰兒，到達退休年齡
時，年金基金的財務狀況，極可能更加惡化。

包括那些年齡結構屬青壯的國家，在全部前蘇聯國家中，老年人依
賴比率與老年人人口比率存有很大的差距。換言之，年金制度涵蓋的比
例，與一般工業國家相較，存有甚大差異（見表 4-3）。尤其是當年金制
度的依靠比率，用實際提撥者，而不是用受雇者作為計算基礎時，差異
顯得更大。

表 4-3　前蘇聯國家之依賴比例，1995 年（百分比）

	制度依賴比例 (M/N)⑴	人口依賴比例 (M*/N*)⑵	$\gamma=(M/N)/(M^*/N^*)$
亞美尼亞	45	26	1.8
亞塞拜然	46	20	2.2
白俄羅斯	65	38	1.7
愛沙尼亞	57	37	1.6
喬治亞	60	31	1.9
哈薩克	54	22	2.4
吉爾吉斯	40	20	2.1
拉塔唯亞	54	40	1.3
立陶宛	52	35	1.5
莫多瓦	51	28	1.8
俄羅斯	55	36	1.5
塔吉克	25	13	2.0
土庫曼	26	34	1.9
烏茲別克	30	16	1.9
與他國相較			
主要工業國家⑶	31	30	1.0
匈牙利⑷	59	36	1.6
波蘭⑷	49	28	1.8
捷克⑷	49	32	1.5

資料來源：Vittas and Michelitsch (1994); Chand and Jaeger (1998) 及各國主管機關。
⑴年金受領者除以總受雇者人數
⑵超過六十歲人數除以十五到五十九歲人數
⑶包括美、德、法、英、日本與加拿大
⑷1992 年資料

㈣財務負擔

　　就總體而言，年金支出的增加，意味著年金制度再不加改革，財務上將難以為繼，特別是考量在往後若干年，保健、教育、資本形成與基

層建設支出，均有增加的壓力下，情況將更加複雜。但無論如何，從資料中顯示，在大多數前蘇聯國家中，年金支出佔其政府總支出的比例，均不斷上升（見表 4-4a）。

表 4-4a　前蘇聯國家公共年金支出，1992-1996（佔政府總支出之比）

	1992	1993	1994	1995	1996
亞美尼亞	4.2	2.9	3.8	9.4	12.1
亞塞拜然	9.0	13.9	8.5	8.1	13.2
白俄羅斯	11.8	13.4	11.2	16.8	19.3
愛沙尼亞	15.8	16.5	16.0	17.1	18.6
喬治亞	----	----	3.4	9.4	12.2
哈薩克	----	13.8	17.1	17.7	20.9
吉爾吉斯	----	----	15.8	21.0	26.0
拉塔唯亞	21.4	26.6	24.1	26.2	28.3
立陶宛	18.2	13.4	17.0	16.8	17.8
莫多瓦	----	----	20.1	17.6	18.7
俄羅斯	14.8	14.0	13.6	14.0	14.6
塔吉克	10.7	14.4	6.4	8.5	12.2
土庫曼	----	----	14.3	12.1	14.7
烏克蘭	----	11.7	14.9	17.7	21.6
烏茲別克	16.7	19.2	14.8	13.8	16.0
平均	13.6	14.3	13.4	15.1	17.1
與他國相較 (1995)					
主要工業國家(1)				14.3	
匈牙利				17.7	
波蘭				28.9	
捷克				18.1	

資料來源：Chand and Jaeger (1996), World Economic Outlook 與各國主管機關
(1)包括美、德、法、義、英、日與加拿大。

不過在這些國家中，無論以年金支出佔政府總支出之比例，或佔GDP之比例來看，皆存有相當的差距（見表 4-4a 及 4-4b）。

表 4-4b　前蘇聯國家公共年金支出，1992-1996（佔 GDP 之比）

	1992	1993	1994	1995	1996
亞美尼亞	2.8	2.5	1.7	2.8	3.1
亞塞拜然	5.2	6.7	2.7	1.6	2.5
白俄羅斯	5.4	7.6	5.6	7.5	8.4
愛沙尼亞	5.5	6.4	6.5	7.0	7.6
喬治亞	----	----	0.8	1.3	1.7
哈薩克	----	4.4	3.8	4.7	5.3
吉爾吉斯	----	----	5.2	10.2	7.7
拉塔唯亞	6.2	9.5	9.8	6.3	10.8
立陶宛	5.4	4.8	6.4	7.2	6.2
莫多瓦	----	----	8.5	4.6	8.1
俄羅斯	6.9	6.1	6.1	2.5	4.5
塔吉克	7.0	6.9	3.9	1.7	3.0
土庫曼	----	----	1.7	7.6	2.3
烏克蘭	----	8.3	7.4	5.3	8.7
烏茲別克	8.4	10.0	5.7	5.2	6.4
平均	5.9	6.7	5.1		5.8
主要工業國家(1)				6.7	
匈牙利				9.7	
波蘭				14.4	
捷克				8.3	

資料來源：同表 4-4a
(1)包括美、德、法、義、英、日與加拿大。

1996 年，在哈薩克、吉爾吉斯與烏克蘭皆超過 20%，而在拉塔維亞則達到 28%。若與平均每人所得高出數倍的主要工業國家年金支出佔政

府總支出的比例約為 14% 相較，比率顯然偏高。在一些前蘇聯國家中，年金支出的比例與中歐國家一般高。有些前蘇聯國家，其年金支出佔 GDP 的比例，高於主要工業國家的平均水準，故有人建議前蘇聯國家，採取經濟合作組織國家 (OECD) 的年金模式，但這可能是白費心機。因為前蘇聯國家中的工資所得佔 GDP 的比例，低於經濟合作組織國家的水準，此意謂欲維持現行的給付水準，提撥率必須提高，纔有可能實施 OECD 年金模式。換言之，此種可能性接近於零。

在隨收隨付體制下，如果提撥率一定，年金佔 GDP 的比例，是由下列三項變數而定：1.依賴比率 (system dependency ratio)；2.所得替代率 (replacement ratio) 與 3.勞動所得。就前蘇聯國家的情形觀察，年金支出佔 GDP 比例的最大變數，是勞動所得，但各國的差異頗大 (見圖 4–4)，部分前蘇聯國家的低勞動所得比例，其中也反映了衡量上的重大損失。舉例言之，由家計調查和從旁求證可知，由於非正規部門和家庭間的移轉所得，申報的勞動所得常較實際所得為低。也發現在某些國家中，由於企業的盈餘移轉分配給家計，故並不反映在勞動所得或工資的份額上。

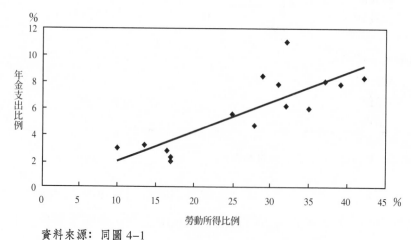

資料來源：同圖 4–1

圖 4–4　前蘇聯國家年金支出與勞動所得（佔 GDP 比例）之間的關係 (1996)

就提撥基礎的大小而言，各國對年金支出有很大的差別，像拉塔維亞，其提撥的增加頗有改善，故其年金支出亦相對較高。另一方面，像俄羅斯，雖然改革緩慢，但因為在舊制下保費徵收本來就很有效率，所以其提撥佔年金支出與 GDP 之比例兩者均高。

■ 伍、年金改革的方法

由上述的討論，可知目前的種種情形，並剖析了前蘇聯各國，欲維持現行的公共年金制度，皆力不從心的原因。是以，為因應經濟與人口的壓力，對年金體系重新建構與縮小規模，已是刻不容緩。此等國家的提撥基礎狹小，與給付的偏低，使現行年金體制難以為繼。就長期而言，受到人口結構變化的壓力，使現行年金制度不得不加以變革。提撥的基礎狹小，保險費的徵收相當缺乏效率，唯有從降低給付水準，和加強保險費的徵收入手改進，才能使年金財務有所起色。人口的老化，更透露出年金體制不能不列入國家改革的議程。就現階段而言，各國考量不同的改革方案，有些國家暫不改變現行體制，亦即不對隨收隨付制作根本的改革，僅設法降低年金支出與增加財源。此種方案可說是片面或局部的改革 (piecemeal reforms)，其中包含給付結構的調整，降低依賴比例與增加保險費之徵收。

值得商榷的是，以隨收隨付制之缺失而言，年金制度的改革，應超越現有體制的基本架構，換言之，年金的體制應做根本性的革新。此項觀點，正是世界銀行建議的年金改革方案，即建立多元體制方案 (multi-pillar approach)，結合對貧困者的確定給付制，以及對其餘國民需繳費的確定提撥制 ❾。

下文試著針對年金改革的多元方案加以論述，將現有年金制度加以

調整，朝建立十足準備的年金支柱 (fully funded pillars) 邁進。

就此一觀念而言，兩種改革的年金支柱並非相互替代，而是相互補充的改革方法。不論是採行何種年金改革方案，必須是具有明確的改革藍圖，其中包括公、私年金的適當組合。

一、隨收隨付制度的局部革新

如表 4–5 所示，原則上為降低隨收隨付體制的成本，包括 (4–5) 式中降低替代率 (β)，或降低給付的涵蓋比例 (γ) 等方式，都可以考慮。當然，也可從收入面加以改進，如強化提撥的基礎。值得正視的是，如果現行提撥率已相當高，則平均年金提撥率 (α) 再加以提高，則反而會助長逃漏，對增加收入並無助益。在另一方面，若削減提撥率，短期內也不太容易促進國民遵從保險費的繳交規定。費率的劃一會增加 α，而增加受雇者的薪資稅，可能強化年金提撥的保險特性，倘能促使給付與提撥的關連性更為密切，則可以激勵年金受領者遵從提撥的規範，有的年金支付與保險無關，尤其是不必繳交保險費，而可領取年金給付，如社會救助由政府編列預算支應，或者經政府編列預算移撥至年金基金（其多寡為 τ），以配合照顧此等受益者。削減此等交叉補助，使所得重分配政策更為透明化，也可因此強化給付與提撥間的關係。

在各項改進措施中，將退休年齡提高，以及盡一切可能降低成本，雖然十分有效，但在政治上十分困難。原則上，如結果相同，採用政治成本較低的年金財務改善計畫，將較為可行，例如由延長工作年限，配合以公平的給付計算。相對而言，採取降低現行工作者未來退休的給付，容易產生爭端。蓋倘若使受雇者決定中止工作，並打算領取年金給付，

❾見 World Bank, *Averting the Old Age Crisis,* Oxford University Press, 1994.

則支出的樽節,將為其減少的提撥所抵銷。年金的指數化,即年金給付依照物價水準,而非工資水準予以調整,會造成替代率的侵蝕,而即使採用固定的給付,亦有可能因為年金參與者無法享受勞動生產力提高的利益,而因此缺乏改進的意願。就一般而言,大眾期盼的是,建立一種明晰的給付指數化原則,而非祇是做特定的指數化 (ad-hoc indexation) 而已。

表 4-5　隨收隨付制度的局部改革

措　施	對 β 的影響	對 γ 的影響
1. 提高法定退休年齡		降低
2. 使用實際公平的退休公式	降低	降低
3. 就提撥期限縮減年金受益	降低	降低
4. 嚴格規定提早退休與殘障者的給付資格		降低
5. 取消或去除降低特殊年金給付	降低	降低
6. 取消或降低退休者未來退休的年金給付	降低	可能提升
7. 消除提撥之優惠		降低
8. 擴充所有現金支付的提撥		降低
9. 強制經營企業必須取得許可證		降低
10. 計算最初年金支付期間或終生所得年金給付	降低	
11. 年金給付隨物價調整	降低	
12. 將人口老化納入年金給付公式	視人口趨勢而定	

二、根本性、多元化支柱的改革

採取多元支柱年金的制度,是基於不同的年金基金具有不同的功能,即(1)重分配;(2)保險,和(3)強制儲蓄的功能。職是之故,多種的財源取

得和管理方法，甚有需要針對每一種年金，政府作不同程度的介入。每一支柱或工具，職司單一的目標，前二支柱採強制方式，反映老年退休金所得重分配與強制儲蓄的功能，是為了削減道德危險和坐享其成的行為。

依照此種方法，第一柱有降低現有隨收隨付公共年金之意。它可採用由政府管理 (publicly managed)、確定給付 (defined benefit) 與賦稅融通 (tax finance) 的體制，目標集中在所得重分配的功能，或者為老人提供一個安全網。但為防止重分配的結果反而對高所得者有利，故給付不必與所得相關，然為了確實使窮人受益，必須規定資產調查 (means-tested)，而且採定額給付，或者採取最低政府保證給付的型態，唯限於一定的對象，另外此項制度實施需配合較現行制度低的提撥率。第二柱採民營管理 (privately managed)、確定提撥 (defined contribution) 與十足準備 (fully-funded)，目標是為退休者提供儲蓄。第三柱主要的功能，是以自願方式加強儲蓄，目標是針對高所得者，或想要獲取高所得替代率者。

第二柱之所以建議採民營機構管理，無非是為促進資源有效配置，使投資報酬極大化，並鼓勵金融市場的發展。此外，有關私人年金基金可提高儲蓄率之爭，尚缺乏實證上的一致性，惟民營機構管理計畫，既適用於個人儲蓄計畫(由受雇者聘請投資管理人)，亦適用於職業計畫(由雇主或工會聘請投資經紀人)。

㈠儲金制 (funded system) 之優缺點

相對於隨收隨付制，在多元化體制中，採強制儲蓄支柱的理由，是基於經濟上與政治上的考量。論者認為，改為儲金制，可藉以建立提撥與給付之關連，進而減輕勞動市場的扭曲，並加速金融市場的發展，和促進儲蓄的資本形成。此外，儲金制對人口的變化亦較能配合，從政治觀點言，朝儲金制是與時序鎖合的政策 (a time-consistent policy)，因此比

隨收隨付制更是可長可久。

另言之，儲金制的成功施行，需要經濟、制度和政治上的先決條件。尤其重要的是，適當的法律架構，與有效率的金融市場。民營化管理支柱的發展，至少需要基本的資本市場，與適當的規範，方能減輕投資風險。改採儲金制度，在轉型期可能會增加年金參與者的負擔，因為一方面為自己的退休增加儲蓄，另一方面，又得為舊制提撥❿。此外，當年金給付有可能因物價膨脹使實質收入變少時，提撥者需面對此種風險。再則，儲金制之下並無適當的所得替代率，亦不含所得重分配的因子。

原則上，改為儲金制有若干財務融通的方法，但其中有些方法在前蘇聯卻無法派上用場。

1.經由局部的改進，隨時間而分散成本，以緩和對當代人的雙重負擔，可採用逐步降低隨收隨付的負債方法

2.發行確認公債給即將退休者，將潛藏負債 (implict of pension debt) 化為顯性負債 (explicit debt)

3.利用公營事業民營化收入挹注

4.利用政府預算歲計剩餘或社會安全剩餘

5.增加政府公債發行

6.提高提撥率

7.保留部分隨收隨付，即將一部分潛藏負債轉換為顯性負債

8.僅對年輕受雇者適用新制

9.提高保險費徵收效率，減少逃漏

❿Robert Holzmann (1999), 將年金計畫參與者因面臨新舊制度之交替，必須增加提撥謂之「雙重負擔」(the double burden), p. 140。

(二)國際間年金制度之概況

實際上，許多國家的年金制度，與多元化的年金架構有別，為便於說明與提供改革的選擇，我們可將各國家年金制度分成三大類。

1.德國模式

德國的年金制度，主要為強制公營的隨收隨付制，即前文所指的第一柱。在現行德國隨收隨付制下，僅具有很少的所得重分配功能。一般勞工，按平均收入提撥滿四十五年，能獲得相當於平均淨工資收入的70%的給付，德國模式涵蓋了廣大給付對象，且具有高所得替代率。傳統上，民營的職業退休制度，即為第二柱，可說微不足道。

2.瑞士模式

瑞士的年金制度，是立基於相當大的強制公營隨收隨付制（即所謂的第一柱），並有與公營旗鼓相當的民營年金制度相配合（亦即是所謂的第二柱）。第一柱涵蓋的範圍甚廣，具有顯著的所得重分配效果，同時政府承諾一般受雇者的退休年金，約等於平均薪資的40%。至於十足準備的第二年金支柱給予的給付，等於提撥者薪資的30%至40%。

3.澳洲與智利模式

澳洲與智利年金制度，最大的特色是年金體系強制國民參加，唯交由民營管理。澳洲採強制職業年金制度，智利是強制私人儲蓄，配合以細小的公共第一支柱，以作為貧窮的援助。

■ 陸、政策之配合

本節在敘述前蘇聯國家致力於年金制度改善時，所遭受的財務壓力。如前文業已指出，經濟轉型期間，該等國家的年金涵蓋比率 (γ) 增加，這是由於在現制之下，有誘因使勞工提早退休，與提撥基礎的被削弱所致。

短期間，前蘇聯國家針對財務的困窘，最典型的反應是：⑴壓縮給付水準；⑵增加提撥率與⑶增加年金的積欠。在有些國家中，用增加政府預算，來填補收支的差額，另有一些國家，則針對隨收隨付制進行局部的改革。但就整體而言，則試圖採用溫和的步驟，以扭轉 γ 的增加趨勢，因為這是年金財務上主要的干擾。年金財務上的不穩定顯而易見，因此進行制度的改革，乃是不可避免之事，此種作法更凸顯了年金基金財務穩定的必要性。

一、對症下藥法

㈠給付結構壓縮

大部分前蘇聯國家，在轉型期用縮減給付的方式，來處理年金財務上的困難。在轉型初期，物價上漲，並缺乏指數化的調整，致使年金實質收入減少。隨後用間隙的指數化調整給付的公式，變更甫自退休時的年金給付，縮小平均給付與最低給付的差距，扁平年金給付的結構 (flattening the pension benefit structure)。

以喬治亞為例，關於傳統年金差異的大幅消減，除退役軍人年金採定額給付外，有鑑於財務上的困窘和諸多利益團體的反對，使給付縮減的可行性不大。尤其將經濟轉型而造成的貧窮納入考慮，降低給付實際上更受到相當的限制。在有些國家，年金給付水準已低至不足維持最低生存的需求，佔家計收入也只是一小部分。年金受領人為了生計，有不得不從事非正規工作，與出售個人財產的情事。

在大多數前蘇聯國家中，年金制度已變為不足防禦老年生活的社會安全網，大部分人僅能領取小額的給付，此種方式固可降低行政成本，但卻不足以保障必要的生活水準。事實上，如亞美尼亞、喬治亞等最貧窮的國家，公共社會安全網與家庭所得並無關聯，此或可以解釋為在

1996 年初，喬治亞的年金制度大幅度改革時（先將退休年齡延後五年），卻未曾遭受人民大反對的原因。

從總體的觀點分析，大多數前蘇聯國家的年金制度架構尚稱穩定，已經很低的給付，再加縮減的可能性不大。無庸諱言，若干國家有提高給付的壓力，與增加年金差異性的訴求。在初期縮減年金水準之後，已有些國家著手恢復從前的給付水準，然而，提高所得替代率的打算，卻面臨基金不足的障礙。

㈡提高提撥率

包括年金提撥率在內，所有前蘇聯國家整個社會安全的提撥率，已從 1990 年前蘇維埃聯邦的 27%，上升至有些國家超過 30%。以烏克蘭為例，總薪資稅 (total payroll tax) 至 1996 年已上升至 52%（見表 4–1），由於提撥率太高，已嚴重影響提撥的有效運作。

㈢欠繳累累

在經濟轉型的過渡時期，提撥拖欠與給付遲延十分普遍，有些國家因而用政府預算補助，受雇者站在自身利益之立場考量，並未逼使雇主提撥，亦即隨收隨付制是否隱含代際契約 (intergeneration contract)，有待商榷。同時受雇者每每遭受財務上的困難，覺得保險費不勝負荷，因而逃避負擔的情形日趨增加。許多企業拖延保險費的提撥，致使前蘇聯各國的年金基金欠繳的情形相當嚴重，例如 1996 年在莫多瓦，保費欠繳的金額幾佔 GDP 的 3%，同樣的情形也發生在喬治亞、哈薩克、吉爾吉斯、俄羅斯、烏克蘭與烏茲別克。值得正視的是，保險費的欠繳，僅是前蘇聯國家現行年金制度問題的冰山一角。

二、局部改革法

仿照中歐國家的改革，若干前蘇聯國家已著手改革隨收隨付制所造

成的扭曲。其中最引人注目的是，改善現行的給付結構與受領條件。此外，此等國家也致力於改善給付的目標，與強化保費的徵收。

　　針對隨收隨付制的革新，採取比較強硬作法的國家，有哈薩克、拉塔唯亞和立陶宛。立陶宛於 1994 年已採行新的年金法案，哈薩克於 1996 年中期，已引進多元化的年金制度，立陶宛也接著跟進。而拉塔唯亞的情況是，修正隨收隨付制，以作為整體年金改革的一部分，並已在 1995 年 11 月採行新年金法。

㈠改善給付結構與降低依賴比率

　　許多國家已恣意地將退休年齡延長，無可諱言，此種措施對各國的年金財務狀況也稍有改善。但值得商榷的是，前蘇聯國家的人口壽命不長，退休年齡較難延後。不過，所謂餘命不長，是指以出生時計算，而非以退休時計算，而後者才真正與年金計畫參與者息息相關。有少數國家，如亞美尼亞、亞塞拜然、愛沙尼亞、哈薩克和立陶宛，已著手延長退休年齡，其中喬治亞已於 1996 年 2 月，將退休年齡延長五年，愛沙尼亞則為最早的國家，已於 1993 年將退休年齡逐步延長，每年延長六個月。依據拉塔唯亞的新制，強調的是並非延長退休年齡，而在減少提早退休的誘因。在此新制中，並對強制退休年齡加以規範。

　　另有些國家，如亞塞拜然、吉爾吉斯、哈薩克和立陶宛，已降低給付水準，如喬治亞則排除仍有工作的退休者的給付。又如烏茲別克針對退休又復出工作者與提前退休者，規定自 1993 年起，除非在標準退休年齡外，否則不列入退休金給予計算，同樣的措施，也在烏克蘭實施。在亞塞拜然，凡提撥超過最低年限時期，對退休者退休的給付，每年額外增加一個百分點，亞塞拜然與哈薩克，對提早退休者採取減額給付。拉塔唯亞減少給付的類別，立陶宛則根本取消差別給付，愛沙尼亞、立陶宛與哈薩克，對不繳保費的支付，移轉由政府預算項下負擔。少數國家

如吉爾吉斯、立陶宛與俄羅斯，將繳費時間提高為三十年。又在立陶宛新制中，不必繳費的時間優惠已經取消，即繳費必須採取透明化。

(二)保費徵收改進與遵從

無庸置疑，不依規定提撥保險費是收入不足的主要原因。就一般而言，前蘇聯國家均極力改善此一「社會稅」(social taxes)⓫，雖則波羅底海三國拖延繳交已獲得改善，但其餘國家的此種情形依然相當嚴重。同時徵收保費的對象仍十分有限，尤其在鄉間和新開業的私人部門，像亞美尼亞、喬治亞和烏克蘭為提升繳交，已決定逐步降低提撥率，而哈薩克與吉爾吉斯與烏克蘭，為擴大徵收保費的基礎，嘗試將非薪資所得，納入保費徵收的範圍。在烏克蘭，銀行在支付工資的同時，會同時扣繳一定比例的社會保險費。

三、制度改進法

除了少數例外，由於人口的老化，年金制度遭受的財務壓力，可說與日俱增，此種情形迫使各國政府要扭轉危機，必須做出根本性的制度改革。然而，大家心知肚明，此舉並非易事，即使是中歐國家的強硬派，由於政治上的阻力，已遭受挫折。雖則如此，計畫對制度作徹底改革的，如匈牙利、波蘭外，採多元化年金體制的法案已提至國會⓬。匈牙利應

⓫到目前為止，一般國家舉辦社會保險，包括年金保險，皆以薪資作為計費的基礎，且以強制方式徵收，故有稱之為「社會稅」，美國稱為「社會安全捐」，一般則稱之為「薪資稅」，即 payroll tax.

⓬中歐國家年金制度行之多年，其產生的問題，與東歐國家如出一轍。部分中歐國家採局部改進原有的隨收隨付制度 (PAYG) 如捷克，而匈牙利、波蘭採全盤制度性改進，是盼望參加歐洲貨幣同盟 (EMU)，以進入歐洲經濟共同體。

該是改革最進步的國家，1997 年 7 月已完成立法，1998 年付諸實施，惟
政治上的妥協，已使原有改革構想作了若干修正。

　　前蘇聯國家中，哈薩克和拉塔唯亞是走在改革前端，修正前蘇維埃
式的年金制度則或有些差別。以類型觀之，拉塔唯亞的改革是採瑞士模
式❸（見附錄一），而哈薩克則仿純智利模式（見附錄二）。但無論是哈
薩克或拉塔唯亞，均已完成立法，建立與規範民營年金基金的運作。至
於其他前蘇聯國家，包括烏茲別克、愛沙尼亞、喬治亞與立陶宛，還有
俄羅斯聯邦，其中喬治亞、立陶宛與俄羅斯等國，正準備向國會提出年
金改革法案，導入民營化的年金基金。

柒、前蘇聯國家年金改革的走向

　　從不同的角度思考，處於經濟轉型期的國家，其年金制度的改革，
要比工業國家與開發中國家尤為困難。主要是因為存在著經濟上與政治
上的許多限制，包括財政結構欠佳，各項公共支出需求競爭資源的利用，
缺乏發展良好的金融市場與管理架構，以及政府必須忠於「社會契約」
(social contract)，提供最低退休生活所需的保證等等。

　　顯而易見，前蘇聯國家原有的年金制度，是採行德國模式，即年金
制度的財務融通方式，是採行無須提存準備的隨收隨付制。然而，在採
行市場經濟後，種種跡象顯示，總體經濟的環境，愈來愈無法支持上項
體制。尤有進者，就中期而言，人口老化的趨勢，使得隨收隨付的財務
融通，更是無以為繼。職是之故，⑴隨收隨付制必須大幅修訂；⑵建立
民營的第二柱，以彌補公共年金的不足。換言之，僅有公共年金的退休

---

❸見 Palacios and Rocha (1997).

金額，將無法獲得適當水準的所得替代率。

　　有些前蘇聯國家經由局部的改革，以彌補隨收隨付制的缺陷。哈薩克與拉塔唯亞兩國，已朝向長期財務改善的目標努力，包括做根本性、制度性的更張。然而，兩國選擇了迥然不同的途徑，尤其是採行不同的改革時間表，以建立多元化的年金體制。在拉塔唯亞的改革中，基本上採取瑞士的年金模式，而哈薩克則採取智利的年金模式。至於其餘前蘇聯國家何去何從？是跟隨拉塔唯亞，抑或步哈薩克的後塵？本文將於以下的段落中，進行進一步的討論：

一、改革隨收隨付的支柱

　　採行任何的改革方案，首先必須對目前年金制度作調整，即針對現行隨收隨付制，做提高效率與降低成本的改進。雖然改革有諸多的可能措施，但概括言之，無非是開源與節流兩方向，並且使制度更加透明化。但最先要做的措施是，促使提撥與給付關係的強化。尤其要考慮：

　　　1.使用真正公平的年金公式，提高有效的退休年齡
　　　2.對提早退休與殘障給付，規定更嚴格的請領條件
　　　3.將不繳費的給付與特殊年金，轉交政府編列預算支應
　　　4.取消寬減及對非工資收入 (non-wage compension) 課徵保險費

讓現行年金給付隨消費者物價調整，而不照工資調整，短期內可增加儲蓄。而給付中考量人口因素，可對抗人口老化的挑戰。

二、規範民營化的年金

　　在現行制度下，前蘇聯國家發展民營年金已是無可避免。因此，立法規範民營年金基金的管理，可說是極為重要，而發展人力資本和建立可運作的制度，鼓舞國內金融市場的發展，亦刻不容緩。毫無疑問，利

率自由化，是發展金融市場的先決條件。

此等國家進行年金制度的改革時，關鍵性的問題有：

1.公民營支柱相對的大小與其功能，必先加以確定

2.走向最終目標，採行新年金制度的時間表

就處於轉型期國家所得分配惡化的情形來看，因為缺乏有效和健全的金融架構，使得建構較大的重分配公共支柱，在現階段而言，仍有其需要❶。不可諱言，從搖籃到墳墓的社會保障心態，依然存在於前蘇聯國家之中。因此，年金民營化對多數國家而言，目前仍有若干距離。

在決定採行制度性改革之前，考量邁向十足提存準備制（儲金制）的成本，甚有其必要。因為從隨收隨付制改為提存準備制，政府必須同時承諾現在與未來退休者的給付，另一方面卻可能承讓部分或全部薪資稅收入 (payroll taxes)。雖則隨收隨付制的潛藏負債，在前蘇聯國家中並不高，但這是由於嚴格壓縮給付的結果。唯在目前各國預算緊縮的情形下，轉變為十足提存準備制之成本必然偏高，再者，假定年金支出允許快速上升，額外的負債必然更為增加。

各國改革的幅度，必須顧及各國經濟成長的表現，以及非正規部門的發展情況。強而有力與持續的經濟成長，不僅可提升工資，並可使提撥基礎隨之擴大，更可改善年金基金的財務狀況，也可延後引進激進式的改革。尤其是給付方面，若能依照物價指數予以調整，更可延緩上項改革的必要性。在另一方面，假如經濟成長並不如預期樂觀，非正規或地下經濟亦持續快速蔓延，使得當前年金基金的維持愈加困難，就愈需要做大幅度的改革。在此種情形下，因公共資金用作失業給付的比重增

❶除非年金計畫能夠去政治化及經濟活動透明化，否則利用年金保險，以達成所得重分配的目標依然渺茫，甚至會產生所得重分配的負效果。

加，在缺乏政府補助下，年金支出的負荷將愈加沉重。

就長期言，可用漸進的方法，來建立多元化的體制。先對隨收隨付制作局部改革，強化提撥與給付的關連，加強保費徵收，改革隨收隨付支柱之後，再增設提存準備，又稱做儲金制的支柱 (funded pillar)。確定每一年金支柱的相對大小，需視每一國家的特殊情形而定，包括人口的結構、金融的發展趨勢、賦稅制度與管理架構，以及更重要的是所得重分配的目標。亟力主張制度改革的人，已經注意到建立年金民營化的先決條件，此等國家到中期，才有可能分配較多資源於民營化機構。人們雖然難以期盼在不久的將來，前蘇聯國家均能建立儲金的支柱，但對這些國家而言，致力於營造環境，為引進民營管理的年金基金，而早作綢繆與鋪路，皆已普遍建立了共識。

■捌、結　論

眾所周知，年金制度採確定給付制或確定提撥制各有利弊，在財務融通方面，用隨收隨付制或提存準備制（儲金制），也各有其長短。但制度的實施，畢竟需要時空背景和配合的條件。從前蘇聯國家長期的實施經驗可知，如果一個制度的年金給付和其參與者的提撥脫節，則不論此項制度的其他優點有多少，終將使其財務陷入泥沼，難以長久支撐，而走入歷史。若僅略加改革，雖可苟延殘喘，但必須付出很大的代價。低報薪資，逃漏作假，造成有效提撥下降，所得替代率無法提供退休者基本需要，將使經濟成長受到拖累。

事實證明，前蘇聯國家隨收隨付年金制度的運作陷入困境，與其經濟制度轉型有關，也和其人口結構老化相關連，但這些因素僅凸顯隨收隨付制的缺失。換言之，部分人口結構仍屬於青壯的國家，同樣暴露了

上項制度運作的困難，只是問題的輕重不同而已。

　　從前蘇聯或其他國家長期實施年金制度的經驗可知，年金制度的設計，與期望達成的目標相關。陳義過高，想用強制手段，藉社會保險達成所得的重分配，很難如願以償。根據大部分國家的實施經驗，其重分配效果適得其反，並且可能造成更多特權階級，不提撥或少提撥，卻都領用同樣或甚至更多的給付。職是之故，藉正義之名，想利用社會安全網調整所得分配，結果卻是遠離正義，此乃許多正義之士，始料未及的。申言之，若課徵規定不被遵從，或課徵技術上的問題不能克服，一切的理想均將成為空談。或許有人仍然醉心於舊制，打算維持隨收隨付制，意圖就加強遵從與改進課徵技術，來著手現制的改革。可能這樣對年金基金的財務會有若干助益，但卻無法解決根本性、結構性的問題。故就長期而言，唯有做制度性的變更，方能避免隨收隨付體制的破產。易言之，目前各國做局部的改進，其實是在減緩未來作根本性改革的困難，為提存準備制（儲金制）改革鋪路，並為架構民營化的年金制度預做準備。

　　誠然，採漸進式的改革可以減少衝擊，確定給付的隨收隨付制轉換為確定提撥與十足準備，必須解決舊制累積承諾的負債。用時間分散償還的負債，對政府而言，可行性比較高。對舊制作改革是不得已的措施，如果一國要建立年金新制，就沒有理由重蹈別人的覆轍。「前車」已可為我國的殷鑑，設計符合人性化（揚棄重分配）、中性化（不扭曲勞動市場）與功能化（達成老年生活保障）的年金體制，不僅為時代的趨勢，也是經濟自由化的重要一環。

參考文獻

中文部份

行政院經濟建設委員會人力規劃處（民 88），《國民年金制度規劃報告簡報》，當前經濟問題第四十二次座談會。

行政院經濟建設委員會（民 84），〈國民年金保險制度整合規劃報告〉，《經濟研究》，編號 (84) 008–802。

陳聽安（民 87），〈論智利年金之民營化〉，《華信金融季刊》，第三期，頁 7–30。

陳聽安、吳英同（民 89），〈臺灣年金制度規劃之評析〉，《財稅研究》，第三十二卷，第二期，頁 1–40。

許水德、邱進益等（民 88），《考試院奧地利、匈牙利、捷克退休撫卹業務考察報告》。

英文部分

Barrientos, Armando (1998), *Pension Reform in Latin America*, Ashgate, Brookfield, Singapore, Sydney.

Branco, Marta de Castello (1998), "Pension Reform in the Baltics, Russia, and Other Countries of the Former Soviet Union (BRO)", *IMF Working Paper,* International Monetary Fund.

Chand, Sheetal K. and Jaeger, Albert (1996), "Aging Populations and Public Pension Schemes", *IMF Occasional Papers No. 147,* Washington: International Monetary Fund.

Creedy, John (1998), *Pension and Population Aging: An Economic Analysis,* Edward Elgar, Cheltenham, U.K..

Duhamel, Vincent (1999), "A Presentation on: 401 (K) Plans in the United States", A Seminar on U.S. Pension System and 401 (K): Issues & Experience, Security Investment & Consulting Association of R.O.C. (May 7, 1999), Taipei.

Erwin, Chris (1999), "Models of Pension System: Spotlight on Europe", in European Pension Fund Seminar, Security Investment & Consulting Association of R.O.C. (May 7, 1999), Taipei.

Feldstein, Martin S. (1976), "Social Security and Saving: the Extended Life Cycle Theory", in *America Economic Review 66,* pp. 76–86.

Feldstein, Martin S. (1994), "Social Security Induced Retirement and Aggregate Capital Accumulation", *Journal of Political Economy,* Vol 82: pp. 905–926.

Folster, Stefan (1999), "Social Insurance Based on Personal Saving Accounts: A Possible Reform Strategy to Overburdened Welfare State?" in *The Welfare State in Europe: Change and Reforms,* pp. 93–115.

Holzmann, Robert (1993), "Reforming Old-Age Pensions Systems in Central and Eastern European Countries in Transition", in *Journal of Economics,* Sep. 7, pp. 191–218.

Holzmann, Robert (1999), "On Economic Benefit and Fiscal Requirement of Moving from Unfunded to Funded Pension" in *The Welfare State in Europe: Challenges and Reforms,* by Marco Buti etc. Edward Elgar, Cheltenham, U.K..

Ippolito, Richard A. (1999), *Pension Plan and Employee Performance: Evidence, Analysis, and Policy,* The University of Chicago Press, Chicago and London.

Köhler, Peter A. and Zacher Hans F. (1981), *The Evolution of Social Insurance 1881–1981,* France Pinter, London.

Müller, Katharina (1999), *The Political Economy of Pension Reform in Central— Eastern Europe,* Edward Elgar, Cheltenham U.K..

Palacios, Robert and Rocha, Robert (1997), "The Hungarian Pension System in Transition", mimeo, July (Washington: The World Bank).

Schieber, Sylvester J., and Shoven John B. (1997), *Public Policy toward Pensions,* The MIT Press, Cambridge, Massachusetts, London, England.

Shipman, William G. (1999), "Continuity and Change: Social Security and the Case of Reform" in *U.S. Pension System and 401 (K): Issues and Experience*, Security Investment Trust and Consulting Association of R.O.C. (May 4, 1999), pp. 1–12

Stephenson, Kevin (1995), *Social Security: Time for a Change,* Jai Press Inc., Greenwich, Connecticut, London, England.

The World Bank (1994), "Policies to Protect the Old and Promote Growth", *Averting the Old Age Crisis,* Oxford University Press..

Vittas, Dimitri and Roland Michelitsch (1994), *Pension Funds in Central Europe and Russia: Their Prospects and Potential Role in Corporate Governance*, The World Bank, Washington D.C..

Yuen, Michael (1999),《香港地區退休金制度發展現況──邁向兩千年強制公積金之路》，亞洲暨歐美退休金制度比較研討會，主辦單位：中華民國證券投資信託暨顧問商業同業公會，高林明資產管理集團。

（本文發表於《退休基金季刊》第一卷第一期，八十九年八月）

附錄一　拉塔唯亞改進法

　　拉塔唯亞在 1995 年施行新年金法,逐步成功地將隨收隨付制加以改進。年金制度改革的核心，在串連給付與提撥的關係，以期逐漸增加提撥保險費和給付範疇。在此制下，並無強迫退休的年齡，而是退休金的給付所需具備的最低退休年齡，逐漸改為六十歲。公元 2001 年以後，每年減少薪資稅（保險費）1%，至公元 2002 年，則逐步增加受雇者的提撥，薪資稅的負擔，由受雇者與雇主各分擔一半。唯有鑑於領取給付的人數眾多，降低給付有其困難，職是之故，中期內仍需要負擔比較高的薪資稅。

　　1995 年中,拉塔唯亞所採取的改革,是依照瑞士三柱年金改革模式。其中第一與第二柱是強制加入,在 1996 年 1 月將隨收隨付的第一柱予以修正,給付結構是基於備載的確定提撥帳戶 (notional defined-contribution accounts)，至於對終生貧窮者，則另有最低給付的保障，其水準是依照社會救助 (social pension) 訂定。在此制度下，受雇者與雇主的提撥，會記入個人名下的帳戶，故稱作儲金制，又稱為提存準備制 (funded schemes)，衹是無實質準備 (no real funded) 置於帳戶。惟當代的年金受領人仍以薪資提撥做為後盾,提撥的「報酬率」,是以工資做計算基礎加以確定,此種年金體制,反映了勞動力與勞動參與率的變化。至 2000 年時,給付結構按消費者物價指數予以調整。因為年金給付是用下列方式計算:每一帳戶的累積金額，除以每人退休後的平均餘命，可知此種制度能反映人口結構改變，不懲罰提早退休者。但因以男女平均餘命作為計算，而實際上女性的平均餘命較男性長，故此一制度，也隱含男女之間的所得重分配。如果退休的年齡訂為六十歲，繳費平均為三十六年，所得替

代率大約為 40%。

民營管理支柱以逐步方式實施，第一階段對民營年金基金在法律上加以規範，1997 年已完成立法。第二階段建立民營的強制確定提撥支柱，計畫在 1999 年至 2001 年（原訂 1998 年）完成。雖則年金允許五十或低於五十歲者自願參加，但第二柱承保對象的細節不夠明確。必要的立法已於 1998 年完成，至於實施上則有所延遲，以便有較多時間能夠對民營化年金管理，建立適當架構規範，對資本市場作進一步的改革，並且改革已實施的第一支柱的儲蓄累積。年金制度的第三柱是採自願方式，係針對有意願在退休後，獲得較高所得者來規劃。無論自願或強制的支柱，管理機構則屬相同。

對公營年金支柱的改革，使得年金支出佔 GDP 的比例可望下降，並且保險費之徵收可望增加，同時隨著準備累積的擴大，保險費有可能調降。支出減少是由於指數化與提早退休人數之減少，以及提升有效的退休年齡所致。收入方面的改進是透過鼓勵誠實申報所得，尤其是正規的經濟活動、延長退休，將不繳費的給付改由政府預算負擔，潛藏負債也可望遞減。

附錄二　哈薩克改進法

　　依照原來的構想，哈薩克政府計畫於 1996 年中，進行隨收隨付制的局部改革，以改善年金基金狀況。惟由於上項改革，在提高年金給付上限為 50% 後，事實上仍不足以改進財務上的壓力。因此，哈薩克政府不得不決定採取更大幅度的改革。1997 年 6 月乃採取新年金制度，其中包括強制的個人儲蓄帳戶，亦即十足準備的確定提撥制，配合由政府保證的最低年金給付，至於最低給付則與個人提撥的多寡有關。在強制的制度外，再用自願儲蓄方式加以配合，新制按照計畫在 1998 年 1 月付諸實施。

　　值得注意的是，哈薩克的年金受益人，對新舊制並無選擇的餘地，可將他們的儲蓄投資在公營年金計畫，而不准投資於私人年金基金 (private pension fund)。此種「公共累積的基金」(state accumulation fund)，頗類似於阿根廷所採行的制度，祇允許投資於政府或國際機構發行的有價證券。有關於民營年金運作之規範架構業已訂定，初期政府打算只核准四至五家的民營年金基金，基金大多投資於政府發行的有價證券。以 1998 年 1 月為分界，政府對隨收隨付制之下的年金權利，均承諾支付。將 25.5% 提撥率中的 15.5%（逐步遞減為零）指定用作舊制之下的年金給予，另外 10% 將存入新提存準備制，或稱儲金制（相對於智利受雇者的提撥率僅 10%，加上 3% 做為殘障與戰爭傷患給付和行政費用）。以改革的整體而言，政府打算清償至 1997 年為止的所有潛藏負債。無可否認，由政府清償龐大的負債，是採行根本性年金制度改革的先決條件。

　　雖則晚近局部措施減少了轉型成本，降低隨收隨付制度所付出的代價約有 GDP 的 2%，但是持續的財政負荷，還有舊制下必須給予的年金

給付有多長，以及用薪資提撥支應舊制多快能結束等問題，都造成很大的困擾。新制成功地減少逃漏保費的問題，主要是因為給付與提撥相互關連，這也是保證收入的關鍵所在。用當期價格表示，轉型的總成本大約約 GDP 的 40%。雖然部分成本可由民營化來負擔，並從未來經濟復甦所增加的稅收支應，但是其餘的成本，則必須用發行公債來融通。

　　許多專家都同意，哈薩克的計畫十分大膽，尤其是開辦的準備工作打算在 1998 年 6 月完成。好在在引進必要的制度和規章上，進行的還算順利。哈薩克年金制度改革的成功，其重要性不僅在建立穩定的年金制度，而且是為前蘇維埃聯邦，找到了一個可行的年金改革模式。

第五篇

臺灣年金制度規劃之評析

壹、前 言

　　經過漫長的規劃時期，臺灣國民年金制度終於即將實施，臺灣整體老年經濟安全架構也日趨完整，未來似乎將能更有效地達到世界銀行所指「避免老年貧窮」的目標。不過，綜觀世界各國年金制度發展的趨向，和臺灣未來人口結構、勞動市場變化和現有相關制度的難題，我們不禁對即將實施的國民年金制度，感到憂心忡忡。從某個角度來觀察，臺灣老年安全體系，和世界銀行建議各國採取以避免老年貧窮的三柱體系，有相當大的差距。

　　基本上，目前臺灣只有採用一柱來支撐老年的安全。世界銀行建議是採三柱的老年安全體系，包括強制公營支柱 (mandatory publicly managed pillar)、強制民營支柱 (mandatory privately managed pillar) 以及自願參加支柱 (voluntary pillar)。從經營主體的角度來看，臺灣目前的年金制度均屬強制公營，特別是公營強制參加的那一支柱，採用確定給付制、隨收隨付的財務處裡方式、依退休薪資計算年金給付的支柱，而這種制度在世界各國都已經遭遇到許多的困難，面臨必須徹底改革的命運。

　　本文主要目的，在檢視臺灣整體年金制度的問題所在。我們進行的方式，將先從年金制度的緣起及沿革開始。目前全球不約而同地都在對年金制進行改革（拉丁美洲、歐洲各國）或建制的工程（亞洲各國、東歐各國文官年金），但限於篇幅，及鑑於拉丁美洲年金制度的悠久歷史與

成功的改革經驗，我們將主要以拉丁美洲改革的經驗，作為比較觀摩的對象❶，至於年金的理論架構，仍以世界銀行提供給各國之建議，作為論述的基礎。

從拉丁美洲各國，特別是智利的改革經驗，我們一一提出臺灣目前年金體系遭遇的問題。特別要指出的是，本文將以功能導向的方式，來探討不同的目標與功能，應以何種制度來達成，才能較具效能與效率。我們主要從拉丁美洲的智利、秘魯、阿根廷、哥倫比亞、烏拉圭等較早從事年金改革國家的檢視，以及晚近的墨西哥與哥斯大黎加在 1997 年的年金改革經驗，重新省思臺灣國民年金制度的規劃。

特別值得一提的是，智利和阿根廷是很好的研究對象，前者具有最悠久的改革經驗（自 1981 年起）。基本上，年金制度必須經過長期實施，才能加以評估。而後者則係混和了確定給付制 Pay As You Go (PAYG) 以及個人設帳的確定提撥制年金制度，二者提供我們一個很好的研究對象。

學者論及年金制度的設計，不可避免地必須做確定給付制（defined benefit, DB）與確定提撥制（defined contribution, DC）的利弊比較（陳聽安、吳英同，1999；陳蘭會、何克如，1999），關於這方面的研究，國內外文獻已甚多，本文則另外從所得移轉、所得重分配及保險等特質來切入，探討二制下的不同影響。

最後，本文從宏觀的立場，完整介紹智利年金制度改革後新制的內容，並提出若干結論與建議，供臺灣整體年金體系建制的參考。

在我們開始進行討論之前，首先我們必須對於本文以下常用到的一些詞彙加以介紹。一般而言，年金承諾有二種不同的方式，分別為確定

---

❶本文所採拉丁美洲各國的資料，大多參見 Armando Barrientos, *Pension Reform in Latin American,* 1998。

給付制與確定提撥制。

　　以職域年金而言，傳統上，雇主對受雇者職域年金的承諾多是採用確定給付 (benefit-defined) 的方式。亦即雇主承諾在受雇者服務滿規定的期間，大約是三十年至四十年左右，雇主即按受雇者工作所得的高低，給付其一定的年金給付。在確定給付制之下，雇主必須確保其所提撥之金額，於員工退休時足夠給付，而給付的金額多寡，在年金計畫中亦皆已明文規定。但是，此制下應提撥的成本 (the cost of contributions) 是一個不確定的數額，因其無法預測屆時雇主必須給付的金額，故此種制度對雇主而言，並不具有一個良好年金制度應有的條件。

　　確定給付制，通常伴隨著隨收隨付制的財務融通方式。這種方式就整體而言，是一種較缺乏成本控制的制度，必須透過不斷的財務精算與費率的調整，以茲因應。

　　相對於確定給付制，另外一種年金承諾的方式，為確定提撥制。此制下，僅規定員工所應該繳交的保費或者是提撥金額 (contribution)，所提撥的金額通常是員工所得的一個百分比，至於退休時所領取的年金給付，則視所繳資金多寡及資金之運用獲利情形而定。由於資金運用獲利與否，除了資金管理者外，與國家整體經濟環境，甚至全球經濟情勢亦不無關聯，故屆時的給付總額難以預測。在此同時，對於雇主而言，可以清楚的知道其提撥的金額（成本）和年金給付之間的關係，是此制優點之所在；至於從受雇者的立場來看，雖然無法確知領取年金時的金額為多少，但是制度設計上，若能使受雇者定期皆可知道其年金權益的狀況，也可將此一缺點降至最低（陳聽安、吳英同，1999）。

　　換言之，確定提撥制 (defined contribution plan) 乃先明定個人參加年金制度期間之提撥 (periodic contribution) 金額，經累積而確定最後之給付 (benefit) 之制度。在其提撥金累積之過程中，提撥時間之長短以及投

資報酬率之高低，將影響最後之給付金額，因此，提撥金額雖事先確定，但給付金額則否（故稱為確定提撥制），而取決於提撥金即期收益之大小。

新加坡及智利之制度，即為確定提撥制之典型例子。此二國家均強制就業者每人需設立一個人帳戶，按月依薪資之一定比率將提撥金存入個人帳戶，其提撥之基金，由基金管理機構負責投資運用事宜，最後收益則歸入個人帳戶內。

而確定給付制之制度設計，與確定提撥制恰好相反。在確定給付制下，年金給付係依據事先於法令中明訂之公式給付，通常確定給付制係據個人之受雇年數以及某一期間之薪資，決定其給付金額。因此一旦符合給付條件，保險人即須按公式計算出之金額給予受保障者（故稱確定給付制）。由於公營之確定給付制度提供之給付，往往終身享領，故個人若壽命較長，則給付總額即較高，而不論原提撥金額之多寡。各國採行社會保險原理原則，所訂定之公共年金保險制，由於往往先確定給付公式或給付金額，凡符合條件者即可終身享領，故屬確定給付制。

論者有從「確定參數」的不同來探討兩制的差異（柯木興，1998），認為「確定提撥制」是指參加退休金的勞工及其雇主，每年均事先依勞工薪資按月提撥一定比例（百分比）的費用，俟勞工到達一定年齡退職時，提領在其帳戶中所儲存的基金收益本息，作為養老之用。其提撥率或保險費率對參加勞工而言，均屬事先予以確定，但並不意味其終身期間提撥率均相同。至於確定給付制，係指雇主於制度實施之前，事先已確定老年退休給付數額，及依其服務年資的給付水準（基數），並透過精算方法，預估該所屬員工退休時，所需退休金給付成本，再決定提撥期間所需提撥比率的一種制度。顯然兩種制度間的基本差異，在於其確定參數 (the defined parameter) 的不同。前者係指其提撥率確定，對未來老年退休給付金額，均依其薪資高低及提撥率是否調整等函數關係予以計

算，因基金運用所產生的投資報酬率有高低的差異，而具有投資的風險；後者係指其給付數額及給付水準確定，因未來退休金額受經濟變動因素影響較大，而具有償付能力的風險。

貳、年金制度之緣起及沿革

一、德　國

年金制度的建立，迄今已有長久歷史。由於制度影響深遠，各國莫不謹慎為之，而制度的建立與改革，莫不與政治因素息息相關。最早採用此一制度者，為歐洲諸國及拉丁美洲國家，後來漸為世界各國所接納，而有今日之風貌。德國鐵血宰相俾斯麥 (Otto von Bismarck) 早在 1889年，即建立德國之國民退休金制度 (National State Pension Scheme)。當初此一帶有濃厚社會主義色彩的社會福利制度，原係標榜老有所終的崇高理想，不過後世大多認此僅係俾斯麥為籠絡人心、收買選票、並加深人民對其主導之軍事政府依賴程度的一個手腕。

二、拉丁美洲各國

年金制度在拉丁美洲，也有長遠的傳統。阿根廷於 1904 年即為公務人員 (The Caja Nacional de Jubilaciones) 成立了公務人員年金，建構公務人員老年年金 (old age pension) 及就業年金 (service pension) 制度。從年金發展的歷史來看，許多國家之所以有年金制度，原亦係為公務員退休後之生活所建置而來。

智利 (Chile) 在 1924 年，為民營藍領階級勞動人口設置年金制度 Servicio de Seguro Social，1925 年則為政府部門及民營白領階級、勞動人

口設立類似的年金制度。近年來因成功改革年金制度而聲名大噪,而其年金改革的成功經驗,並被世界銀行 (the World Bank, 1994) 及 IMF 引為世界各國學習的 典範 (Holzmann, 1997)。墨西哥在 1925 年為隸屬於聯邦、州及市的勞動人口,建立年金制度 Ley Generalde Pensiones。拉丁美洲的確定給付制年金制度,原採部分提存準備 (partially funded) 的財政融通方法,政府對於基金的管理和規範有嚴密的規定,但因 1970 年代的高通貨膨脹,使得年金財務赤字提高,年金給付大幅縮水。到了 1980 年早期,經濟危機更使年金的改革迫在眉睫,並由智利率先實施。總體而言,拉丁美洲年金改革的原因,來自於舊制下的社會保險基金財務惡化、1980 年代經濟危機、勞動市場(人口結構)改變,以及各國整體政經結構改革的實施。

拉丁美洲各國年金制度的共同特色,是皆依循社會保險的原則,即年金給付之財源來自保費 (contributions) 的收取,固定的保費費率及依退休時薪資 (final salary) 計算年金給付的原則。各國依保險原則建立的年金制度成立之後,逐漸擴大給付範圍,包含健康、疾病、家庭成員及職業傷病,甚至擴張到購屋貸款。隨著給付範圍的擴大,社會保險的計畫逐漸發展、創立了許多規模較小,針對特別機關提供,使其免於重要經濟與社會風險的計畫。

社會保險承保的範圍,在 1960 及 1970 年代持續不斷的擴大,智利、阿根廷和烏拉圭,參與社會保險的人口數量,甚至高達 3/4 的勞動力。這一套逐漸累積發展形成的社會保險制度,終於成為一個龐然大物,而且不同體系的規定不僅複雜,也缺乏公正性。學者 (Atkinson, 1989) 曾指出工業化是社會保險不斷發展的主因,拉丁美洲的發展亦符合此說,特別是進口替代的工業化 (import substitution model of industrialisation),創造了大量的都市勞動力,以及可觀的政府部門工作人口。政府在工業化

的過程中，需要各種農業及工業的資源，以推動進口替代的工業化政策。從政府的立場來看，製造業及政府部門工作人員的支持，不僅有助維繫政權的存續，並能支持政策的實施，而社會福利政策（年金制度），正能夠有效地維繫這些勞動人口對政府的支持。

三、美　國

美國至 1935 年才由羅斯福總統 (Roosevelt, Franklin Delano) 簽署社會福利法案，允諾發給年滿六十五歲的老人每人每月 200 元的老人年金，其年金的財源由工作者的薪資中融通，此一制度與社會保險迥然不同。

美國社會安全制度產生的背景，是 1935 年的經濟大蕭條，該制度的誕生，也是經濟問題的一個政治回應。1930 年代 GDP 下降超過 25%，失業率高達 22%，至於股市更是一蹶不振，較諸 1929 年流失了 70% 的價值。社會安全制度實施之初，全美僅有 900 萬名高齡人口（高於六十五歲），而平均的預期壽命也不過六十一歲。整體而言，其時的社會安全制度可以說是羅斯福新政 (New Deal) 的一部分。但是，其實早在 1875 年至 1929 年間，美國、加拿大即有 397 個民營年金計畫在營運。1870 年前之所以沒有任何的民營年金計畫，主要的原因是因為當時美國大部分的公司，是屬於小型的家族企業❷。

美國自 1970 年代末期便積極籌劃個人退休基金計畫，1978 年通過

---

❷美國年金計畫最早係由美國運通公司 (American Express Company) 於 1875 年建立，後來逐漸建立的民營年金計畫中，較有名的公司包括紐澤西標準石油公司 (Standard Oil of New Jersey) (1903)，美國鋼鐵公司 (U.S. Steel) (1911)，通用電器公司 (General Electric) (1912) 以及美國電話電報公司 (AT & T) (1913)；而這些都是規模相當大的公司。

退休金改革法案，並推出多種個人退休基金計畫，包括著名的 401 (K) 計畫。該計畫係美國政府於 1984 年，所創立的一種延後課稅的退休金帳戶，由於其相關規定明訂於美國內地稅法 (Internal Revenue Code) 第四百零一條第 K 款中，故又簡稱為 401 (K) 計畫。

四、臺　灣

　　臺灣公務人員與勞工「有關」的退休年金（蓋公保養老給付、勞保老年給付皆為一次給付）制度較早建立，公務人員保險制度於民國四十七年公布實施，臺灣勞工保險條例自民國四十七年七月經中央立法，於民國四十九年四月付諸實施，二者皆採確定給付制、隨收隨付的財務處理方式、以退休前的薪資所得計算退休金金額。此二者皆屬職域年金的範圍，不過國內不論在實務上（行政院經建會的規劃，即以國民年金制度取代大部分的公保）或學者（如胡勝正，1999）論述時，皆將之歸為第一層老人經濟安全保障的範圍（即世界銀行所指稱「第一柱」的部分）。

　　臺灣公務人員退休法，自民國三十二年開始實施（其退撫給付與所需經費，係由各級政府編列預算支應）。從八十四年七月起，由公務人員部分首先實施新退撫制度，以取代退休法部分的規定（舊退撫制度與新退撫制度只是財源不同，即由各級政府編列預算支應，改為政府與公務人員共同提撥）。至於勞基法規定的退休金制度，則於民國七十五年十一月一日起，事業單位要開始提撥勞工退休準備金。

　　至於全面基礎年金制度（國民年金）構想的起源，實來自於各縣市自行發放各種名目的年金，並於歷次選舉中，為各個政黨候選人重要的選舉支票。由於攸關政權更替，其後在 1993 年，當時行政院長才指示要建立協調處理各類年金、津貼或補貼等項目之方向及原則，而使臺灣開始正視此問題。行政院經建會的制度規劃報告，已於 1999 年 5 月 1 日，

行政院第 57 次政務會議上原則通過，現已進入宣導期，等待完成立法。

　　論者指出，國民年金制度應儘早實施，好統一全國老人年金的數額，以免各縣市政府「各自出價」，作為施政成績。然而，地方政府是否會因中央政府已有發放國民年金，而不再另外附加給付，令人懷疑；更何況年金制度乃百年大計，現有國民年金制度規劃，在背離國際年金制度設計趨勢與國內人口成長的情況下，未來龐大的財政負擔，令人十分憂心。

　　從某個層面來看，臺灣年金制度誕生於此一時期，實為一幸，蓋不僅有許多國家的經驗足以參酌；更幸運的是，許多無法永續經營的制度，亦已露出其缺失，有的並已有成功的改革經驗，讓我們不必重蹈覆轍，同時可藉此一機會，全面的檢討臺灣許多無以為繼的確定給付制社會安全制度。很可惜的是，直至本文撰寫時，綜觀此一規劃，決策者仍未能從國內外失敗的經驗汲取教訓。藉由本文的探討，我們期盼在國民年金制度尚未實施前，能提供決策者再一次的省視，使我們的年金寶寶，日後不必再遭受大刀手術，只要在跌倒擦傷時稍微治療一下，即能不斷地成長茁壯，照顧所有年金制度的參加人。從這些反省中，讓我們瞭解，行政機關許多錯誤決策與頑拒改革的行為，與其說是保守與官僚心態反映，不如說是對年金制度缺乏深入瞭解，與無視世界潮流趨勢所致。

　　至於被實務界及多數學者，劃歸為第二層老人經濟安全保障的公務人員保險法，及勞動基準法有關退休給付部分，同樣的亦採一次給付、確定給付制、隨收隨付的財務處理方式，以退休前的薪資所得計算退休金金額；不過，在公務人員退休法部分，凡公務人員任職十五年以上者，可就一次退休金、月退休金或兩者間不同比例的支付方式擇一支領之。

五、年金制度設計的選擇項目

　　臺灣對於年金制度的需要性，目前已是無所爭辯之事，主要原因包

括高齡人口比例快速增加、家庭成員相扶持功能減弱以及現行保障體系仍未周全與公平❸。目前的問題是，年金制度要採哪一種制度？下表列出年金制度主要選擇項目：

表 5–1　年金制度的關鍵項目

財務融通方法 **(financing)**	隨收隨付 （pay-as-you-go, PAYG）	提存準備 (pre-funding)
基礎年金整合 **(co-ordination with basic pensions)**	總額／淨額 (gross/net)	淨額 (net)
年金權的權利 **(pension rights)**	有條件的權利 (conditional)	既得權利 (vested)
年金承諾 **(pension promises)**	確定給付制 (benefit-defined)	確定提撥制 (contribution-defined)
計算年金之依據 **(pensionable earnings)**	退休前薪資 (final salary)	生涯所得 (career earnings)
對於職業年金的看法 **(view of occupational pensions)**	增加的收入 (extended earnings)	遞延收入 (deferred earnings)

資料來源：*SIGMA Paper No. 10*，OECD，1997.

　　有關上述各項對於年金性質的認定，對年金制度的設計有決定性的影響，在下文中，我們將進一步探討。

■參、年金改革初探

一、概　論

---

❸參見《國民年金制度報告簡報的分析》，行政院經建會人力規劃處，1999.6.17.

　　目前許多國家年金改革的目標，主要係將採確定給付制、財務融通方式採 PAYG 的現行制度，改為確定提撥制的個人資本化年金計畫 (individual capitalization pension plans)。

　　以美國為例，根據美國勞工部及聯邦準備局的統計，在 1984 年 1 兆 400 億美元的退休金資產中，採確定給付制佔 67%，而採確定提撥制僅佔 33%。在 1996 年退休金資產已增至 2 兆 8,600 億美元，其中確定給付制佔 52%，確定提撥制佔 48%，預計到 2001 年時，採確定提撥制之退休金，其資產規模可達 2 兆 1,600 億美元，首次超過採確定給付制的 1 兆 9,900 億美元，可見未來退休金採取確定提撥制的結構，已是大勢所趨(陳蘭會等同前揭)。

　　拉丁美洲國家的新制下，勞動人口提撥保費至其個人的退休帳戶，可享有政府的稅賦優惠，而保費集中由民營的專業經理人管理，其投資項目限於一定範圍標的，長年累積下來的保費與投資獲利，皆必須於年金權利人退休後，用於特定用途 (pension arrangement)，包括購買人壽保險 (life annuities) 或分期提領計畫 (phrased withdrawal programs)。拉丁美洲各國改革後年金計畫的特色，包括讓新設立的民營基金管理人，扮演重要的角色、個別的工作者對於年金用途有較大選擇權、新的年金管理市場乃建立在「基金管理人相互競爭、嚴密的法令規範以及確保日後有效率的年金給付」的基礎上。至於年金的責任，則由政府移轉至年金的參與者。政府的角色主要在於，制訂法令規範與監管基金的運作，而新制之下所得重分配的目標，明顯降低很多。

　　上述年金改革的作法，正是全球致力發展的方向，不僅美國、拉丁美洲各國，甚至歐洲各國皆然。而觀察臺灣即將實施之年金計畫，擬將現有社會保險制度加以整合，亦即是經建會所指的「業務分立、內涵整合」原則。查臺灣年金制度之設計，全為公營、單一管理機構之確定給

付制度，包括國民年金、公（教）保之養老給付、勞保之老年給付、軍保、農保、公務人員退撫基金、勞退基金皆是；與各國年金的改革趨向——從政府經營的隨收隨付制度，轉變為民營的基金制、由確定給付制改成確定提撥制的潮流趨勢相悖。

世界各國在年金制度改革的過程中，所遭遇到的阻力大小不一。不過拉丁美洲中的智利與墨西哥，則是直接了當地把 PAYG 的年金制度，全面地改成個人設帳的確定提撥年金計畫 (individual capitalization pension plans)。其他的國家則由於政治因素，以及對社會保險「同舟共濟 (solidarity)」「所得重分配價值 (redistribute values)」理念的支持，而保留原先 PAYG 社會保險年金制度與新的個人設帳新制度並存。在阿根廷與烏拉圭，其之所以無法大幅改革舊有 PAYG 年金制度，則是肇因於人口結構劇烈轉變，導致年金龐大負債問題無法解決。PAYG 年金制度實施愈久，改革愈難，可見一般。

一般而言，支持個人設帳年金制度主要的論點是，在該制度下擁有眾多優點，包括：

1.消除 PAYG 制度下的扭曲效果，特別是針對儲蓄及勞動供給的激勵因素，PAYG 制度對此二項目皆有負面的效果。

2.新制度可促進資本市場及勞動市場更進一步的發展。由於新制可鼓勵儲蓄，再透過資本市場的運作，導致年金儲蓄的增加，及市場進一步的發展與現代化。

3.若在同樣的給付水準下，實施新制亦可促使保費水準下降；同時，提撥 (contributions) 和給付 (benefits) 的關係更為直接而密切。

上述各特色，有利於促進勞動市場的有效運作，包括促進就業、勞動移動（轉換工作）。所以整體來看，年金制度的改革，實有助於該地區整體經濟的發展。

在我們討論拉丁美洲年金改革一事時，我們必須瞭解年金制度的改革，對於拉丁美洲各國而言，是伴隨著 1980 年代經濟危機而來的廣泛結構性改革中的一項重要工程。年金改革所扮演的角色，包括加速並強化整體政經改革，而且更進一步促使經濟自由化。但是，基本上年金制度改革之目的，仍在能提供所有參加者未來更優厚的年金給付。

阿根廷從 1954 年開始整合各種名目繁多的年金計畫，1967 年將之整合為 3 個，1969 年只剩 2 個。由於政府強力介入年金計畫營運，使得部分提存準備 (partial funding) 的財務融通方式，很快地變成隨收隨付 (PAYG) 的方式。早在 1950 年代，為數眾多基金所累計之盈餘已高達 28% 的 GDP，政府將這些基金用以購買政府債券，利率為 4%-8%，但因遇到 1960 及 1970 年代的高度通貨膨漲，導致無法再用部分提存準備的財務融通方式。1970 年代出現財務赤字，政府開始大量補助，1975 年時補助金額高達社會保險收入的 20%。而同樣的情況，也可以見諸其他國家。這也是為什麼許多拉丁美洲國家，在 1980 年代年金保險基金皆無法財務平衡，必須仰賴政府補助的原因，從而也吹起了改革的號角。

二、財務赤字之原因

人口結構及經濟發展的趨勢，讓採確定給付制的年金制度無法永續經營下去。確定給付制得以維持財務平衡的前提是，有充分的提撥可以融通給付與管理費用，亦即，必須有穩定的人口成長趨勢，來確保收入足夠支應支出。

以簡單的公式表示，如果年金制度的收入是

$$Y = C \times t \times W^x + GS \qquad\qquad (5\text{--}1)$$

Y：年金收入

C： 參加年金勞動人口數 (contributors)

t： 提撥率

W^x： 計算提撥的所得

GS： 政府補貼

年金制度支出為

$$E = P \times b \times W^z + AC \qquad\qquad (5\text{-}2)$$

E： 年金支出

P： 年金參與者 (pensioners)

b： 目標所得替代率

W^z： 計算給付的所得

AC： 管理成本

一個成熟的 PAYG 年金制度需滿足下列條件

$$Y = C \times t \times W^x + GS = P \times b \times W^z + AC = E \qquad (5\text{-}3)$$

在一定的替代率之下

$$b = (C/P) \times t \times (W^x/W^z) + GS/P \times W^z - (AC/P \times W^z) \qquad (5\text{-}4)$$

從 (5-4) 式吾人可知，PAYG 年金制度下，財政惡化原因包括：

1. 年金支持率 (pension scheme support ratio) C/P 下降

2. （工作所得 / 退休所得）的比率降低

3. 政府補助減少

4. 管理成本上升

就 C/P 而言，大部分拉丁美洲國家，其實應該說世界上大部分的國

家，都遭遇到 C/P 大幅下降的情形，P 大幅增加，而 C 卻呈停滯或減少的趨勢。智利從 10.8（1960 年）下滑至 2.2（1980 年）；阿根廷 5.9（1990 年）下滑至 4.3（2000 年估計）；秘魯由 13.6（1980 年）到 7.8（1990 年）；墨西哥由 16（1970 年）下滑至 9.1（1990 年）；哥倫比亞 13（1990 年）下滑至 8.8（2000 年估計）。人口結構的變化，來自預期壽命的提升，以及生育率的下降；而此一變化，拉丁美洲各國較已開發國家更為嚴重。表 5-2 顯示了拉丁美洲年金制度的人口支持率。

表 5-2　拉丁美洲人口支持率 (population support ratio)

國家／年度	1990	2020	2050
阿根廷	5.9	4.8	2.7
智利	9.0	5.5	2.7
哥倫比亞	12.5	7.7	2.8
哥斯大黎加	12.5	6.6	2.7
墨西哥	12.5	8.3	3.0
秘魯	14.3	10.0	3.7
烏拉圭	4.8	3.8	2.4

Population projection from The World Bank(1994).
人口支持率：二十歲至六十四歲人口數／六十五歲以上人口數

不過，人口老化的問題，還不是導致拉丁美洲國家年金財務惡化的最重要因素，因為人口老化是一種漸進過程，仍然無法完全解釋 1980 年代所發生的財務赤字，更何況阿根廷、烏拉圭以及秘魯與哥倫比亞等國，也都還沒有面臨到非常大的人口結構改變壓力。

就拉丁美洲而言，PAYG 社會保險年金制度的計畫與實施，主要的目的，在使年金權人能於退休後維持其「退休時薪資」(final salary) 的一定比例，通常依退休前一定期間的薪資，來計算年金給付的數額（如智利以受僱人退休前三到五年的平均薪資，哥倫比亞以退休前二年的平均

薪資）。此外，制度設計還希望能夠產生一些重分配的效果。但 PAYG 的
年金制度，對個別年金制度參與者而言，其權利與義務的關連是很薄弱
的。這種制度常只對高齡工作者有利（因為繳交保費期間雖未達規定，
退休後仍可按規定領取年金），對依規定繳費的年金參與者激勵力量很
弱，PAYG 年金制度對較老的工作者（即將退休），所設置的必須提撥期
間規定較寬鬆，造成 1950 及 1960 年代，年金支持率大幅下降。特別是
拉丁美洲的許多勞動市場仍屬非正式（地下經濟）部門 (informal market)，
在年金參與者人數大幅增加的同時，卻又有許多人逃避年金的提撥，後
來又遇到 1980 年代失業率大幅提高、非正式受雇者增加，進一步使年金
制度支持率持續下滑。

再者就是由於殘障年金 (disability pension) 請領條件的寬鬆，使殘障
年金申請增加，這也是年金財務不平衡的原因之一。

三、財務失衡的對策

PAYG 制度下，財務失衡的解決之道，不外乎有降低預定達到的所
得替代率，提高提撥率、增加政府補助、減少管理費用，或將領取年金
的資格規定得更嚴格。而這些方法在拉丁美洲皆曾被使用過，其中並以
降低給付的水準，是最不容易做到的事情。特別是在拉丁美洲國家，很
多年金權人所領取的年金給付，都已經很接近最低的水準，政府根本無
從再加以降低。以阿根廷為例，在 1990 年代初期，平均的年金給付水準
僅達最低工資的 1/4 (Schulthess and Demarco, 1993)，同一時期智利約有
2/3 年金權人所收到年金金額，是最低的年金給付水準。

就臺灣目前的情況來看，以勞工退休金而言，很多勞工因為雇主壓
根就沒有提撥準備，勞工根本拿不到退休金，更不用提降低給付一事。
至於國民年金部分，目前依經建會版的規劃，將之定位在世界銀行所提

出的第一柱保障，給付標準預估每月 8,700 元❹，是否足以維持最基本的生活支出已屬有疑，而日後只會不斷地往上調整。實施後若要降低給付水準，從經濟生活而言，已有困難，若再考量政治因素，則降低給付水準一事，更無異是天方夜譚。

　　還有一種因應方法，為限縮領取年金的資格或年金給付的範圍，阿根廷在這方面所做的嘗試，並沒有得到什麼成效；至於智利則在 1980 年的改革行動中取消了 PAYG 舊制的退休年金 (service pensions)，不過要注意的是，修正的規定也只適用於新參加者，對於已發生的財務困難仍無助益。

　　至於提高提撥水準，則是常為各國所用的方法之一，而這種作法也是一個明顯的趨勢。以智利為例，藍領階級的提撥從薪資的47%（1968年）上升到60%（1974 年)，1970 年後提撥率稍微調降後，就立即導致1980 年代的年金制度大改革。白領階級的提撥則於 1970 年代中期到達高峰（民營的年金制度為 68.5% 的薪資，公營的年金制度為 58.75% 的薪資)，智利這種大幅提升提撥率的現象，在世界各民主國家中，是很少見的，這是因為智利在軍政府統治下，只有少數的政治及工會團體有反對聲浪。不過提撥率的提升，在 PAYG 制度下，仍是一個不可避免而且明顯的趨勢。這種財務調整方式對勞動市場帶來的負面效果有二：

---

❹國民年金制度全額年金第一年給付標準，係依據前二年每人每月消費支出的60% 訂定，原推估之結果為 8,700 元，不過由於民國八十八年每人每月消費支出降低，開辦後第一年全額給付可能隨著減少為 8,572 元，參見台灣新生報八十八年九月九日第四版。民國九十一年行政院送立法院的「國民年金法草案」第八條規定，保險費為全額年金 10%，該法施行第一年，全額年金為新台幣 7,500 元，故第一年保險費為 750 元。

　　1.造成勞工逃避繳費，高薪低報，甚至不報，並使勞動轉入地下經濟。

　　2.在民主國家中論及提高提撥，必定遭到選民反對。

　　這也是為什麼美國的社會安全制度 (social security) 雖虧損累累，卻沒有政治人物敢對其下刀的主因之一。提撥率的調整，很難及時反映年金財務制度真確需要的水準。以臺灣的公保及公務人員退撫基金為例，現行的費率較諸精算應有的費率，仍有一大段距離，亦由於 PAYG 制度的此種特質，臺灣的公保早已虧損累累，公務人員退撫基金正將步其後塵，而國民年金採用 DB 制度，亦難逃相同的命運。

　　再就政府補助問題而言，政府如欲對年金保險提出補助，勢必排擠其他支出，不過目前的人口及勞動市場的成長趨勢下，財政補助並無法阻止年金制度財政虧損的情勢，根本解決之道應是，政府僅能事先提供定額的補助，盡量不要干涉年金財務，而令年金財務能維持自身的財務平衡，才是較正確的方向。

　　臺灣的公保因為政府補助不足，承辦公保的中央信託局公務人員保險處，向中信局貸款融通積欠利息，導致虧損更加擴大。同樣的，採確定給付制度下的拉丁美洲各國年金制度，雖然管理成本並沒有特別高，但仍較已開發國家為高，而且有明顯成長的趨勢。年金管理的成本費用佔年金制度總支出的比例，阿根廷從 2.3%（1974 年）上升到 2.7%（1990 年），墨西哥的年金制度 IMSS 是從 13.7%（1980 年）上升到 14.5%（1989 年）。公營的年金保險最遭人詬病的，是官僚心態和缺乏效率的行為，各國皆然，拉丁美洲如此，臺灣亦然。

　　處於法定獨佔地位，不僅行政效率低落，基金運用也極端保守。雖然確定給付制度下的年金制度到了後期，財務融通皆不得不以 PAYG 的方式處理，根本沒有資金可資運用，但是在制度實施初期，仍採用部分

提存準備 (partial funding) 的財務處理方式時，基金財務運用效果亦奇差，這也是本文反對年金制度經營體由公營、獨佔的單一機構承辦之主因。

由於確定給付制度下的年金制度，存有許多不合宜的重分配現象，加上不同年金制度彼此歧異的規定，產生了許多不公平的現象，使得財務失衡的問題更不容易解決。拉丁美洲的舊年金制度，就常被批評對於特定團體有不公平的優惠待遇，而這正也是臺灣現行社會福利體系，所遭人詬病之處。鑑於保障體系的不周全與不公平，目前臺灣國民年金制度的實施，亦寓有整合各體系差異的意涵，但是決策者卻又決定採用確定給付年金制度的錯誤手段，不僅無助於上述問題的解決，而且會使問題更加惡化。

確定給付年金制度之特色之一就是，容易藉由提撥和給付計算公式的調整與控制，來加重代際內或代際間的重分配效果。對於收入較低的人而言，年金制度的所得重分配功能是一個重要目標，這些達成所得重分配的方法，包括較低的退休年齡、較短的服務期間規定、較高的所得替代率和與指數連動的年金給付。這些不同的規定，將使相同服務期間與薪資的工作者在退休時所領取的年金，有相當大的差異，而這只因他們「隸屬於不同的年金制度」而已。

以拉丁美洲舊年金制度為例，在類似的工作條件下，政府部門的受雇者每年累積（1/30 退休時薪資）的薪資，而民營事業工作者則僅有 1/35。這些不公平的現象，讓人們對年金制度更缺乏信心，並從而鼓勵競租 (rent-seeking) 的行為。

各國實施年金制度造成的嚴重財務赤字，加上政府嘗試局部改革的失敗，使得 1980 年代拉丁美洲各國經濟更加惡化，形成年金制度非整體大改革則無以為繼的局面。具有悠久歷史的拉丁美洲年金舊制，在改革

前的諸多困境，正是臺灣目前社會安全體系的寫照，他們如何走出困境而成為歐、美及亞洲各國爭相模仿的對象，是我們值得學習的經驗。

拉丁美洲各國諸多年金舊制，早期的共同特徵包括，採用部分提存準備 (partial funding) 的財務處理方式、涵蓋不同性質的勞工團體、經營機構本身自主運作。但社會保險年金制度的承保範圍，隨著時間而擴增，工業化和政府的資助，使得社會保險體系的給付水準和承保範圍隨之擴大。政府的深度介入，大都是因為部分提存準備的財務處理方式無以為繼，而不得不採用 PAYG 的財務處理方式，仰賴政府的財政補助。

1980 年經濟危機使年金財務更加惡化，長期的因素，包括人口結構的快速改變與年金涵蓋範圍的變化；1980 年的經濟危機，進一步惡化勞動市場與政府財政，使得年金制度不加以改革便無以為繼。事實顯示拉丁美洲要治療年金制度的沉痾，是一困難而艱鉅的任務。年金財務惡化的主因是，繳費的工作人口比例下降，這又是肇因於勞動市場的高失業率及地下經濟的猖獗。至於欲對即將或已經在領取年金之人減少其權益，幾乎是一項不可能的任務，特別是在拉丁美洲各國，很多年金參與者所領取的，都是接近最低給付水準的年金。最後，各國不得不斷然採取結構性大幅的改革來度過此一危機，以個人設帳的確定提撥制年金制度，來取代確定給付制、PAYG 財務處理方式及以退休前薪資 (final salary) 計算給付的年金制度。

■肆、年金制度的功能

年金計畫包涵了幾項功能 (Barrientos, 1998) 分別為：⑴所得移轉 (income transfer)；⑵保險 (insurance)，預防意外事故的發生，諸如殘障、長壽及死亡風險，以便在收入短缺時，保障受益人自己及其家屬；⑶所

得重分配 (redistribution)，提供代內及代際間同舟共濟 (solidarity)、互相協助的功能。茲逐一論述如下。

一、所得移轉功能

所謂「所得移轉」功能，係指透過年金制度，使受雇人（或年金制度的參加人）將工作期間的所得，移轉分配於退休後的期間，使個人在整個生命週期中，皆享有平穩的消費功能。年金制度下的所得移轉功能，較諸其他方法（如個人自行資本投資於金融市場、房地產）最大的差異是，年金制度下的所得移轉功能，大部分的政府制定有賦稅優惠之待遇，以資鼓勵。

二、保險功能

所謂「保險」的功能，包括因應長壽保險（高齡時的經濟要求）、短壽風險（提供受扶養者收入來源），以及失能保險等，有的年金計畫還提供收入變動的保險，如墨西哥公共年金在高齡參加人未達退休年齡，但卻失業而無法找到新工作時，即提供其年金給付。英國基礎年金對於年金制度參加人，因照顧兒童，而未至就業市場工作時，也規定不必中斷繳費，以便其日後能夠符合請領年金給付的條件 (individuals caring for children or others can entitlements)。最後，年金制度也針對影響退休收入的因素，例如通貨膨脹或總體經濟的表現，提供保險功能，這也是為什麼年金給付會與物價指數（對抗通膨），或所得指數（對抗經濟蕭條）連動的原因。

目前文獻針對年金制度保險功能的探討仍不多，有論者認為，根本不需要有集體的年金制度，因為如果個別工作者在就業期間自行進行理財儲蓄，透過適當的資產投資組合，必能在退休時獲得比年金給付水準

更高的報酬。這是沒有考慮到保險功能的觀點,因為也許站在平安退休後的立場來看,的確如此,但卻忽略了工作期間可能遇到的許多不確定的風險。忽略年金制度中重要的保險功能,將使得年金制度朝向基本的儲蓄功能而設計,如此不僅將使年金制度無法達成應有的目標,而且將使吾人不能對制度作完整的評估。

三、同舟共濟 (solidarity) 與重分配 (redistribution) 的功能

年金制度若依薪資所得計算保費,而發放固定水準的給付,將在高所得者與低所得者間進行重分配。提供定期給付 (annuity) 的年金制度,將在長壽的人和短命的人之間進行重分配。依照不同的年金法令規定,將會產生複雜的重分配效果。在典型的公營確定給付制 PAYG 年金中,會有代際間 (across generations) 的重分配,將現行工作人口所繳交的保費,用以支應退休人口所領的年金給付,這是確定給付 (PAYG) 制一個很重要的優點。但實際運用上,通常對高齡的工作者(老人)有利,因為他們沒有依規定繳交保費,但卻可以依規定領取年金。當確定給付制 (PAYG) 制度成熟以後,代際間重分配的效果變強,如果 PAYG 制度已經成熟到包含好幾個世代,那麼多個世代間的重分配也就出現了,但這個時候制度特別容易受到總體經濟因素的影響。

同樣的,年金制度也可以在代內產生重分配的功能,取決於年金提撥與給付的規定。例如,包含有「最低給付水準」的年金,具有將從高所得者分配到低所得者的效果,相反的,在不同職業間,同行業但不同工作薪資工作者的年金制度,將導致從低所得者分配到高所得者 (Creedy, Disney and Whitehorse, 1992)。又如,年金領取資格方面的規定,若無性別差異規定,則通常會在男性與女性間產生重分配(由男性分配到女性),蓋一般而言,女性須繳費之期間較短,而且較為長壽(繳得少,

領得多)。

　　採提存制或儲金制 (funded) 財務處理方式的年金，也有些許重分配的特質，因為年金的管理費用 (pension scheme cost)，就每一個個人而言，是一個固定值；但就整體制度來看，仍係依其所繳保費或所得高低而定，這時就有所得重分配在高低所得間產生。另一方面，年金費用成本隨著保費金額而上升，但卻收取一固定值，這個時候又發生從低所得者分配至高所得者的重分配。採用 DB 制度通常就是依所得計算保費，依退休薪資及繳費期間計算給付，此時年金的所得重分配效果就會形成，就業期間短的工作者分配至就業期間長的工作者，從年紀輕的分配到年紀長的 (Ippolito, 1991; Lazear, 1985)。重分配的效果除了決取於年金繳費及領取給付的相關規定外，和人口變數與稅制亦有密切的關係，要衡量年金重分配的淨效果是相當不容易，而且非常複雜的一件事。不過，可以確定的是，DB 制下，代際的重分配效果是遠超過 DC 制的。

　　除了上述論述的各點之外，有幾點吾人必須瞭解：

　　1.若尚未充分考量年金制度的保險功能，那麼重分配的效果將有誇大之嫌。學者 (Diamond, 1996) 曾指出，事前的保險有可能導致事後的重分配 (ex ante insurance is likely to result in ex post redistribution)；

　　2.考慮年金制度重分配效果時，吾人必須分辨有意設計和無意造成的重分配，在錯綜複雜的年金給付範圍、費率領取條件的規定下，無意所造成的重分配效果可能比預估的更高；

　　3.個別的參與者，很有可能因為重分配所創造之誘因，而進一步採取行動，故清楚分析各制度之重分配功能並非易事。

　　世界銀行在檢視了許多國家年金制度的發展經驗後，於其出版的報告 *Averting the Old Age Crisis* 中，建議各國年金制度應以呈多柱 (multi-pillar) 來進行 (the World Bank, 1994)。而其中一個重要的理由，就是透過

　　這種方式能夠將前述所提及「所得移轉」的功能，與年金制度中所得重分配的功能予以分離設計。

　　依照世銀的看法，較有能力來確保所得移轉功能的是民間部門，而非政府部門，政府部門的比較效率，乃在於實現年金制度中所欲達成的所得重分配的功能。它強調，如果所得重分配是必須的，如此，則年金制度由政府來管理是比較有效率。所以，公部門和私部門是依照各自的比較效率 (comparative effectiveness) 來執行強調不同功能的年金制度。故「重分配的功能」是由最低給付水準的公營年金，透過一般租稅而加以融通；至於「所得移轉功能」則移由民營的年金計畫，採用 DC 的制度來執行。不同的管理型態和財務融通方式，為不同的年金系統，提供了立論基礎，而在世銀的架構下，保險的功能在三柱年金中皆可看到其身影。

■伍、由功能導向探討年金制度設計

一、概　論

　　以下吾人以 DB 制及 DC 制作為比較的對象，並僅針對老年 (old age) 及退休 (retirement) 年金為範圍。不採提存準備制的 DB 制，以退休薪資 (final salary) 為計算給付的標準，決定領取給付多寡的方式，事先就已經依法確定，而拉丁美洲各國年金改革前所採的制度，皆屬此類，只是各年金制度的提撥率、給付範圍、給付的計算公式各有不同。

　　在採完全提存準備制 (fully fund) 的 DC 制度下，無既定的所得替代率、年金的多寡取決於個人退休時累積基金的程度，年金制度僅於實施時預先設定一定的提撥率，以及給付範圍。

二、所得移轉功能

由於 DB 制和 DC 制的實施皆受到許多外生變數的影響，吾人很難比較二者的所得移轉功能。也許我們可以從提撥的報酬率來探討此一問題。在 DB 制度下，其計畫以退休領取的年金來取代工作時的所得，提撥（保費）的報酬率取決於許多因素，主要則是受人口變數及勞動市場的情況所影響。這些因素的改變使得報酬率可正可負。實證顯示，在非採提存準備的 DB 制度實施初期，對於即將退休的勞動者而言，具有正的報酬率；若人口的成長率高、勞動市場就業率相當良好的話，也會具有正報酬率。相反地，緩慢的人口成長、勞動市場整體環境不佳，以及隨著年金制度漸漸邁入成熟期，提撥（保費）的報酬率就會開始下降，甚至成為負數。在這種制度下政府有相當的空間介入報酬率的高低。綜上，吾人可以瞭解，「所得移轉功能」在確定給付 PAYG 的制度下，取決於許多外生變數，使所得移轉的功能可以為正或負。

至於 DC 制度下的所得移轉功能，雖然仍取決於一系列的外生變數，但是這些變數則與上述 DB 制度下所仰賴者，截然不同。DC 制度下，保費報酬率取決於年金基金經理人投資的績效、總體經濟與金融市場的環境而定，同樣可為正或負的報酬率。一般認為 DC 制擁有較佳的所得移轉功能，比較缺乏所得重分配的功能，政府得以干預的程度也較低，政府僅能經由稅制或年金費用多寡的規定，來影響提撥的報酬率。

總而言之，雖然瞭解上述影響的因素，吾人還是無法對何種制度具有較佳所得移轉功能下定論，不過 DC 制比 DB 制更具有減少政府干預提撥率的優點。至於報酬率的正負，在二種制度下皆可能出現。

三、所得重分配功能比較

就此一課題，首先吾人必須釐清代內 (intrageneration) 與代際 (inter-generation) 間的重分配，以代際重分配為例，則需進一步區分制度實施初期與成熟期的重分配。在實施初期，DB 年金制度與 DC 年金制度皆具有所得重分配的效果，不過，是在不同的方向。在已存有一 DB 年金制度，再實施一個 DC 的年金制度，將會使當代的勞動人口有雙重的儲蓄負擔，用以支應其退休後方能領取之年金，與現已退休的人口正在領的年金。總體來說，這代表當代工作的人口，所得重分配至退休人口。長期實施後 DC 年金制度已經沒有代際的重分配特質，但 DB 年金制度仍然有代際所得重分配的特質（取決於法定提撥以及給付的公式）。

就代內 (intrageneration) 所得重分配而言，如果(1)年金制度相關費用的收取，確實反映參與者的成本；(2)年金 (pension annuities) 金額多寡，確實依參與者的生命表計算，則 DC 年金制度沒有代內所得重分配的功能。至於 DB 年金制度，則具有顯著代內所得重分配的特質，其程度大小則視實務上立法者的目的而定 (James, 1997)。大部分的 DB 年金制度，都定有一個最低水準的年金額度，以確保退休後的基本收入，這將產生重分配至低收入者的效果。再者，由於通常高所得者壽命較長，退休後領取年金的時間較久，又反過來形成所得重分配於高所得者的效果。至於以上二者在 DB 制下的淨效果，仍有待實證來驗明。

極其諷刺的是，不少研究發現，美國和英國的年金制度，都有很大的淨重分配效果是分配至高所得者，臺灣的健康保險制度，也有類似的發現（Creedy, Disney and Whitehouse, 1992; Hurd and Shoven, 1985；鄭文輝等，1998；鄭文輝，1992），這與當初政府期盼藉由年金制度達到的目標，背道而馳。

若就性別間的重分配而言，DB 年金制度下，如果給付公式規定沒有性別差異的話，通常會由男性分配至女性，蓋一般而言，女性壽命較長，

可以提早退休，而且提撥的期間比較短。

四、保險功能

　　DC 年金制度和 DB 年金制度皆具有對抗長壽風險的保險功能。平減後的年金 (real annuities)，具有對抗通貨膨脹風險、生產力風險和投資風險的保險功能。是否真正具有某種特定的保險功能，取決於年金的給付是否與消費者物價、薪資、或上述組合連動而定。從某個角度來看，由於年金制度並沒有規定提早退休者可以領取年金，因而有退休時點的風險 (retirement date risk) 的產生。司法院大法官會議第四三四號的解釋，即針對公務人員保險制度中，未達法律領取養老給付年齡的退休者，是否可以領回其所繳的保險費及利息而做解釋。該號解釋文因大法官不明年金制度之內涵與財務融通方式而傾向「不應」有退休時點風險的錯誤解釋，令人感到十分錯愕（陳聽安，1998）。

　　又如目前臺灣的勞工如欲領取退休金，必須在同一事業單位連續不斷服務滿二十五年以上。凡此規定，亦為典型的退休時點風險❺，而 DB 年金制度下，這種特色最大的缺點，是對勞動市場的負面影響。論者指出若一旦就業市場結構改變，勞工有其他更佳發揮生產效率的工作機會，或有其他更佳的工作條件，欲離職他就時，卻因退休準備權益的牽制，而侵害勞工就業的自由權，經濟資源無法達到最佳的配置效率，也阻礙國家經濟發展與生產提升的機會（吳忠吉，1999）。

　　針對此點，在實務運作上，很明顯的 DC 年金制度較具有彈性，而沒有強制年金制度中，參加人一定要符合多久的提撥期間，才能領取年

---

❺就以中小企業為主的臺灣經濟環境而論，大多數事業單位本身即未能持續經營達二十五年。

金的規定。確定給付制年金若非採提存準備的財務融通方式，則具有對抗投資及資本市場風險的功能；在典型的 DC 年金制度下，正好相反，具有相當大的投資風險，風險高低取決於年金基金資產投資組合的多元化程度。

勞動市場的情況亦涵蓋不同的風險。針對失業 (short careers) 或就業中斷 (labour market interruptions) 而言，DC 年金制度並未提供保險的功能，上述的情形一旦發生，將使參加者日後能領到的年金減少。DB 年金制度就不同了，通常會在年金給付的計算公式中，就涵蓋了這類的風險。

針對薪資起伏風險 (wage path risk)，DC 制度提供較佳的保險功能，因為 DC 制度下的年金給付通常依終身平均收入來計算。DB 制度亦能提供某種保險功能，不過，如果計算年金給付的薪資期間可以彈性選擇的話，一般來說，DB 制度對此風險是相當脆弱，因為 DB 制度計算退休給付多是依退休前幾年的平均薪資，若退休前平均薪資大幅下降，則參加者的年金給付將大幅縮水。

不論 DB 制度或 DC 制度，都可以對總體經濟或社會風險提供保險的功能，不過 DB 制度在這方面更具彈性。在 DB 制度下，法令的修訂可以改變代際間的重分配，以防止嚴重經濟蕭條，影響到特定一代的勞動者。不過，值得注意的是，這種保險取決於立法的時機、準確性和效率性，而且很有可能被政府的錯誤決策，抵消掉此一保險的功能。

管理風險 (governance risk) 也是很重要的項目，民營 DC 制度的管理風險，視管理規則的架構而定。支持 DC 制度者，主張在公營 DB 制度下，管理風險無法分散化，根本不具有保險功能；反之，支持 DB 制度者，則認為 DC 制度的管理風險太大，同樣無法分散。

綜上，不論在所得移轉、重分配或保險的功能上，由於 DB 制度和 DC 制度設計的不同，具有相當大的差異性❻。

陸、臺灣整體年金體系之檢討與評估

一、世界銀行的原意

經仔細檢視世界銀行的建議，吾人發現經建會的規劃，似有扭曲了原文真意，而且背離其政策建議方向之虞。

世銀係認為老年所得安全應有三支柱來支撐（包括強制公營支柱、強制民營支柱以及自願支柱），吾人不論從其文義或目的觀之，都沒有「全民統一參與某一年金制度」的含義。但目前行政院經建會規劃版本卻將 pillar，譯為「層」，從而推論出有所謂的第一層、第二層、第三層之分，並衍生出「內涵整合」的構想，即將全民納於第一層年金制度（即所謂的國民年金）之中，然後再依照不同的職業別，建構其各自的第二層年金制度，基本上與世銀的建議已有不同。從多柱年金制度的圖示比較，吾人亦可察覺其中之差異，以下為行政院經建會的版本（圖5-1），其實就世銀的建議觀之，臺灣的年金制度只有採取其中一部分，即全部公營強制參加的部分❼。

❻參見單驥，《國民退休金制度中確定提撥制與確定給付制之比較》，行政院經建會委託研究，民國八十三年三月；蕭麗卿，〈公共年金採行確定提撥制之探討〉，《保險專刊》，第四十九輯，民國八十六年九月；陳蘭會、何克如，〈國際退休金制度的演變及趨勢探討〉，《國際經濟情勢週報1300》，臺灣經濟研究院編撰，行政院經濟建設委員會印行，中華民國八十八年九月二日。

❼《簡明大英百科全書》(*Concise Encyclopedia Britannica*), pp. 488–489。

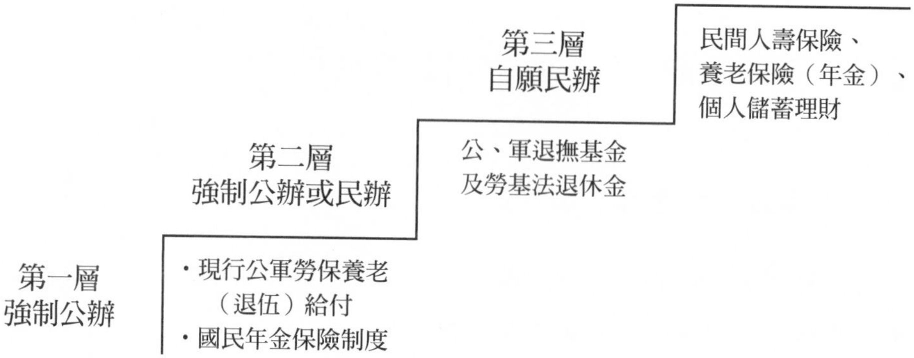

第三層
自願民辦

民間人壽保險、
養老保險（年金）、
個人儲蓄理財

第二層
強制公辦或民辦

公、軍退撫基金
及勞基法退休金

第一層
強制公辦

・現行公軍勞保養老
　（退伍）給付
・國民年金保險制度

資料來源：行政院經建會人力規劃處，國民年金制度規劃報告簡報，中華民國八十八年
　　　　　六月十七日，p. 10

圖 5-1　行政院經建會年金體系圖㈠

世銀專家三層保障建議

	自願儲蓄	個人、家庭儲蓄或保險、職業年金計畫	完全提存制	僅提供租稅優惠
第三層 民眾在年輕時自行為老年生活預做儲備	自願儲蓄	個人、家庭儲蓄或保險、職業年金計畫	完全提存制	僅提供租稅優惠
第二層 屬職業年金，由用人單位提供給其受僱者	強制儲蓄	建立個人儲蓄帳戶或實施職業年金計畫	完全提存制 民營化經營 確定提撥制	較小
第一層 屬基礎年金，由政府主導的公共年金或國民年金	所得重分配、消除貧窮	資產調查、全民性敬老年金、就業相關均等給付、最低年金保證	隨收隨付制 （稅收或社會保險） 確定給付制	須由稅收挹注
	目　標	形　式	財　務	政府責任

資料來源：臺灣國民年金制度規劃報告簡報（綜合版），行政院經建會，國民年金制度指
　　　　　導小組，p. 6，1999 年 5 月 1 日。

圖 5-2　行政院經建會年金體系圖㈡

　　不過，圖 5-3 更能真確地傳達，避免老年貧窮的三柱構想，以下為世銀的構想（獨立的支柱）：

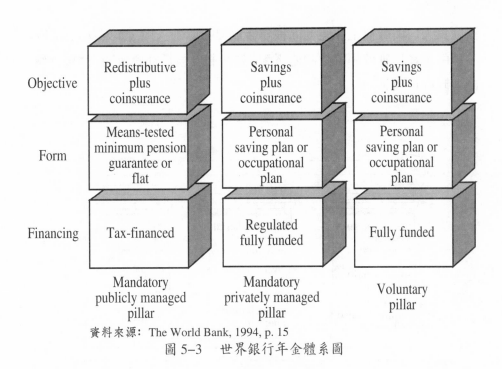

Objective	Redistributive plus coinsurance	Savings plus coinsurance	Savings plus coinsurance
Form	Means-tested minimum pension guarantee or flat	Personal saving plan or occupational plan	Personal saving plan or occupational plan
Financing	Tax-financed	Regulated fully funded	Fully funded
	Mandatory publicly managed pillar	Mandatory privately managed pillar	Voluntary pillar

資料來源：The World Bank, 1994, p. 15

圖 5–3　世界銀行年金體系圖

　　從世銀公營、租稅融通或是強制公營的支柱 (Mandatory publicly managed pillar) 來看，其功能（目的）係在所得重分配與保險 (Redistributive plus coinsurance)，其採取形式包括資產調查計畫 (a means-tested plan)、普及定額年金 (the universal flat benefit)、就業相關定額年金 (an employment-related flat benefit) 以及差額補貼方案或最低年金保證 (a top-up scheme or minimum pension guarantee)，此亦說明了此一支柱並非須採全民加入單一、法定、政府經營的年金制度型態，仍可選擇僅包含部分人口，而能達成避免老年貧窮的終極目標。

　　以下進一步闡述世銀的構想，世銀希望各國若要採用公營支柱，則應以最低的成本來達成重分配和保險的目標，而不同形式的選擇，各有不同的利弊之處。下述四方案中，前二者係較普遍性的，後二者則僅針

對就業人口與較無工作能力而被年金制度排除的人口（如婦女）。最後，下述的方案且應與相關的制度搭配，這些制度包括社會救助、遺屬保險、配偶共同提撥等。

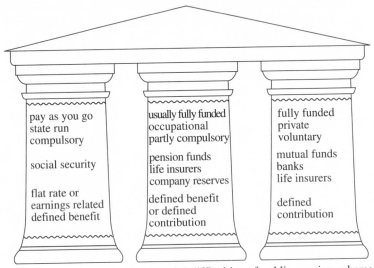

收錄於 SIGMA paper No. 8, 1998, Financial difficulties of public pension schemes: market potential for life insurers, p. 5.

圖 5-4　　SIGMA 年金體系圖

二、公營支柱的型態選擇

㈠資產調查計畫

第一個方案是資產調查計畫。政府給付低所得及無資產的老人，是避免老人貧窮的公營支柱中，成本較低的方案。若採此一形式則須與其他社會救助計畫相配合。領取給付的條件應考量老人的低工作能力、給付高低以及預估的消費需要。採此法的缺點則有行政成本高、標籤作用 (stigma) 以及不鼓勵儲蓄等問題。

　　在終身所得 (lifetime income) 理論下，採用資產調查方式應是最理想的方案，但是執行上，追蹤調查所得變化並不容易。若以目前持有的所得及資產為標準，也可能造成就業期間儲蓄的動機下降，或老年時花光所有的資產以符合給付標準的缺點。所得雖已超過給付標準但仍偏中下者，則無法享受到此種方法的保險功能，基於這些因素使得資產調查法在受政治干預，或財政困難時，易受到批評而不易採行。

　　不過，政府可對需要政府補助的條件，採用一個較廣泛而不致於太狹隘的定義。在澳洲，即採用一個廣泛定義的資產調查的公營支柱，並由一般稅收融通。澳洲在此制度下，針對高達 70% 的老年人口給予全額或部分的補助。

㈡普及定額年金

　　第二種世銀建議的形式，是普及定額年金 (the universal flat benefit)。在此制下，凡達一定的年齡，則不論收入高低、財富狀況以及就業期間長短，皆可領取老人年金，紐西蘭以及北歐諸國的基礎年金，皆屬此制之形式。就管理上，此制是最簡單的架構，行政成本最低，即使開發中國家常有所得紀錄保存不完整及制度化能力不足的難題，在此制下也可順利實施。此制所具的優點還包括不會產生資產調查計畫下，對勞動及儲蓄的負面影響，加以因為包含全體國民，所以可以確保達成避免貧窮的目標，並對低投資報酬及長壽風險發揮保險的功能。更重要的是，此種制度可以獲得廣泛的政治支持，並有利於形成多柱的安全體系。

　　至於此制下的缺點則包括：

　　1.鼓勵工作者逃避繳費，一定年齡以後還可獲得年金。

　　2.在一些所得比較低的國家，相較於年金給付，政府所支出的行政成本本身就非常高昂。

　　3.由於是全面遍及的制度，和其他型態比較起來，總成本最高。

　　在所得稅分配不平均的國家，大部分的年金制度的所得重分配多係成逆進效果，高所得者活得久、領得多，同時本身相當富有。當然，有一部分的成本會被政府透過累進的所得稅制向他們再要回來 (clawed back)。雖說從高所得者取回之部分，可再用以融通年金給付給窮人，但在開發中國家賦稅稽徵能力普遍不足，故上述說法常難如願。

　　如採此制，並與其他強制的支柱搭配情形下，世界銀行建議單一的給付水準最好設在平均薪資的 20% 左右為宜。實施時若處於年輕的人口結構 (young population) 時，只需要課徵 2% 的薪資稅即足敷融通，一旦人口結構進入成熟期之後，大概就需要 8%–10% 的薪資稅，從一般稅收中課徵相當的稅款融通才足敷所需。到了那個時候，整個制度所需成本將遠遠超過採用資產調查計畫所需的成本。

(三)就業相關定額年金

　　世銀建議的第三種型態為，就業相關定額年金 (an employment-related flat benefit)，此制可彌補上述普及定額年金的若干缺失。其範圍僅限於勞動市場的就業人口 (the formal labor force)，為降低行政成本，規模小的公司之受僱人都被排除在外。但因需保存勞工就業資料，行政成本因而增加，且很多開發中國家，就業資料有保存不完整的情況。此制下，參加者就業並提撥達一定年限，即可領取全額的定額年金給付，阿根廷在新的多柱體系下採之。但是此制排除短期就業期間和就業中斷的人口（如婦女），且一旦參加者符合領取的年限標準後，就沒有繼續工作及提撥的意願。這種制度下改良的作法是，像瑞典和英國所採取的，每工作一年即可享有一定比例的年金給付，譬如，每就業一年，可領取 0.75% 的平均薪資，就業二十年可領取 15% 的平均薪資，四十年則為 30%。這種計算公式雖可避免逃避繳交提撥（保費），但因為部分人口就業期間實在太短，從而此制在避免貧窮的目標不甚具有效率。若再改成另一種變

體，對那些未就業人口，如家庭主婦，依其相對的信用狀況來規定其提撥，從而據此將全國人口納入，這種制度為日本所採，不過，開發中國家很難採用此法。

㈣差額補貼方案

世銀建議公營支柱的最後一種形式為差額補貼方案 (a top-up scheme)，或最低年金保證 (minimunm pension guarantee)，此制與著重「儲蓄功能」的強制支柱搭配運用，是消除老年貧窮的諸多方法中，成本最低的好方法。當個人從其他支柱（包含各種社會救助），所得到的年金低於一定的水準（如貧窮線）時，則由政府補足其間的差額。在效果上，差額補貼計畫就是一種自發性的資產調查計畫，且較資產調查計畫為佳，因為可以減少行政成本、標籤作用及巧取給付的問題，同時可以消除對勞動供給和儲蓄的負面效果。

但此制下的缺點有：

1.對於年金所得尚高於最低標準者，發生所得變動起伏時的保險功能不足。

2.接近於貧窮線的低所得者有取巧的空間，當他們符合接受補助的條件時，就規避提撥至強制年金帳戶中。

不過上述兩點，皆可藉由規定隨著提撥期間延長，而提高保證最低年金額度的方法來消除弊端。舉例而言，規定若就業一年享有保證最低年金水準達整體經濟平均工資水準的 1%，就業二十年則最少即有 20%，四十年則有 40%。若搭配一個較高強制儲蓄率（大約 15%）的情況下，差額補貼計畫僅需 2%–4% 的薪資稅或更低的一般稅收即可加以融通。由於此制若與民營強制參加、個人設帳的確定提撥制搭配，則其最低保證的給付水準，可以高於定額水平年金或資產調查計畫，而且成本低、扭曲效果少。而這些特徵都使得這種制度相當受到歡迎。

三、臺灣公營支柱選擇評估

㈠選擇制度考慮的因素

　　就臺灣目前已屬高齡化社會、人口結構老化的速度遠快於許多開發中國家以及已開發國家的情況而言❽，在上述四方案中，實無堅強理由來採取成本最高的普及定額年金（現行國民年金屬之）制度。世界銀行在 *Averting the Old Age Crisis* 一書第七章的前言中即開宗明義的指出，老年的制度不僅應該是一個社會安全網，同時也是促進成長的機制；其中並指出，這些制度的採行，應該能夠藉由下列諸措施來幫助經濟成長：

　　1.極小化阻礙成長的成本，包括降低就業、減少儲蓄、資本和勞動的不當配置、龐大的財政赤字、極高的管理費用以及規避義務。

　　2.永續經營，制度應係基於長期的規劃而設計，並考量經濟和人口的未來發展。

　　3.對工作者、公民及政策制訂者，所有的資訊應透明化，使他們能夠做最佳的決策，並避免政治玩弄，而導致悲慘的後果。

　　由以上標準來看，現行臺灣的國民年金制度的規劃幾乎囊括了上述的全部缺失，包括極有可能減少就業、降低儲蓄率、公營的承辦機構效率不彰、行政成本偏高、政府財政負擔大、國民規避繳納保費、無法永續經營，必須仰賴政府不斷挹注經費。在確定給付制隨收隨付財務處理

❽由於生活水準提升及醫療衛生改善，臺灣人口快速老化，1994 年時，六十五歲以上老人人口佔總人口的比例已超過 7%，成為聯合國定義的高齡化社會。依行政院經建會 1996 年的估計，老年人口比率到民國一百年將增加至 10%，民國一百二十五年將增至 21%。近年來，老人依靠子女奉養之比率有下降之趨勢，而依靠年金、退休金或財產收入之比率則有上升的趨勢。參見胡勝正，同前揭。

方式下，並易受到不當政治力量的干預，任意提高給付標準，卻反對保費隨給付提高而提高。

㈡國民年金制度應以租稅融通

再次省思應有的制度設計，國家實施所得重分配政策的最佳手段，不論是從理論或實證發現來看，都以「租稅」為優，亦即，若國家真欲採行所得重分配的話，應用租稅手段，特別是所得累進稅率制度等，來實踐其目標。而非透過年金制度來達成此一目標，蓋後者並非達成此目的之良好途徑。退一步言，若採世界銀行對避免老年貧窮所提之構想，其公營支柱的目標有二，其一為所得重分配，再者為保險；吾人對臺灣公營支柱型態的選擇，亦不宜採用全民普遍參加的普及定額年金，其理由同上，即既非理想手段，成本又屬最高，特別就臺灣國情，更是如此。

再者，當初世界銀行建議採取公營支柱，亦係認為如欲透過「租稅」達成所得重分配之手段，宜由政府來做較具比較效率 (comparative effective)，絕非經建會所規劃，以「保險費」融通的財務處理方式。

㈢公營支柱的財源

就公營支柱的財源而言，所得稅及消費稅的稅基較廣，長期來看，遠較薪資稅為佳，而且能夠有效的達成公營支柱之所得重分配目標，減低融通所需的費率。許多開發中國家，因為沒有能力徵收廣泛稅基的稅源，而徵收如國內貨物稅 (excise taxes) 等稅源，常有嚴重的扭曲及累退效果。臺灣更為奇特的是，以保險費作為年金制度之財源，依全額年金給付標準的 10% 訂定，若 2000 年開辦，預估保費為 870 元新臺幣❾。至於政府財政負擔部分，則欲修正現行公益彩券發行條例，改由中央政

❾由於民國八十八年每人每月消費支出降低，開辦後第一年全額給付可能隨著減少為 8,572 元，若如此，則保費隨之降低。

府發行，統籌運用所獲盈餘於國民年金制度支出。很明顯地，制度規劃過程中，政治力量不當干預過深，臺灣之所以不用租稅而以保費融通年金制度，主要理由不外乎人民反對加稅的心態，而政府則以保險費之名取代之，採不知所謂「租稅」也者，係著重於(1)是否為強制徵收；(2)權利義務是否對等，而非依其名稱而定，使用保險費只是名稱改變而已，並不會改變必須繳納的義務的本質。國家收取保費較諸租稅，卻增加許多行政成本，負面效果頗多。

至於若採租稅融通，當然依不同租稅性質，各有其優缺點。國內學者針對政府補助款項財源的研究發現，從臺灣租稅稽徵實務檢討，營業稅在公平性、效率性、成長性、穩定性等方面均不遜所得稅，但其稅率增加亦有限制，如為了因應鉅額支出，宜另考慮更為廣泛的稅基。此外，就中央政府最近及未來財政收支狀況，與主要稅課及收入項目變動趨勢分析，由於政府希望降低債務負擔，並設定民國九十年度，達成當年度中央收支平衡的努力目標，僅容許未來三年經常性支出平均成長 3.3%，即保持實質零成長，因而影響調整其他支出以籌措財源的空間。至於作為可能新增財源項目的稅收彈性比較，以所得稅、營業稅、以及二稅合計之平均成長率較高，而中央稅課收入合計與中央實質收入總計均較偏低。如依稅收穩定性比較，則以營業稅為最佳，其次為所得稅及營業稅合計，以及中央實質收入總計，而以中央稅課收入合計與所得稅為較差。綜合考慮上述三項因素，以營業稅或所得及營業加值合計，較適合作為未來增稅的基礎（鄭文輝，1998），不論如何，皆不宜以不穩定的彩券收入，作為年金財源❿。

---

❿前行政院院長蕭萬長曾宣布「不加稅」政策，但無論從預算、國發會結論和財政狀況來看，都無法負擔，因此行政院國民年金規劃指導小組決議，營業稅仍然維

㈣年金課稅的處理方式

年金財源析論如上，至於年金課稅的處理，論者（朱澤民，1998）認為就公共年金部分，原則上，若在聚資階段的保費不准許扣除，則給付應可給予免稅的租稅優惠；反之，若允許保費扣除，則給付就不應再享有免稅的租稅優惠，否則就形成了雙重優惠的不合理現象。就臺灣的情形來看，財政部因不願流失稅源而擬採取兩頭皆予以課稅的政策，形成了雙重課稅的不合理情形❶。就私人年金部分，應考量下列幾點：

1.私人年金是構成私部分儲蓄流量的重要因子，因而對私人聚資的課稅，必也受其他儲蓄形式課稅的相對影響。

2. OECD 國家中，私人年金皆是採完全提存準備制 (fully funded)，因此年金基金乃是資金市場重要供給者，是以任何租稅優惠措施，應盡量減少對資本市場造成扭曲。

3.私人年金漸成為重要的退休所得來源，對給付之課稅應儘量減少對退休選擇的扭曲。

㈤小　結

綜上，臺灣整體年金制度中，規劃老年公營支柱，若欲採國民年金制度之型態，則應回歸世界銀行的建議，仍以確定給付制、隨收隨付的財務處理方式，但必須採用「租稅」融通，而非保險費，而且盡量限縮此一公營年金的年金金額。如圖 5-5 所示，限縮公營制度的所得替代率，

持原先加徵 1% 的規劃，落日期間至少五年以上，但加稅的時機仍須高層決議；另外，民眾每月負擔的保費，也可能提高，較規劃的 870 元增加一成。台灣日報，民國八十八年九月四日，第 8 版。

❶目前依照所得稅法第十七條規定，綜合所得稅淨額之計算，保險費之列舉扣除額僅以 2 萬 4,000 元為限。

強調民營強制參加的支柱，是相當理想的年金體系。

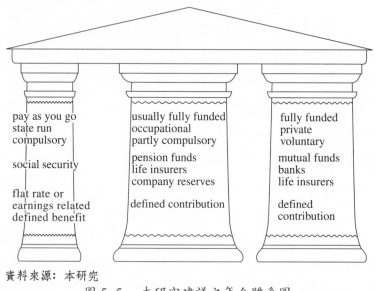

pay as you go
state run
compulsory

social security

flat rate or
earnings related
defined benefit

usually fully funded
occupational
partly compulsory

pension funds
life insurers
company reserves

defined contribution

fully funded
private
voluntary

mutual funds
banks
life insurers

defined
contribution

資料來源：本研究

圖 5-5　本研究建議之年金體系圖

　　否則，即應將老人經濟安全的保障制度，大部分由強制民營年金之支柱，來負擔此一重責大任。採確定提撥制、完全提存的財務處理方式，由民間機構來經營，政府則負責規劃與監督（或加上最低年金的保證責任）；至於少部分貧困的老年人口，則由社會救助制度加以照護，而與年金制度做適當的劃分。

　　或者，可逕採美國 401 (K) 的設計，利用賦稅減免制度，鼓勵個人建構自己老年經濟安全的城堡，減少政府的大力干預，反而更能達到政府崇高的理想。

　　從圖 5-6 英國基礎年金佔平均收入比例的變化中，我們也可以看出，公營支柱若欲以年金制度的型態出現，則其所得替代率有向下調整的趨勢⑫。

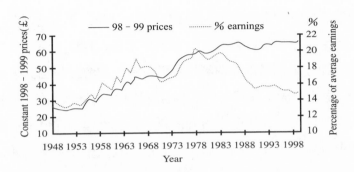

資料來源：Richard Disney, Carl Emmerson & Sarch Tanner (1999)

圖 5-6　英國基礎年金 (basic state pension) 佔平均所
　　　　得水準的比例（以 1998 年到 1999 年的物價
　　　　水準衡量）

　　同樣的情形，也可以見諸拉丁美洲各國，參見下文所介紹的智利年
金改革模式。

　　其實世銀提出之三柱構想，主要係區分不同支柱所代表的不同功能。
對臺灣國民年金制度而言，則應改為政府補助保費不變、補助部分之財
源仍採租稅融通，年金制度由現行的確定給付制改為個人設帳的確定提
撥制，財務處理方式用完全提存準備制 (fully funded)，保險人則應多元
化、民營化。至於公務人員退休撫卹金及勞工退休金制度等職域年金部
分，屬於民營強制支柱，主要功能係在保險與儲蓄，更無理由採取確定
給付制的公營單一年金制度。應立即著手，將二者全面改為個人設帳的

---

⑫根據英國最近公布的年金改革文件 *Partnership in Pensions*，英國將對現行整體年
　金制度進行大幅的改革，包括對於貧窮的年金參與者 (poorer pensioners) 引進「最
　低保證所得 (Minimum Income Guarantee)」的制度、廢除「政府所得相關年金制
　度」(the State Earnings-Related Pension Scheme, SERPS)，而以政府第二年金 (the
　State Second Pension, SSP) 代之；並引進「休戚與共者年金」(Stakeholder Pension)。
　總體而言，英國的這些改變是延續著其過去二十年以來的改革政策。

確定提撥制、完全提存準備財務處理方式的民營、多元化年金。而且要
「立即」著手從事改革，蓋政府行事效率不彰，舉世皆然，臺灣自不例
外，現在立即改革，通常都要經過為時漫長的開會討論細節事項，才能
見到成效，更不用說不知何時的「中期改革」或遙遙無期的「長期改革」
方案了。改革的內涵，可參考智利的模式，其不僅為開發中國家學習，
也是已開發國家改革參考的典範。智利的模式，參見下文論述。

四、臺灣現有類似年金制度的改革

㈠概　　論

檢視拉丁美洲年金保險制度發展史，吾人可以瞭解，較早實施年金
制度的國家，年金保險基金通常皆為準官方機構 (quasi-public bodies) 經
營，政府僅制訂法律架構加以規範，而任其自主營運。如前所述，年金
制度最早實施的對象通常是公務員，慢慢地擴及到其他國民，政府介入
力量漸深。由於在 1950 及 1960 年代大力干預，1970 年代各國政府都不
約而同地提高對於基金財務赤字的補助。在政府介入保險基金漸深的過
程中，保險給付的範圍也隨之擴大、水漲船高，使得各年金創立時所採
部分提存 (partial funding) 的財務融通方式無以為繼，不得不演變成
PAYG 的財務融通方式，而必須仰賴政府的財政補助，才得使年金制度
僥倖存活下去。上述的情節，不僅拉丁美洲如此，臺灣亦同。以下針對
臺灣規模較大的公務人員與勞工的相關年金制度加以論述，其中前者包
括公務人員保險的養老給付（此部分採確定給付制、僅提供一次給付，
未來大部分的內涵將被國民年金制度取代）、公務人員退休撫卹制度（目
前採部分提存準備的財務處理方式，確定給付制）；後者包括勞工保險之
老年給付與依照勞動基準法規定之勞工退休金制度（二者皆採確定給付
制）。

㈡公務人員相關年金制度

臺灣的公務員迄今並無明確的「年金」制度，公務員退休後，主要係依據公務人員退休法的規定，即由政府編列預算，請領一次或月退休金或兼領部分之一次退休金與部分之月退休金（參見公務人員退休法第六條規定）；以及公務人員保險法的規定，即公務人員繳付保險費五年以上，於依法退休時，依據公務人員保險法第十六條之規定，給予一次養老給付，以下就此兩項制度詳述之：

1.公務人員退休撫卹制度

公務人員退休法自民國三十二年實施以來，其退撫給與所需經費，係由各級政府編列預算支應，民國六十年度全國軍公教人員及公營事業人員退撫經費為 15 億 4,600 萬元，八十四年成長至 1,466 億元。此項經費，不僅造成政府財政上沉重之負擔，退撫經費並發生排擠作用，使公務人員待遇無法合理提高，部分財政狀況欠佳的縣市，更因經費無著，致所屬公務人員無法自願退休。

由於上述原因，政府經多年研議，爰自八十四年七月起，自公務人員部分首先實施新退撫制度，以取代退休法部分的規定。但舊退撫制度與新退撫制度只是財源不同，即由各級政府編列預算支應，改為政府與公務人員共同提撥，其中 65% 由政府每年編列預算按月撥入，其餘 35% 則由基金參與人按月自其薪資中撥款，二者皆仍是確定給付制的制度。論者（陳登源，1998）認為「臺灣公務人員退撫制度自民國八十四年七月一日由原先之隨收隨付 (pay-as-you-go) 制或俗稱之恩給制，改為政府與公務人員（包括軍、公、教三類人員）共同提撥之基金制」，其中數點，我們認為有進一步說明之必要。其一，隨收隨付制或基金制（不論是完全提存準備，full funded 或部分提存準備，partial funded）都只是年金制度中財務融通的方式而已，而在目前的人口成長趨勢及高齡化的社會下，

年金制度如採確定給付制者，其財務融通方式不論初期是採用完全提存準備或部分提存準備，終將不得不採用隨收隨付制度。故長期而言，新舊退撫制度並無任何差異。其次，若吾人認定退休金之性質為一遞延收入（deferred earning，此為世界各國逐漸形成的認知），則退休金原本即為受僱人應得的，只不過較晚取得而已，實不宜稱舊制度為恩給制，國內學者沿用此一詞稱呼舊制，並不妥當。隨後教育及軍職人員亦分別自民國八十五年二月及民國八十六年一月起實施退撫新制，其退撫基金亦由基金管理委員會以分戶設帳統籌管理（吳聰成，1998），不論是公務人員退休法、公務人員保險法的養老給付，或新實施的退休撫卹制度皆係採用確定給付制。

如上所述，隨著年金保險給付的範圍和水準不斷的增加，再加上通貨膨脹發生，確定給付制下採部分提存準備 (partial funding) 的財務融通方式，通常無法長期持續，而不得不採用隨收隨付的方式。殷鑑不遠，看看國內八十四年才實施不久的公務人員退休撫卹新制，在制度創立初始，是標榜部分提存準備的財務融通方式，即將實施的國民年金制度也是如此。

依最近一次精算結果，公務人員退休撫卹基金，以目前 8% 的提撥率精算，若退休金以一次支領方式，則將於民國九十八年收支出現不足，民國一百一十六年累計收支出現虧損（破產），五十年後基金累計差額達 13 兆 2,101 億元，若退休金以按月支領方式，則於民國一百零九年就破產，五十年後基金累計差額更達 8 兆 5,878 億元。很明顯的，再次證明了上述所說的，確定給付制下的年金制度，在目前人口結構演變趨勢下，終會形成 PAYG 的財務處理方式，而必須仰賴政府的財政。不過，目前公務人員退休撫卹制度仍未聞有任何改制之蛛絲馬跡。

2.公務人員保險之養老給付

　　公務人員的相關年金制度，其目的係在儲存及保險，而非達成所得重分配的功能，故其經營主體型態應採強制民營方式，制度設計則以確定提撥制為宜。確定給付制度下的年金制度，最大的弊病之一就是財務赤字，臺灣同樣採確定給付的公保養老給付，虧損累累更不在話下。依據最近一次公保財務結算總報告（八十八年上期），公務人員保險短絀金額，已高達 49 億 7,412 萬餘元，主因除了保費收入不敷支應現金給付外，尚包括國庫撥補不足數向中信局信託處、私立學校教職員保險及退休人員保險準備金融資所產生之利息支出，使保險財務之短絀隨而衍增❸。

　　目前公保係由中央信託局公務人員保險處承辦，該局承辦之業務內涵包括公務人員保險、退休人員保險及私立學校教職員保險等三種保險，依法令規定，財務如有虧損，由國庫審核補發；其中公務人員保險及私立學校教職員保險自八十八年五月三十一日起合併為公教人員保險，依公教人員保險法第五條規定，屬於修法前之潛藏負債部分，由財政部審核撥補，屬於修法後之虧損部分，調整保險費率挹注。其中公務人員保險，在八十八年度（八十七年七月一日至八十八年五月三十日止）收支即短絀 76 億 4,100 萬餘元，此部分依規定仍由國庫審核補發。至於截至八十八年五月三十日止公務人員保險累計虧損尚待國庫撥補數為 191 億 5,881 萬元❹。

---

❸估計全年之虧損將超過 100 億。

❹公教人員保險截至八十八年七月底止累計責任準備金為 101 億 1,529 萬 5,000 元，係含原私立學校教職員保險截至八十八年五月三十日止之累計責任準備金 81 億 4,362 萬 9,000 元，加上該金額截至八十八年七月底止之運用收益 7,611 萬 8,000 元。截至八十八年七月底止累計尚待國庫撥補數為 227 億 1,763 萬 5,000 元（其中 191 億 5,881 萬元原為公務人員保險虧損尚待國庫撥補數，餘 35 億

㈢勞工相關年金制度

1.勞工退休金制度

臺灣勞工退休金制度，最早源於政府將「臺灣省工廠工人退休規則」與「臺灣省礦工退休規則」合併提升為中央立法，將之訂入勞動基準法，以建立企業內勞工退休制度。

勞動基準法中除制訂勞工退休制度,對於長期在同一事業單位服務,符合一定要件之勞工，課以雇主給付退休金之義務外；並建立「勞工退休準備金提撥制度」，減輕雇主一次給付退休金之困難，以協助業者建構企業內自身退休辦法。為配合前開制度之施行，前勞工行政主管機關——內政部，於七十四年制定「勞工退休準備金提撥及管理辦法」，與「事業單位勞工退休準備金監督委員會組織準則」；另會同財政部訂頒「勞工退休基金收支保管及運用辦法」及「勞工退休基金監理委員會組織規程」，並指定七十五年十一月一日為事業單位開始提撥勞工退休準備金之日。中央信託局為內政部與財政部共同指定勞工退休基金運用之機構，從是日開始受理事業單位之提撥，而勞工退休金之主管機關原為財政部，自八十四年七月一日改由行政院勞工委員會擔任（王素琴，1998）。

和臺灣其他退休金制度一樣，勞動基準法之勞工退休制度，也是採用確定給付的制度。比較特殊的是，一方面由於領取給付的法定條件過於嚴格，另一方面，事業單位違法的罰責過輕，對臺灣的勞工而言，此種制度形同虛設，我們可以稱此制度為「不實惠的確定給付制」。為什麼

5,882 萬 5,000 元為公務人員保險法施行後，養老給付中屬修法前之潛藏負債及原公務人員保險虧損尚待國庫撥補數所衍增之利息支出）。資料來源：中央信託局，臺總公字第八八〇〇六〇〇九二〇號及臺總公字第八八〇〇六〇一〇七二號函。

呢? 蓋依據勞動基準法第五十三條規定,「勞工有左列情形之一者,得自請退休: 一、工作十五年以上,年滿五十五歲者。二、工作二十五年以上者。」

　　然而, 根據研究顯示, 臺灣企業規模以中小企業為主,平均壽命約為十三點三年,存活三十年以上之事業單位僅佔 10.75%,勞工在同一事業單位之平均工作年資僅八點三年,臺灣之勞動市場中符合請提退休金規定之勞工並不多。

　　再者, 即使企業長期營運且勞工也工作達法定退休條件,很多勞工也因為雇主沒有依法提撥勞工退休準備金,而無法請領。因為勞動基準法第五十六條第一項前段雖有規定:「本法施行後,雇主應按月提撥勞工退休準備金,專戶存儲,並不得作為讓與、扣押、抵銷或擔保。」但違反此一規定者, 依同法第七十九條之規定, 僅處 2,000 元以上 2 萬元以下罰鍰, 是故, 截至民國八十七年十二月止, 計有三萬八千餘家事業單位依法提撥勞工退休準備金, 僅佔應提撥家數之比率約為 17%,以中小企業未依規定提撥退休準備金者居多, 而且少數雇主為減少給付退休金,常以不當手段解雇勞工, 使之無法符合退休條件❶❺, 實為其缺失所在。

　　臺灣 (1984 年) 與智利 (1981 年) 在同一時期成立勞工退休制度,我們從臺灣與智利兩者的比較, 來看臺灣的勞工退休金制度,可以很清楚的看到, 臺灣人口高齡化情形比智利更嚴重, 而勞動人口幾乎是智利的一倍,二者成立時間差距不大,但臺灣勞工退休基金之規模,截至 1997年底, 卻只有智利的一成多。論者指出, 仔細分析起來, 智利勞工退休制度成功的原因不外乎有三點:

　　⑴採取確定提撥制, 首先對勞工全面加薪, 然後由勞工自行提撥

---

❶❺《改進勞工退休制度說帖》, 行政院勞工委員會, 1999。

表 5-3　臺灣與智利基本社經資料比較

比較項目		臺灣 1997	智利 1997	差異
面積（百萬平方）		35,980	756,950	(720,970)
人口（百萬）		21.47	14.33	7.14
人口年齡結構	〇至十四歲	23%	29%	(6%)
	十五至六十五歲	69%	65%	4%
	六十五歲以上	8%	6%	2%
平均年壽（歲）		76.02	74.49	1.53
勞動人口（百萬）		8.87	4.73	4.14
國內生產毛額（美金億）		2,905	1,132	1,773
國民平均生產毛額（美金億）		USD 13,510	USD 8,000	USD 5,510
勞工退休金制度開始實施年度		1984	1981	3
勞工退休金制度		確定給付	確定提撥	
勞工退休金規模（美金億）		USD 39	USD 324	USD (285)

附註：資料來源：（劉凱平，1999）。其所引之來源，說明如下。

1. 資料來源：*The World Journal*，Almanac, 1998.
2. 國內生產毛額及國民平均生產毛額以購買力平價 (Purchasing Power Parity) 方式計算。
3. 臺灣的勞工退休金規模係根據勞委會公布的「改進勞工退休制度說帖」中 1998 年 5 月底數字。
4. 智利的部分係根據美國 Salomon Smith Barney 證券公司於 1997 年所出版的 *Private Pension Fund in Latin America* 研究報告的預估數字。

　　薪資的一部分比例，由員工自己按月撥進自己的帳戶，政府則以遞延課徵個人所得稅的方式，鼓勵勞工自行以儲蓄投資來籌備自己的退休金。

⑵退休基金的管理運用完全交由民間以專業的資產管理方式經營，以有效的提升退休基金整體報酬率。

⑶退休基金在政府嚴格監督下，以專業的資產管理創造出年平均12.2% 的報酬率（扣掉通貨膨脹率的報酬率），加速增加退休基金的規模。相較之下，臺灣的勞工退休金制度，不論是在成本

的提撥，或基金的運用方面皆存有問題。

這也是為什麼目前主管機關（勞委會），擬把現行退休金制度採用的確定給付制，改為確定提撥制的主因之一 ❶。臺灣目前勞工退休金的改革中，由於雇主與勞工雙方對於退休金性質的認知南轅北轍，導致改革無法成功。協商屢次破裂之因在於前者視退休金為一種增加的收入 (extended earning)，是雇主給勞工的一種恩惠，故認為此一年金權利為一附帶條件的權利 (conditional rights)，而非一種勞工的既得權 (vested right)，所以資方提出要求勞工必須在同一事業單位任職達一定年限（目前資方要求五年），否則要將提撥率向下調整。

然而，就職域年金的性質而論，我們從世界各國整體年金制度來看，其性質多係採遞延收入 (deferred earning) 的定位，是一種延後給付的薪資，原屬受雇人所應得，而非雇主所施予受雇人之恩惠。

相反的，若把退休金視為一種增加的收入 (extended earning)，則勞工必須符合一定的資格條件才可以取得，如必須任職滿一定期間。但此種看法所發展出來的制度，將有阻礙勞動移動、浪費社會資源，造成社會經濟無謂損失。

由於以上的缺失，主導了各國對職域年金的設計，係採確定提撥制、受雇人個人設帳的制度。從而勞工不論工作期間多久，皆有權將該帳戶移轉至新的工作單位下，繼續累積。臺灣整體年金制度建制或改革的過程中之所以爭議不斷，實係源自於對於年金制度的性質定位缺乏共識所致。據上所述，臺灣的勞工退休金制度、公務人員退休撫卹基金等相關

---

❶目前改制重點包括⑴由雇主按月為勞工提撥其個人退休準備金，儲存於勞保局設立之勞工個人退休準備金帳戶；⑵勞工個人退休準備金之提撥率不得低於勞工月提撥工資 6%；⑶勞工得自願另為提撥。

的職域年金制度，實不應採用現行單一、公營、確定給付制的退休金制度，才能避免僱主與受僱者間的衝突與爭議，且進一步真正發揮這一柱年金制度所強調的「儲蓄」功能。

臺灣勞工退休金制度中，在退休金定位成遞延收入 (deferred earning) 性質後，僱主若不願涉及勞工退休金事務，甚至可以仿智利之作法，先全面把勞工現行薪資調高一定比例，如 6%，爾後勞工之退休金權利義務，則依法由勞工自行負責。至於政府在年金制度中所應該扮演的角色，是基於整體社經立場制訂法律及監督其營運，提供一個良好且適於競爭的環境供大家自由發展，而不是自己來獨佔經營。目前主管機關卻礙於資方的反彈而扭曲應有的設計，著實令人訝異。

同樣的事情也發生在勞方，如退休金給付「年金化」已是全球共識，退休金一次給付的方式，常無法有效保障勞工退休生活，臺灣主管機關卻以對勞工意見調查之數據，而擬維持退休金一次給付方式，有待商榷。

2.勞工保險之老年給付

臺灣勞工保險條例，自民國四十七年七月經中央立法，於民國四十九年四月付諸實施以來，業經歷數次修正。其中，現行勞工保險之對象為：

⑴依勞工保險條例第六、七、八條規定，年滿十五歲以上，六十歲以下之相關團體受僱員工或僱主，全部參加勞工保險為保險人，並以其所屬之團體或機構為投保單位。

⑵被保險人因徵召服兵役者、派遣出國考察或研習者、因傷病留職停薪未超過一年者、在職勞工年逾六十歲仍繼續工作者，得繼續參加勞工保險（勞工保險條例第九條）。

⑶投保年資合計滿十五年，被裁減資遣而自願繼續參加勞工保險者（勞工保險條例第九條之一）。

⑷被保險人退保後再參加保險者，其原有年資併計。

另外，保險給付規範內容，依勞工保險條例第二條，普通事故保險之保險給付，包括生育、傷病、醫療、殘廢、失業、老年及死亡等七項。

其中「老年給付」之給付標準為：被保險人在同一投保單位參加保險之年資滿二十五年者、年資滿十五年且年齡滿五十五歲者、年資滿一年且年滿六十歲者或女性被保險人年齡滿五十五歲者，得申請老年給付。請領之金額，按平均月投保薪資，前十五年之年資，每年發給一個月給付，後十五年薪資，每年發給兩個月給付。逾六十歲繼續工作者，其逾六十歲之年資最多以五年計。至於老年給付則按被保險人退休之當月起，前三年之平均月投保薪資計算。

勞保目前累積基金有 3,797 億元，但老年給付之潛藏債務已達 1 兆多元，不久後（約十至二十年）勞保亦將步上公保破產的後塵。而且，自全民健康保險制度開辦後，許多原屬勞保應支付的職業災害給付，尚由健康保險局代為支出，此部分爭議仍未獲解決。

依最新的精算報告，若保險費率維持在 4.5%，預估第九年開始產生當年度保險收支餘額不足，第十三年開始產生當年度保險收支暨當年度投資收益不足（即年度虧損），第二十年底開始產生勞保基金餘額不足；至第二十五年底之勞保金額，已不足新臺幣 1 兆 8,989 億 200 萬元（以利率 6.5% 折現為現值新臺幣 3,693 億 2,800 萬元）[17]。

未來我國國民年金制度實施後，勞工保險的制度將有所改變。依照行政院勞工委員會的規劃[18]，未來實施國民年金制度後，目前已參加勞

[17] 《勞工保險普通事故保險費率及財務流量精算報告》，民國八十八年元月。
[18] 參見《勞保配合國民年金制度之因應方案》，行政院勞工委員會。國民年金實施後公務人員保險之因應，亦擬採取同一模式。

工保險之被保險人，得於三年內選擇適用新制或現制，至於新加入勞保者，一律參加勞保新制。老年給付新制又分成二個部分，一為國民年金制度部分（提供老年、重度殘廢或遺屬年金），一為超出國民基礎年金保險部分，仍維持一次給付方式，其請領資格要件依現行勞工保險條例之規定辦理。至於現行之生育、傷病、輕度殘廢、眷屬喪葬津貼、失業等一次現金給付，仍然依現行勞工保險條例之規定辦理。

換言之，未來我國提供勞工退休後生活保障有關現金給付制度，在勞動基準法規定之退休金部分，將朝「確定提撥制」方向規劃，但仍維持一次給付的方式，且仍保有「確定給付制」中要求就業滿一定期間才能領取的資格限制。至於在勞工保險條例規定之老年給付部分，國民年金制度範圍內，給付年金化；超出的範圍，仍維持一次給付。整體上來看，和職域年金應採確定提撥制以達成「儲蓄與保險」的目標，仍有相當大的差距，特別是一次給付制度的維持，難以達到有效保障老年經濟生活的目標。

就勞保的財務狀況而言，現行運作制度的精算結果已如上揭示，未來行政院勞委會所擬之新制實施後，仍係在確定給付制的架構下運作。除了月投保薪資低於1萬5,840元之部分工時勞工及在職訓機構受訓之勞工，其保費不足支應國民年金保費870元之外，勞保現行之生育、傷病、中輕殘及失業給付仍須給與。故新制之實施，對勞保財務不利之影響，將更加重。

臺灣國民年金制度仍欲採確定給付制的設計，不久後終仍將步上財務收支不平衡的後塵，令人感到十分憂心❶。

---

❶依照行政院經建會的規劃，民國八十九年年底開辦國民年金後，現行的軍、公、保及農保需配合制度調整，公、軍、勞保被保險人，及農保五十五歲到六十四歲

柒、拉丁美洲國家年金改革模式

一、概　論

　　世銀在其建議中一再指出，老年安全制度設計重點，在於讓所得重分配、儲蓄及保險等功能取得平衡，以及使政府在實施這些功能時，扮演適當的角色。其中並指出，目前許多國家將上述三種功能整合於一個單一公營支柱，而且是採取公營、依退休薪資計算給付、PAYG財務處理方式以薪資稅融通的確定給付年金制度，將這種多功能整合於單一公營制度下主要的理由是，透過擴大經濟規模來降低行政成本，而且會獲得政治支持力量。

　　不過，事實的經驗告訴我們，這種方式不僅缺乏效率、誤導資源配置、增加政府財政負擔、妨礙勞動移動、扭曲儲蓄及工作誘因、制度無法永續經營、因高稅率導致逃避提撥、不同團體間缺乏公平性，對PAYG財務處理方式所標榜的最大優點——所得重分配功能而言，到成熟期也

的被保險人，可在三年內選擇現行保險制度，或參加具有國民年金內涵新制度，新進勞、公、軍保全部參加國民年金保險，新進農民則採同時參加國民年金保險，與農保新制作為調整。勞、公、軍保的被保險人於國民年金開辦三年內，可選擇現制或新制。選擇現制則維持現行規定；選擇新制者在生育、傷病、中輕殘給付及眷屬喪葬津貼維持現行規定，但在老年、死亡、重殘的部分則分為基本薪資保險及額外部分，基本薪資保險則以國民年金的規定給付，額外的部分則採老年、死亡重殘一次給付，國民年金開辦後，新進的勞、公、軍人則只能參加國民年金現制，未參加任何保險者亦有三年的緩衝期。台灣時報，民國八十八年九月六日，第7版。

變成由低所得者分配至高所得者，因而世銀捨單一支柱，而建議各國採用多柱的老年安全體系。很遺憾的是臺灣目前採用的制度，只有一柱（公營強制的那一柱），相關年金制度全為單一、公營、確定給付的年金制度。

不過，同樣是單一支柱的智利年金制度，卻因為採取確定提撥制、完全提存準備的財務處理方式、多元保險人，而成為各開發中國家與已開發國家爭相學習的對象，其改革的成果及改革過程的經驗，皆值得臺灣加以學習，以下茲從宏觀之角度介紹於後。

二、智利模式

㈠智利的社會保險制度

智利的社會保險制度，可溯自 1924 年為藍領階級所設之強制社會保險制度，其保險範圍包括老年、疾病、殘障及職業災害，由保險基金 (Cajas de Prevision) 承辦，收取保費並發放給付。1925 年，為白領階級（不論公、私部門）所設立的類似保險 (Caja National de Empleados Publicos and Caja National de Empleados Particulares respectively) 成立。

在拉丁美洲，智利是最早建立社會保險制度的國家之一。社會保險制度後來不斷擴大，其承保範圍與對象，到了 1973 年已經包含了三十五個獨立的保險基金，涵蓋 76% 的勞動人口。不過，其中在 1920 年代建立的前三大，即已涵蓋超過一半的勞動人口，至於其他的保險基金則包含其他的 12%。這些制度實施初期，還可以採用部分提存 (partial funding) 的財務處理方式，但是很快的就不得不改採 PAYG 制了，除此之外，這些制度的共同特徵，就是採用確定給付制。年金制度包含的範圍包括老年年金 (old age pension)、就業年金 (service pension)、殘障年金、遺屬年金及喪葬費用。

我們舉例來加以說明，藍領階級的年金，Servicio de Seguro Social，

並不提供就業年金，其請領老年年金的條件是，繳費十五年以上，男性六十五歲，女性五十五歲。年金給付計算公式是，退休前三年平均薪資乘以服務年限，最高可達退休前薪資的 70%。為政府部門白領階級提供的年金制度 Caja National de Empleados Publicos 則提供更複雜而且優渥的給付。其規定六十五歲可請領老年年金，但欲領取就業年金 (service pension)，則需繳交保費達三十年，欲請領老年年金和殘障年金都必須有繳費十年以上。年金給付計算公式是，每服務滿一年可得 1/30 的退休薪資，其中所謂「退休薪資」是指退休前三年每月平均薪資，年金給付最高可達 100% 的退休薪資。有部分較小型的社會保險基金，提供了其他種類的給付，不過，大部分的年金給付水準皆有隨通貨膨脹而調整。

到了 1970 年代，各種保險基金的歧異性愈來愈大，特別是和拉丁美洲其他的國家一樣，智利政府也對於特定的團體不斷地提高享受的給付，導致年金制度仰賴政府財政補助而無法自拔。1980 年社會安全支出高達 GDP 的 11%，勞資雙方逃避繳納保費的問題浮出擋面，行政成本高達保費的 7%。在此同時，因為 1970 年代嚴重的經濟蕭條和通貨膨脹，導致給付大幅縮水，1980 年總計有 70% 的退休人口只有領到最低的年金給付。

(二)社會保險和年金的改革

政府察覺上述的情形，也嘗試要改革社會保險制度，但由於反對力量太大而失敗。直到 1973 年，軍政府才成功施行結構性的調整及新自由經濟政策。首先，改善年金制度的財務結構，包括減少給付內涵及增加提撥率，同時整合各種不同年金制度下，不同的給付與提撥規定。到了 1980 年，政府才決定徹底改革社會保險制度。改革的步驟是，首先將社會保險制度劃分為三個部分，分別是年金、醫療 (health) 及其他，採用新的個人設帳 (individual capitalization pension) 取代舊制，法令規定強制提

撥並由民營年金基金經營管理。醫療計畫部分則改成分別由一個民營保險人 (Institutos de Salud Previsional, ISAPRES) 及一個獨立自主的公營保險人 (Fondo Nacional de Salud, FONASA) 負責管理。至於其餘的計畫則或加以重整，或加以裁減而由政府負責辦理。

改革的速度可以說是驚人的快 (suigeneris)，1980 年 11 月通過年金改革法案 Decree Law 3500，1981 年 5 月時，新的年金制度就已經開始運作了。時任勞動暨社會安全部長 Mr. Jose Pinera 指出，1979 年 8 月主管的官員和顧問召開第一次會議，1980 年 5 月即對軍事執政團簡報。當時反對的力量，主要來自工會及反對黨的政治首腦和學界等。軍隊中也傳出反對聲浪，為安撫軍方的反彈，後來軍人的年金制度，就被排除在改革的行列之外了。

改革的重要特徵在於將公營年金制度改為民營的制度，期盼能夠藉助民營部門的效率，來降低政府財務補助、強化並增進資本和勞動市場的運作，賦予參與人選擇的權利及自己負責的義務。也期盼能達成提高儲蓄、增加投資，進而促進整體經濟的發展，同時能減少雇主的成本和社會保險薪資稅的扭曲效果，進而提高就業率並有助勞工的移動。

㈢新制內容簡介

採用個人設帳的確定提撥制年金制度取代舊制，工作者每月提撥薪資 10% 至年金基金管理人 (Administradora de Fondos de Pensiones, or AFPs) 負責管理的個人退休帳戶中。除了基本的提撥（保費）外，另外繳交殘障及遺屬保險的費用與 AFPs 的管理費用，這些附加的費用大約佔薪資的 3%。個人退休帳戶內的基金，由 AFPs 在法令允准的範圍內投資運用，所得盈餘並納入原帳戶中。

符合一定的退休年齡後（男性六十五歲，女性六十歲），工作者即可將其帳戶中累積的基金作特定的年金用途安排 (pension arrangements)，

包括：

1. 向保險公司購買年金商品 (annuity)；

2. 在 AFPs 管理下適用分期提領計畫 (phased withdrawal progarm)，該提領金額上限的計算，係依年金參與者（或其遺屬）預期的生存壽命而定。每月提領的金額上限，每年重新檢討一次。選擇此一方案的年金參與者，亦可繼續累積個人年金資金的報酬，待其死亡後歸入遺產中；

3. 上述二方案混合使用 (a phased withdrawal pension with a life annuity to begin at a later date)。

新制下對於某些時點退休或早期退休者，在其所累積的年金基金已可購買最低水準的年金時，亦提供一次給付的處理，此外並有殘障及遺屬的年金給付。如果工作者已繳費達二十年，則政府尚有最低年金水準的保證，以防止民營基金營運績效差，而使年金制度參與者只能領到很低的年金。

新制規定凡 1983 年 12 月以後受雇者，必須強制參加，至於自營工作者及原先隸屬於舊制的工作者，則可選擇加入與否。不過，舊制可移轉至新制，反之則否。

各不同基金經理人間，透過收取較低的管理費用和佣金、較高的報酬或較好的服務來競爭。至於年金制度的參與者，可自由地在不同基金經理人間，移轉其退休金帳戶，不過，實務上一年最多僅可移轉三次。同一年金基金經理人最多僅可管理一支年金基金，而且必須與其個人的資金分離。基金經理公司如欲參與基金管理市場，必須符合一定的資本要求及經政府主管機關 (the Superintendencia de Administradoras de Fondos de Pensiones or SAFP) 核准。

法令對於基金投資的標的、範圍以及多寡設有上限，主要是基於謹慎的理由，確保年金基金經理人不要承受太高的風險，以免造成負債。

年金基金以單位計價，並每日計算一次價值。基金經理人必須在一定的期間向公司提供規定的訊息，並每天向 SAFP 報告其財務交易狀況。AFPs 在法定範圍內向各客戶收取佣金。除了制訂適當的法律架構之外，政府也提供各項保證。保證退休金帳戶的價值和最低報酬率的水準。

　　至於年金制度的保險與重分配功能，需視年金的各項規定而定，智利的年金制度和典型 DC 年金制度的保險特質有所不同。新制下工作者若中斷就業或變成自營工作，則無法繼續提撥至其個人退休金帳戶中，亦即無法承受勞動市場的風險。至於老年和退休年金，也會因為提撥中斷而受到影響。這種情形下，工作者可以透過受雇時自願額外的提撥，來降低其負面的影響，不過這種情形若常發生或期間很長，將會嚴重地影響領取年金給付的資格。如果受雇者已經就業滿二十年以上，則勞動市場風險亦可透過政府最低年金保證的制度來降低。但因為最低年金給付並未與指數連動，所以退休後可得收入仍具有不確定性。

　　對於未達退休年齡的受雇者，新制仍提供殘障年金及遺屬年金的給付。從 1990 年開始也提供失業者長達十二個月的失業給付。為了降低投資風險，立法當局亦對於年金基金的投資組合設有限制，並要求一定程度範圍的報酬率。政府對於年金基金經營失敗及保險公司運作不當時，都提供一定的保證。除此之外，立法當局亦藉由規定基金提供機構，必須符合一定的財務狀況及政府的規定來降低管理風險。

　　新制下擴大了參與者承擔風險的範圍，在符合能夠請領退休基金的規定時，年金參與者可以選擇(1)向保險公司購買個人年金 (annuity) 或(2)分期提領計畫。若採第(2)方案，那麼個人必須完全承擔長壽及投資風險。

三、其他拉丁美洲各國的改革風貌

㈠概　論

　　繼 1981 年智利年金改革之後，拉丁美洲六個國家也引進類似的新制，其中墨西哥和智利一樣，以新制全部取代舊制，其他國家則仍保留修正後的舊制，這些國家之所以未能採取大幅度的改革，主因係民主的制度已經漸次地建立，允許反對力量能夠取得一定的協商空間。拉丁美洲反年金改革的力量之所以這麼龐大，與其社會保險的悠久傳統，以及社會整體對社會保險應具有同舟共濟 (solidarity) 所得重分配特質的堅持有關。其次，這些國家都擁有為數眾多的退休人口，因懼其權益不保而反對改革。再者，舊制下都有龐大的負債，如何解決現有和未來的負債，都是各國政府必須面對的一大挑戰。最後，政府創設新制的改革成本也是很高，如何制定法令、監管市場運作，精算相關費率，發揮各設計應有的功能亦非易事。在以上種種現實下，迫使政府把舊制的修訂工作，視為其年金改革工作的一環。

㈡制度分類

　　吾人大體上，可以將這些國家的改革分成三類，單一體系 (unitary)、雙元體系 (dual) 及混合體系 (mixed)。單一體系以智利為代表，墨西哥亦列入此體系。

　　雙元體系亦是單一柱年金制度的一種，但包括二種選擇，其中之一，屬依社會保險原則設計的修正公營年金制，採用 DB 制度，依退休薪資計算年金給付；另一個則是個人設帳確定提撥制年金制度，工作者可以選擇其中之一加入，秘魯和哥倫比亞是此制的代表國家。此體制的成因，是因為舊制的問題無法解決，而不得不採取的方式。秘魯在 1993 年採取此制，後來則透過修改年金規定的方式，使工作者選擇新制，逐步邁向

單一體系。

　　最後，則是混合體系 (mixed)，組合了政府提供基礎年金給付的第一柱，加上由個人設帳的確定提撥制年金制度的第二柱，阿根廷、烏拉圭和哥斯大黎加採之，特別是阿根廷和烏拉圭這兩個國家，具有悠久的社會保險制度歷史、眾多的老年人口，並對社會保險具有的同舟共濟與所得重分配原則深信不疑、根深蒂固。特別值得我們注意的是舊有的結構和規則，對新制度會產生什麼影響，以便我們進一步探討公營制度的內涵。在混合體系中，公營年金制度似乎是會繼續經營下去，不會被取代的。但是在雙元體系，以及第二柱採用混合年金制度的體系中，公營年金制度，終有被民營年金制度完全取代的一天，因為許多規定限制原隸屬私營年金制度的工作者移轉其退休金帳戶至公營年金制度；反之，則鼓勵之。

　　實務上情形有點複雜，以阿根廷為例，原先法律不允許從民營制度移轉到公營制度，後來又規定在一定的期間內可以移轉。秘魯原則上並不禁止個人在公民營制度間作帳戶移轉，不過，後來也規定了一些限制，阿根廷第一柱係由雇主的提撥及租稅加以融通。阿根廷的構想是當舊年金制度下這些年老的受雇者逐漸退休，雇主提撥的責任也可以大幅減輕。最後，舊制可以自行了斷；未來第一柱則完全由一般租稅加以融通，第二柱則完全採用個人資本設帳的新制。

　　㈢年金制度包含的對象

　　所有拉丁美洲的國家都強制受雇人必須參加年金制度，最主要的原因是基於父權主義的觀念，認為若將退休後的所得來源交由個人自行規劃，常無法達成此一目標。改革後的新制賦予個人選擇的權利與義務，並改變政府包辦一切的局面。

　　但由於拉丁美洲有很多非正式的勞動部門（地下經濟），所以即使是

強制參加，也無法普遍適用全部的受雇人。至於自營工作者 (independent workers)，除了阿根廷之外，各國皆採自願加入的形式。阿根廷早在年金制度改革前，就有一個以自營工作者為對象的社會保險基金，年金制度改革亦將自營工作者納入強制參加的對象。

　　幾乎各國的軍職人員與外國工作人員皆被排除加入改革後的年金制度，此外，大部分的國家都規定，再度重新就業的勞工必須參加民營年金制度。

㈣新制下的提撥與給付

　　只有受雇人必須提撥，是各國新制下的一個重要特色。但墨西哥和哥斯大黎加則由雇主、受雇人和政府三者共同提撥。烏拉圭的受雇人提撥至第一柱，雇主則提撥至第二柱。阿根廷則相反，雇主提撥 16% 的所得來融通第一柱，受雇人提撥 11% 的所得至第二柱。其中受雇人所提撥的金額，包括繳交給年金基金管理人的費用和佣金，以及殘障與遺屬保險的費用。在智利、秘魯及哥倫比亞，法定基本的提撥率是 10% 的所得，另外再加以附加的提撥，包括基金管理費用、佣金與殘障及遺屬保險費。

　　新制下並未提供就業年金 (service pension)，但若受雇者的退休帳戶中，已累積相當金額的基金時，則允許其提款。老年年金給付的多寡，需視退休基金營運績效而定，至於殘障年金及遺屬年金則是採確定給付制的方式運作。各國就受雇人退休後對其累積基金安排的規定，大致上和智利相同，不過烏拉圭則嚴格限制，只能將帳戶內累積的基金向保險公司購買人壽年金 (life annuity)。

　　大部分的國家對殘障年金及遺屬年金都採相同的方式，就此一部分，多收的提撥大概佔 2.5%–3.5% 的收入，基金管理人則再向私人保險公司購買再保險 (reinsurance)。大部分的國家規定受雇人喪失 2/3 的工作能力時，即可領取殘障年金，哥倫比亞和墨西哥則規定 1/2，智利和秘魯則更

進一步定有部分殘障 (partial disability) 的規定。

(五)退休年齡規定

年金改革把退休年齡又往後推到了六十五歲，透過退休年齡的延後與縮減就業年金這兩種方式，減少年金制度的負債。目前墨西哥已經把男性與女性的退休年齡一起延後至六十五歲，阿根廷亦朝此方向邁進，烏拉圭對兩性的退休規定仍在六十歲。所有國家都允許女性提早退休。事實上，女性比男性長壽，而且女性的勞動參與率正在不斷升高，所以把女性的退休年齡延長到和男性一樣，乃各國共同之趨勢。

(六)退休收入安全的確保

為了確保退休後的基本所得，各國皆設有最低年金 (minimum pension) 的規定。最低年金之財源通常都是由政府從一般收入來支應，阿根廷比較特殊，是從雇主的提撥和指定佣金稅來提存，秘魯雖有立法但迄今 (1998) 未為實施。領取最低年金給付的條件是，受雇者必須已達退休年齡，並提撥已達法定的期間（智利二十年，哥倫比亞二十二年，阿根廷三十年）。最低年金的給付水準，哥倫比亞為 50% 的最低工資，智利為 80% 的最低工資，墨西哥則為 100%。

政府最低年金保證的制度，也有它的問題，像拉丁美洲各國的薪資通常不高，就業狀況又不穩定，這種制度逐漸將會演變成年金制度的第一層（這個時候才真正是一柱裡面的層）。但是這種規定有時反而鼓勵受雇人逃避提撥，另一方面，那些低薪、工作又不穩定的勞工，卻常常不能提撥符合達到法定的期間，而無法享受到政府最低年金保證。至於殘障年金和遺屬年金，只限正在就業及按時提撥的受雇人才能請領，主要是為了避免殘障的勞動者，利用加入年金制度來請領這兩種給付。由於拉丁美洲勞動市場並不穩定，勞動要符合連續不斷提撥的條件並不容易。遺屬年金的受益人限於直系親屬、寡婦、十八歲以下的子女及受撫養的

父母。大部分的國家也包含二十一歲至二十五歲但仍在受全時教育的子女，哥倫比亞和智利還提供殘障年金與遺屬年金給長期同居人。

㈦同舟共濟和所得重分配的觀念

新制下所得重分配的功能相當有限，上述最低保證年金雖具有某種程度的所得重分配功能，但各國政府皆視其為一獨立的部分。部分國家已經開始嘗試在新制度中融入同舟共濟的要素，如秘魯規定提撥率中有一部分是屬於同舟共濟稅 (solidarity tax)，用以支應所得重分配部分的計畫。哥倫比亞則規定，若參加人的所得高於最低薪資四倍時，就必須多提撥 1%，用以補貼那些較無工作能力者。在混合體系下較容易達成代際和代內的所得重分配功能。在阿根廷，第一柱基礎年金給付，是參加人提撥到年金帳戶平均提撥的二點五倍，稱為 Aporte Medio Previsional Obligatorio 或 AMPO。由於是單一給付水準，所以具有從高所得者分配到低所得者的重分配功能，又因為基礎年金是和所得成長連動，所以又具有從就業的這一代分配到退休那一代的重分配功能。最近因為 1994 年墨西哥經濟危機，而於 1995 年 3 月通過最新修正，透過取消基礎年金給付和指數自動連動，以及限制給付總額不得超過預算總額，來實質取消最低年金保證的制度。

▉捌、結　論

一、拉丁美洲年金制度改革成功的原因

不同年金制度設計的理念，會導致年金制度具有不同的特質、功能與績效。拉丁美洲各國中，智利年金改革的初期，創造了年金制度蓬勃的發展，阿根廷、秘魯及哥倫比亞則呈現較平緩的成長。秘魯在改革初

期，制度還呈現停滯的現象，而不得不於 1995 年重新舉辦。智利的成功
經驗，首要奠基於基金經理人獲得的高報酬率，從 1981 年以來，年金基
金之平均報酬率皆高於 12%，而這與其說是基金的操作績效佳，不如說
是智利整體經濟制度下的高投資報酬率。評估年金制度的良窳，必須長
期觀察才能有所收穫。長期來看，基金的報酬率似乎無法一直維持高報
酬率，問題在於，低的平均報酬率究竟有多低？智利長期資產 (longest
term assets) 大概要十五年的成熟期，大致能確保 5%–6% 的安全報酬率，
若此推論成立，且工作者按時提撥，這些報酬率將可讓退休者領取適當
的年金給付，那麼新制可以說是相當成功。目前財務投資的一般共識是，
基金投資保險取決於基金的投資組合適當與否，而非長期的平均報酬水
準。

其次，智利新制的成功來自政府大力支持，與主管機關提供相當具
有效率的監督和規範。若無這些機制，改革也無法成功。除了法律規範
及監督運作之外，政府也提供了數項保證。對政府這個角色加以評估，
是一項不容易達成的工作。政府對年金基金的績效和基金給付提供一定
的保證，是確保大眾對新年金制度有信心的重要機制，特別是在新制實
施之初，顯得特別重要。不過這些保證都是相當慎重，且可依財政狀況
而調整。如智利的最低年金保證，並未與物價或所得連動，阿根廷的基
礎年金保證也被減弱其實效，而這些發展亦與我們前述提出限縮公營支
柱的主張不謀而合。拉丁美洲各國的諸多經驗，提供給世界各國一個學
習的好方向。

任何公共政策的改革，最好能以平和手段逐步實踐，並儘量降低改
革可能導致的負面影響。拉丁美洲的改革僅強制就業市場的工作者加入，
舊制下參加人的權益，則仍由社會保險年金制度加以維護，並予以這些
勞動人口，有選擇是否移轉至新制下的權利。年金制度的改革，是整體

結構改革的一環，智利年金制度的成功改革，實與其政府赤字控制得宜、民營化計畫和金融市場自由化息息相關，保險業亦隨著年金制度而進一步改革，在改革的過程中，政府並非放任不管，仍然在法令制度及監督營運方面積極參與（陳聽安，1998）。

二、拉丁美洲各國改革經驗提供我們的啟示

除上述因素外，我們尚可明瞭，拉丁美洲各國年金制度的改革有下述的重點：

㈠雙柱架構

拉丁美洲各國的年金制度，仍然建構在雙柱的基礎上，其中智利、墨西哥和哥倫比亞，並沒有明顯的第一柱（公營、強制、租稅融通的那一柱），這些國家係以最低年金保證的型態出現。除此之外，許多國家也以積極謹慎的態度發放年金，給年紀極大而無收入的人口，這也可以說是構成了第一柱的型態。

㈡集體年金架構

透過提供集體年金計畫 (group pension plans)，來消除個人年金計畫 (individual pension plans) 所遭到的困難，拉丁美洲各國採取個人年金計畫的優點包括：個人有較大的選擇權並自己承擔責任、年金給付和繳交的提撥有密切的關係、不會阻礙勞動市場的流動性。但是也有它的缺點，如繳交的管理費用比較高、雇主沒有辦法用年金制度來激勵員工士氣、強化公司目標、較缺乏所得重分配和保險功能，針對這些瑕疵，吾人可以參考藉由「集體年金計畫」，如職域年金來加以因應。

㈢如何降低年金改革的成本

如何降低新制下的高成本，是改革過程中不可忽視的重要課題。我們可以將之區分為二個部分加以討論。第一，年金制度中具有相當規模

經濟的事務，可以將之由一個中央單位負責處理，譬如繳交提撥、記錄的登記與保留、年金給付的發放等。如此，可以更有效率且以較低的成本來建立政府所需的資料。其二，如欲降低成本，則必須避免退休基金管理者 (pension providers) 獨佔 (pursuit of market power) 及競租 (rent seeking) 的行為。以智利而言，就引入了許多競爭的機制。在其中，最有效的方式，就是使管理者所得收取的佣金和費用，必須和其管理成本一致。

(四)保險功能在年金制度中佔有重要地位

年金基金中的保險功能是不可或缺的重要特質。拉丁美洲年金改革後，新制保險功能的保障範圍，較舊制狹窄了一些，同時對於勞動市場的風險有提高的趨勢，主要原因是因為長壽風險的分散，係取決於個人提撥的多少而定，而殘障與遺屬保險範圍，則只有涵蓋具有正在就業，並繳納提撥資格的人。年金改革的內容組合，及未來勞動市場的發展，都會關係到經濟安全，這些現象主要係伴隨著政府從社會保險的領域撤退，與家庭結構功能不斷改變而發生。政府在實施年金制度改革時，必須謹慎考慮這種因素，考量勞動市場未來的發展趨勢。

(五)融入同舟共濟與所得重分配的功能

確定提撥制下，所得重分配的特質大幅淡化，頂多只能透過最低年金保證及相關費用收取，來彰顯此一特質。以拉丁美洲為例，部分國家如哥倫比亞和秘魯，透過徵收額外的提撥來保護較弱勢者；如何將同舟共濟與所得重分配功能，有效整合至確定提撥制中，是我們應密切注意的課題。

三、臺灣年金制度的未來

政治力量常是年金制度建置的主因，但是制度如欲永續經營，政治

力量卻不宜任意介入，否則常會適得其反。臺灣整體年金制度的檢討，必須要從不同年金制度內涵的性質定位開始，這些項目包括年金權、年金承諾、計算年金的依據、對於職域年金的看法等。

　　其次，世界銀行所提出避免老人貧窮的三柱體系，其中強制公營支柱也不可不採行，唯是否必須像臺灣這樣採國民年金的型態，則不無疑問。整體而言，臺灣的老人經濟安全體系，背離了世界銀行的政策建議。我們認為，若臺灣在公營支柱上要採確定給付制、隨收隨付財務處理方式年金制度的型態，則應回歸世銀的構想，以「租稅」來融通，而且所得替代率不宜太高，應限縮強制公營支柱的額度。再者，第二支柱應全面採用確定提撥制，如智利的模式，加以運作，並且在賦稅政策上予以鼓勵。

　　若仍堅持以保費融通，則喪失公營支柱達成所得重分配的原本目標，如此，則臺灣國民年金或應採用個人設帳的確定提撥制年金制度、多元保險人如智利模式的年金管理市場，亦即完全採強制民營的支柱。至於職域年金，或所謂民營強制支柱，包括公務人員退休金、勞工退休金、公保養老給付、勞保老年給付（後二者依現行規劃將被國民年金制度所取代）等則應立即、全面地改為以確定提撥制、完全提存準備的財務處理方式為基礎的年金制度。

參考文獻

中文部分

王素琴，〈勞工退休金組成及運用概況〉，《勞資關係月刊》，第 17 卷，第 6 期，1998 年。

朱澤民，〈國民基礎年金課稅問題之研究〉，收錄於《國民年金制度委託研究報告彙編》，行政院經濟建設委員會編印，1998 年 6 月。

吳忠吉，《勞工個人退休金專戶提撥率合理計算》，1999 年。

吳聰成，〈公務人員退撫制度未來發展方向芻議〉，錄於《八十七年度公務人員退撫基金專題》，1998 年。

柯木興，〈從宏觀面談臺灣勞基法退休金制度改革的方向〉，《保險專欄》，八十七年六月，頁 77–78。

胡勝正，《整體老年財務安全制度之探討》，八十八年度公務人員退休撫卹基金專題研討會，1999 年 5 月 25 日。

陳聽安、吳英同，〈公務員年金制度之研究〉，《考銓季刊》，1999 年 4 月。

陳聽安，〈司法院大法官議決釋字第四三四號解釋評釋〉，《保險專刊》，民國八十七年四月。

陳聽安，〈論智利年金之民營化〉，《華信金融季刊》，第三期，中華民國八十七年九月。

陳登源，〈退撫基金委外經營與自行經營之權衡〉，《退撫基金投資哲學與運用概況》，公務人員退休撫卹監理委員會編印，1998 年。

陳蘭會、何克如，〈國際退休金制度的演變及趨勢探討〉，《國際經濟情勢週報1300》，臺灣經濟研究院編撰，行政院經濟建設委員會印行，中華民國八十八年九月二日。

單驥，《國民退休金制度中確定提撥制與確定給付制之比較》，行政院經建會委託研究，民國八十三年三月。

蕭麗卿，〈公共年金採行確定提撥制之探討〉，《保險專刊》，第四十九期，民國八十六年九月。

鄭文輝，〈國民年金政府財源籌措之探討〉，收錄於《國民年金制度委託研究報告彙編》，行政院經濟建設委員會編印，1998 年 6 月。

鄭文輝等，《我國全民健康保險財務收支歸宿之研究》，中央健康保險局八十六年度委託研究，中華民國八十七年五月。

鄭文輝，〈全民社會醫療保險重分配效果之探討〉，《全民健康保險相關問題研討會論文集》，1992，頁 93-122，臺北，中央研究院。

劉凱平，《富有的窮人——論勞工退休制度的改革與勞退基金的運用》，勞工退休基金運用及勞工退休制度改制規劃研會，1999 年。

劉惠玲，《年金保險民營化——智利模式的啟示》，國立政治大學財政研究所碩士論文，民國八十六年七月。

《勞動基準法暨附屬法規解釋令彙編》，勞工行政雜誌社編印，民國八十八年元月。

英文部分

Atkinson, A. B. (1989), "Social Insurance and Income Maintenance", in A. B. Atkinson (ed.), *Poverty and Social Security*, Harvester Wheatsheaf: Brighton.

Civil Service Pension Schemes, *SIGMA Paper: No. 10*, OECD (1997).

Creedy, J., R. Disney and E. Whitehouse (1992), "The Earnings-Related State Pension, Indexation and Lifetime Redistribution in the U.K.", *Working Paper W92/1*, January, Institute for Fiscal Studies: London.

Diamond, P. (1996), "Government Provision and Regulation of Economic Support in Old Age", in M. Bruno and B. Pleskovic (eds.), *Annual World Bank Conference on Development Economics 1995*, The World Bank: Washington D.C..

Disney, R., Emmerson, C., and Tanner, S.(1999), *Partnership in Pension: An Assessment*, The Institute for Fiscal Studies, Commentary 38.

Holzmann, R. (1997), "Pension Reform, Financial Market Development, and Economic Growth: Preliminary Evidence from Chile", *IMF Staff Papers*, Vol. 44, No. 2, pp. 149-178.

Hurd, M. D. and Shoven, J. B. (1985), "The Distributional Impact of Social Security", in David Wise (ed.), *Pensions, Labor and Individual Choice*, University of Chicago Press: Chicago.

Ippolito, R. A. (1991), "Encouraging Long Term Tenure: Wage Tilt or Pensions?", *Industrial and Labor Relations Review*, Vol. 44, No. 3, pp. 520–535.

James, E. (1997), "Pension Reform: Is There a Trade-Off between Efficiency and Equity?", *Working Paper 1767*, May, The World Bank: Washington D.C..

Lazear, E. P. (1985), "Incentive Effects of Pensions", in D. Wise (ed.), *Pensions, Labor and Individual Choice*, University of Chicago Press: Chicago.

Schulthess, W. and Demarco, G. (1993), *Argentina: Evolucion del Sistema Nacional de Prevision Social y Propuesta de Reforma*, CEPAL/PNUD: Santiago.

The World Bank (1994), *Averting the Old Age Crisis*, Oxford University Press: London.

（本文與吳英同合著，發表於《財稅研究》第三十二卷第二期，八十九年三月）

年金制度民營化之賦稅政策比較

▍壹、前　言

　　賦稅政策對年金制度的民營化，具有正反兩面的作用，它既可助長年金制度的民營化，亦可抑制它的發展，關鍵在於對年金的相關課稅，要作如何處理。我國國民年金在行政院經建會緊鑼密鼓規劃，並幾經折衝後，原則已經確立，即不再循全民健保大一統的老路，而是朝「內涵整合，業務分立」的方向進行。亦即今後公、勞、農等年金仍各自維持原有的體系，但皆須符合基礎給付的一致性。至於對尚未納入前項制度的國民，則另成立國民年金，其給付水準依照消費水準的 60% 至 70% 計算。預計若有效保險年資達四十年，六十五歲退休，得請領老年基礎年金，每月給付為 9,100 元❶。

　　從經建會的國民年金規劃小組對外公布的資料觀察，未來我國國民年金究竟係採公辦公營，抑或公辦民營，尚不得而知；又未來年金制度中，租稅規劃扮演何種角色？亦僅知提撥與給付均予免稅。吾人從文獻中可知，年金制度中的保險費或提撥金額、準備金或儲金的存放與投資收益，以及年金的給付無不牽涉賦稅，尤其是與所得稅息息相關，從而有關賦稅的高低是否給予優惠？何時給予優惠？不僅對年金制度有決定

---

❶有關行政院經濟建設委員會國民年金工作小組的給付資格與金額的規劃，可參閱中國時報等大報，民國八十六年九月六日。

性的影響，同時對年金計畫的受益人、雇主與政府三方面都有重大影響。故年金制度的賦稅政策是一項不能遺漏，且值得吾人深入探討的課題。

Turner 與 Watanabe 兩位學者指出，「賦稅政策具有正反兩面的作用，它既可助長，亦會抑阻私人年金制度 (Private Pension System) 的發展」 (Turner and Watanabe, 1995)❷。如果給予賦稅優惠，含有激勵年金制度的建立與成長的作用。事實上，世界各國凡是年金制度發展良好的國家，莫不藉由年金計畫鼓勵儲蓄，私人年金在各種條件下，得以享受賦稅的減免。例如在英國，法律中明文規定，政府對私人年金的提供，給予賦稅減免 (Daykin, 1995)。

無可諱言，年金的賦稅減免，每每是政治上妥協的產物，雖則如此，各國提供年金的目標十分類似，但細節與實務上卻存有相當大的差異。下文將針對各國年金制度中，賦稅政策的差異性略做些比較，對正在規劃國民年金的我國而言，或許可從中獲取一些賦稅政策上的啟示。

■貳、賦稅政策之基礎

在進入探討先進國家年金制度的賦稅政策之前，我們先就賦稅政策的基本原則，做概括性的介紹，此將有助於下文的探討。一般來說，課稅年金 (Taxing Pension) 最常見的方法，是將保險費或提撥從應稅所得中扣除、對投資所得給予免稅，以及對給付予以賦稅優惠。但是，紐西蘭

---

❷有關年金涉及的賦稅問題，探討較為詳盡者，當推 John A. Turner, Noriyasu Watanabe 共同撰寫的 "Tax Policy toward Private Pension" 一文，本文的撰寫甚多參考此一文獻，該文收錄於 *Private Pension Policies in Industrialized Countries: A Comparative Analysis*, 1995, W. E. Upjoin Institute for Employment Research.

是一個顯著的例外，該國將年金視同其他應稅儲蓄帳戶 (taxable saving account)，必須付稅。

年金給予賦稅優惠的理論基礎，是認為此項制度有鼓勵儲蓄之作用，倘若缺乏「賦稅補助」(tax subsidy)，許多家庭將儲蓄不足 (Ippolito, 1990)。當然，有些家庭儲蓄不足，是因為缺乏長遠的規劃，只顧眼前的消費，不計畫未來的需求；然而不少家庭即使有未雨綢繆之計，但仍然不足以因應未來生活的需求。

無庸置疑，以減免稅方式鼓勵加入年金計畫，政府會因此損失稅收，不過，這項稅收損失，是假定人們原先打算儲蓄，而這些儲蓄所產生的利息，納入課稅的範疇。隨著人口老化，年金的賦稅優惠也節節提升。在另一方面，由於政府各項施政，財源需要十分殷切，為減少稅收的損失計，政府對賦稅優惠又不得不有所規範。

值得注意的是，有些涉及年金的賦稅條款，並非針對稅收的增減而訂定，而是企圖引導年金基金的經營者，或刻意影響年金的參與者。

以美國為例，若年金計畫中含有賦稅優惠，就必須符合內地稅法 (Internal Revenue Code) 的規定。加入年金計畫，不得對低工資收入者有所歧視。如年金計畫不能滿足此項基本要求，則雇主必須將提撥計入其課稅所得中，核算其所得稅。

英國亦有相同的規定，對有些年金計畫的加入，受雇者不能予以禁止或要求，不僅如此，並代之以鼓勵或相反的賦稅措施。例如，對累積過多的基金，和未從盈餘中提列基金的情況，皆須受到賦稅的懲罰。此項政策的用意，在於政府鼓勵從過多累積的資產中提領，回歸給受雇者。美國則實施相反的政策，保留在年金計畫之中，累積過多的基金並不受到賦稅的懲罰。雖則如此，一旦年金計畫結束，資產返還雇主，則累積過多的基金，至少必須課以 20% 的賦稅。甚至，如雇主因為將此過度累

積的基金轉入替代計畫或終止之計畫，因而增加獲益時，課徵的稅率將
高達 50%。

賦稅政策，可依照是否允許勞工或受雇者選擇做為準繩來制訂，包
括選擇工資或年金、遞延工資或年金、其他福利或年金、社會安全或年
金、現在消費或未來消費、確定給付或確定提撥計畫、個人計畫或雇主
提供的年金計畫、自我雇傭或公司聘雇、定額或按期給付、投資限於某
些項目或另外項目。

針對所有上述問題的分析，下文中將以特定國家為例，來加以說明。
如眾所周知，私人年金是由三種成分建構，即⑴年金的提撥；⑵投資的
收益；⑶給付。此三種成分再加上年金之資產，皆成為課稅的標的。

■參、提撥之課稅問題

一、雇主之提撥

美、英、日等私人年金制度發展良好的國家，皆允許雇主的提撥可
從所得稅制度中的應稅所得扣除，本文以下皆將之簡稱為「賦稅扣除」
(tax deductible)。依照此種方式，雇主的工資和年金計畫提撥，在公司所
得稅上，獲得相同的處理。因此，賦稅不致使雇主在選擇現行工資和未
來年金給付時，產生任何扭曲。然而，在企業年金支付與遞延工資上，
並無統一作法，故仍會產生賦稅的扭曲作用。

雇主對年金提撥，並不需要像受雇者的所得一樣，加以課稅。雇主
在提撥時，既不需要繳交個人所得稅，也沒有社會安全捐負擔的問題。
而受雇者是在退休領取年金時繳納所得稅，至於社會安全捐也完全免除。
唯像美國等國家，對勞工雖有減輕賦稅的規定，但年金給付時，仍須負

擔若干所得稅 (Burkhauser and Turner, 1985)。

　　至於日本、美國和英國，雇主為年金給付的提撥，可 100% 扣除，不僅如此，對過去因年金保險負債的提撥，亦可列入公司所得稅中扣除；相反地，在澳洲，雇主的提撥給受雇者的金額，須負擔 15% 的公司所得稅。雖然如此，15% 的賦稅負擔，和受雇者邊際所得稅率之差額，仍可列為賦稅扣除 (Asinta, 1994)。

二、受雇者的提撥

　　在英國、加拿大和其他多數國家，受雇者的提撥，也同樣可從個人所得稅中的應稅所得扣除。不過，以比利時而言，政府規定受雇者的提撥，僅有 30% 至 40% 可以從個人所得稅中的應稅所得扣除；在紐西蘭，則無論雇主或受雇者對年金的提撥，都不准從公司或個人所得稅中的應稅所得扣除；美國的規定是，大多年金計畫中受雇者的提撥，必須繳交個人所得稅和社會安全捐。由此可見，依據美國稅法的規定，對於雇主和受雇者有不同的處理。

　　換言之，美國的年金計畫中，原則上受雇者從薪資提撥必須課稅，但卻有若干例外規定，最常見的薪資減免計畫是 401(K) 計畫。按照此一計畫，只允許受雇者從薪資中對年金計畫的提撥，可從聯邦所得稅扣除，至於社會安全捐則須繳納，目的是避免對社會安全捐基礎的侵蝕。

　　在美國，不允許受雇者從個人所得稅中扣除，其基本用意是，美國的年金計畫完全由雇主提撥。唯仍有部分學者指出：雇主對年金的全部提撥，極可能是由對受雇者的減薪而來，此即所謂「羊毛出在羊身上」(Montgomery, Shaw and Benedict, 1992)。受雇者的提撥如果缺少賦稅扣除，對雇主或受雇者的年金計畫的成本，很少有影響。依照此種說法，對 401(K) 計畫，受雇者提撥的賦稅扣除，就沒有特別有利之處。並且，

此種情形對確定給付制的年金計畫，並無特別不利之處。

就美國的情形而言，假如個人在課稅年度中，對確定提撥年金計畫的繳交額，不在應稅所得中扣除，便是一項損失。在加拿大的情形是，確定提撥的保險費之賦稅處理，有比較彈性的規定：個人的提撥金額，若未在本課稅年度中扣除，在一定的限額內，可從以後年度扣除，此即所謂遞延扣除；同樣地，若未在其繳交之年度享受賦稅扣除，亦可遞延至以後年度中扣除。

對於從確定提撥計畫賦稅扣除的彈性規定，受雇者與雇主之立足點相同，故可說兩者並無差異。觀察大多數的國家，雇主在確定給付計畫中，對其提撥都予以彈性的賦稅處理，使年金計畫不致過度累積基金。

在加拿大，「核定的退休儲金計畫」(Registered Retirement Accounts in the United States)，和美國的「個人退休帳」(Individual Retirement Accounts) 性質相同，加拿大年金計畫的提撥，在課稅年度終了六十天之內，必須辦理扣除。同樣地，美國個人退休帳，對提撥賦稅扣除有類似的規定。雖然如此，在加拿大若未如期辦理扣除手續，亦不致造成任何損失。因為，在七年之內允許遞延扣除 (Hewitt Associates, 1990)。

三、提撥之限制

一般而言，賦稅扣除皆訂定一個上限，或者用薪資一定的金額或比例做限制。很顯然的，其目的在於避免政府稅收流失過鉅，並防止高所得勞工獲取過多的賦稅優惠。

在美國，年金的提撥設有最高限制，若受雇者同時參加了幾個年金計畫，保險費的負擔很重，其最高提撥的限制就較低。此外，又針對受雇者的最高所得有所限制，目的在於配合決定法定給付與提撥的多寡。設定一些提撥的限制，是基於避免確定給付年金的資產，可能超越或低

於其負債。

從美國的規定觀之，對於確定給付和確定提撥都設有上限。上限的設定，是針對確定提撥計畫繳交的金額、和確定給付計畫收取的最高收入。就確定提撥計畫，最高限制為薪資的 25%，或 3 萬美元。3 萬美元相當於給付收入的四分之一。上限一經訂定之後，並隨物價上升加以調整，此即所謂的指數化 (indexation)。確定給付計畫的上限，在進行精算時即予以設定，以免形成過多的賦稅減免。

在加拿大，年金的賦稅處理，是基於勞工賦稅優惠的均等原則，不論其雇主有無提供年金計畫，個人間均等的重要原則必須力行。為奉行此一原則，每一勞工最高提撥，經由年金調整 (pension adjustment) 而減低，透過此項調整，反映出雇主提供的確定給付和確定提撥計畫下的實收給付，並且結合雇主提供的計畫 (employer-provided plan) 與個人退休計畫，能確保所有勞工，賦稅優惠的退休計畫大致相同。

由前文所述可知，加拿大與美國，在年金賦稅處理上，有很大的不同。然而，兩者賦稅處理上雖有不同，令人玩味的是，美國並無意求其相同。美國的賦稅政策，傾向鼓勵雇主提供受雇者的年金計畫。從 1981 年開始，對個人退休帳最大的扣除凍結在 2,000 美元，中、高所得勞工的最高賦稅扣除額，雇主的提供年金計畫，較個人退休帳約高出十倍。

在加拿大，規定退休安排提撥的賦稅扣除，限於上一年度薪資總收入的 18%，如採定額扣除，以 1984 年之 1 萬 5,500 美元為基礎，次年開始以工資上升指數調整。選定 18% 為賦稅扣除上限，是因為大致上等於確定給付計畫之年金支付的限額，即年所得的 2% (Wyatt, 1990)。觀之日本的狀況，受雇者對「受雇者年金基金」(Employees' Pension Fund) 的提撥，准許從應稅的個人所得中扣除，此項計畫類似新社會保險。凡合乎賦稅優惠之年金計畫,受雇者每年至少可獲得 10 萬日圓(約為 950 美元)

的扣除額。

英國的情形比較特別，個人年金計畫的扣除比例，隨年齡遞增，在三十六歲以下，賦稅扣除為所得的 17.5%，年齡在六十一至七十四歲，可增加到所得的 40%。此項政策的依據是，愈年長的勞工，愈需要退休所得，並且更有意願儲備退休金。除英國外，美國或其他國家，皆無依年齡採取不同的扣除措施。

以美、加兩國相比，美國對雇主提供的年金計畫，從應稅所得扣除限制為 25%，比加拿大的 18% 為高。不過，美、加兩國的規定，又比英國年長勞工的應稅所得扣除 40% 為低。顯而易見，三國的規定有相當大的差別，但假如願意以 18% 的提撥率來進行提撥的勞工不多，此項差異就無太大意義。

或許是因為人口老化的緣故，致使許多國家的年金賦稅扣除節節上升，從而其稅收損失逐漸擴大，為避免稅收損失過大計，此等國家已有降低扣除最高限額的共同趨勢。晚近以來，美國、澳洲、英國與加拿大都有此種跡象。

■肆、高所得勞工之賦稅處理與雇主提撥之賦稅優惠規範

如眾所周知，由於多數國家採用累進所得稅制，故收入高的勞工，自然比收入較低的勞工，有較高的邊際稅率，賦稅扣除對高所得勞工獲益較多。在 1990 年代，英國高所得勞工獲得 40% 提撥的賦稅扣除，而對大多數的納稅人而言，僅可獲得 25% 提撥的賦稅扣除。當賦稅扣除成為有利於中、高所得者的一項政策，此項政策在英國乃廣受爭議，也因而導致更廣泛的賦稅政策分析，研究社會安全的所得重分配效果，提供改進的方法，並且認為針對不同所得階層，提供不同的退休年金計畫，

甚有必要。

表 6-1　英國 1994 年個人年金計畫薪資提撥之最高許可

年　　齡	薪資提撥之最高限制 (%)
三十五歲以下	17.5
三十六至四十五	20.0
四十六至五十	25.0
五十一至五十五	30.0
五十六至六十	35.0
六十一至七十三	40.0

資料來源：British Tax Law

　　上文業已指出，美國退休計畫的賦稅扣除，較英國為優惠，美國對確定提撥計畫，賦稅扣除的最高限額高於加拿大。就最高提撥的比例限制而言，美國亦比加拿大為高，此種規定皆有利於高所得勞工。

　　依照德國的規定，關於帳面儲備負債 (book reserve libilities)，如受雇者小於三十歲，不能享受賦稅扣除，此一限制乃是為了防止雇主獲得過多的賦稅扣除。在日本，僅帳面儲備的 40% 可享有賦稅扣除。相對地，美國則規定，無提列年金準備的企業，不得享有賦稅扣除。

　　對日本而言，雇主用提撥方式支付受雇者的年金基金計畫 (Employees' Pension Fund Plan)，較之以帳面提列方式為有利。依照日本現行規定，帳面提列方式對雇主較為不利，有趣的是，許多大公司仍然偏愛帳面提列方式，個中的道理很簡單，因為此一提列方式，可使企業將資金作為營運之用。故即使賦稅扣除相對不利，大公司卻仍偏愛用帳面提列退休金方式，此足以顯示公司資金融通的重要性。

■ 伍、投資收入之賦稅處理

　　加拿大、美國及大多數的開發國家，私人年金制度中的投資所得，享有免稅規定。年金計畫所獲取的紅利、資本利得及利息皆不必繳稅。雖然如此，對於年金投資的收入予以課稅，已逐漸形成一種新趨勢。例如，在澳洲，年金的一般投資，以 15% 的稅率課徵。至於年金的資本利得，則在調整物價膨脹之後，以 15% 的稅率課徵。由於澳洲對年金的投資收入與資本利得，在賦稅上有不同的處理，因而扭曲了澳洲年金的有價證券投資，使其傾向投資股票以獲取資本利得，而不願要求公司發放紅利。

　　比利時對年金投資所得的課稅規定如下：利息所得課徵 20%，紅利和財產所得課徵 25% 的所得稅。對愛爾蘭而言，包括實現的資本利得，年金投資所得必須課稅 (Steward, 1995)。荷蘭對年金投資的所得，只有其投資報酬率超過 3.5% 始予課稅，唯不論其利得實現與否，皆必須納入投資報酬的計算，稅率則高達 40.5%。反觀瑞典的年金投資報酬的課稅稅率相對較低，只有 10% 至 15%，瑞典的一般所得稅的稅率則為 30%。

　　至於英國，年金計畫持有公司股票所負擔的公司所得稅，可以享受按持股比例退稅的優惠，理由是年金計畫被認定是免稅投資者 (tax exemption investors)，故在獲得投資公司股票利益前，不應該有間接公司所得稅的負擔。1993 年英國稅法修訂時，退稅略予降低。相對而言，美國的公司需支付公司所得稅，在公司繳交公司所得稅之後，如未發放股利，年金投資的股利不必負擔稅賦。但在公司階段已繳交的稅負，亦不得退稅❸。如以美、英兩國對年金投資課稅的規定加以對照，便可以發現，英國的賦稅處理，顯然較美國優惠。

依照英國和加拿大兩國的情形瞭解，由雇主提供的確定給付年金計畫，如基金經營為盈餘，極有可能成為超額租稅的庇護所 (windfall tax shelter)。在此種情形下，雇主可從基金中提取款項，卻不必負擔所得稅❹，故雇主有超額提撥的可能。按照加拿大與英國的規定，允許雇主在年金計畫中止之前，可從基金中提取。相對美國而言，僅在計畫中止時方可領取，為防止過度累積基金，加拿大稅務總局 (Revenue Canada) 訂定提撥的上限，如提撥超過限額，即不得享受賦稅的扣除。此外，加拿大和英國的內地稅 (Inland Revenue) 對年金有盈餘者的提撥，也皆設有限制。

■ 陸、年金資產之課稅問題

就大多數國家觀察，年金資產不予以課稅。雖然如此，因為許多國家的年金資產龐大，晚近要求對其課稅，以作為政府財政收入，已時有所聞。若對年金資產課徵，或可彌補年金其他方面賦稅優惠的稅收損失。但如此的作法，勢必抑制了企業與受雇者建立年金計畫的誘因，故究竟賦稅政策應如何拿捏，頗費周章。

在比利時，年金資產須負擔 0.17% 的財產稅，而日本對年金資產課稅，稅率為 1.17%，此項稅負，被視為利息所得在遞延課稅期間的恢復課徵。唯就一般而言，上述課稅並不適用於委外計畫 (contract-out plan)。

隨著民間年金計畫的發展（見表 6–2），對年金資產課徵的特別公司

---

❸美國至今未實施兩稅抵繳制度，故公司所繳之公司所得稅，在公司發放股利之後，股東必須將股利與其他所得合併申報個人所得稅，不得將公司階段負擔之賦稅，列入個人所得稅扣抵。

❹因為雇主提撥年金基金時，已經從所得稅中列為扣除。

稅已逐漸成長。在 1991 年，委外經營的年金計畫（受雇者年金）金額為
9 億 5,000 萬日圓，課稅的年金計畫則有 1,270 億日圓。包括日本雇主協
會 (Japan Employers' Association) 在內的甚多團體，曾提出取消對年金資
產課稅的建議，但尚未有定論。

表 6-2　日本對民間年金計畫之財產稅 (1982–1990)　　單位：百萬日圓

年　份	受雇者年金計畫	課稅之年金計畫
1982	40	44,901
1984	119	59,219
1986	186	81,911
1988	512	101,515
1990	950	127,030

資料來源：Japan Advisory on Social Security

　　日本與其他國家允許用帳面儲備的年金計畫 (Book Reserve Plans)，
按規定，此種基金不可挪用於公司作為營運資本。公司的收入，列入公
司所得稅中課徵，稅率約為 50%，其中包含區域稅 (Region Tax)。

■ 柒、給付之課稅問題

一、一次給付 (Lump-Sum Distribution)

　　有些國家對年金給付用一次或總額給付，並予以賦稅優惠，但對多
次或定期給付 (annuities) 則無此項優惠。眾人皆知，定期給付是一種保
險型態，它可以確保退休者不至於缺乏生活的憑藉。反之，一次給付就
缺乏保險的功能，此種方式，似乎並非退休者所願。無可諱言，社會保
險的給付，以多次定期給付，比較符合保險的精神。不過，在有些情況

之下，倘若社會安全計畫，能透過提供受雇者充分的保障，使其生活免於匱乏，許多受雇者便寧可選擇一次給付。值得注意的是，許多受雇者對於所得資金的運用茫然無知，而且往往缺乏資訊，致無法將一次給付加以充分運用。

觀察日本的情形，一個受雇者年金 (Employees' Pension Fund Plan)，在委外經營時，依照規定必須每年定期給付。雖然如此，日本應稅年金計畫中卻有 93% 選擇一次給付。換言之，多數勞工選擇一次給付，而非連續定期給付。

日本退休人員的一次給付，在一定限度內可從應稅所得中扣除，並且隨受雇者工作時間的長短，適用不同的扣除額。工作超過二十年者，賦稅扣除更隨之而增加（見表 6-3）。由此可知，日本的規定，含有鼓勵受雇者久任之意。

表 6-3　日本對一次給付的賦稅優惠

服務年資	賦稅扣除金額
低於三年	80 萬日圓
三年至十九年	40 萬日圓 × 服務年資
二十年以上	70 萬日圓 ×（服務年資 − 20）+ 800 萬日圓
課稅金額 =（一次給付額 − 扣除額）× 二分之一	

英國的情形是，僅有部分一次給付可享有賦稅的優惠，免稅限額等於最後每年年金給付的一點五倍，若退休時不足二十年，免稅額略予增加。愛爾蘭及澳洲對於退休給付，如為一次給付，也有些賦稅上的優惠。在美國，如退休為一次定額給付，在稅務處理上有特別規定，以其平均所得計算稅負。相對地，加拿大則明文禁止一次定額給付。

二、定期給付 (Annunity Benefit)

　　一般而言，年金給付皆納入課稅的範圍，美國與加拿大為典型的例子，無論死亡、退休或離職給付，均必須納入課稅的範圍。德國的規定則是，在上限之內，給付的 40% 必須課稅，如年金給付財源是用帳面提列方式，亦復如此。假如年金給付是直接由保險公司收取保險費支應，則此保險費被視為課稅所得。相對的，如年金為一次給付則為免稅，或按月給付超過一定金額時始予課稅，而且課稅的比例視勞工退休之年齡而有所不同。如勞工在六十歲退休，其課稅比例為 29%，六十三歲為 26%，六十五歲退休，則此項比例更降為 24%。以上可知，德國的賦稅政策寓有鼓勵延後退休之含意。

　　至於日本，年金與社會安全給付，賦稅上皆有特別的規定，每年僅在一定的限額之內，可獲得免稅。免稅的方式是採扣除法，包括基本的定額扣除，外加依照年金給付多寡計算的定率扣除，在上限之內，扣除之百分比是採遞減的方式計算。

　　日本受僱者年金計畫的給付，與其他社會安全給付相同，賦稅負擔亦相同，從表 6–4 中可知，在扣除一定數額後適用的課稅規定。

表 6–4　日本 1994 年退休年金免稅之最高限額

年金給付者	年金之最高免稅額
六十五歲以下	
單身	105 萬日圓
有配偶	175 萬日圓
六十五歲以上	
單身	225 萬日圓
有配偶	295 萬日圓
有配偶，超過七十歲	305 萬日圓

資料來源：Japan Income Tax Code, Section 35.

依照日本的規定，納入課稅的年金計畫，在扣除一定金額之後的給付，其與受雇者的提撥相等，應列入受雇者年金計畫的課稅範圍。美國的規定則是，按照聯邦及州個人所得稅法，退休年金的給付，應予以課稅，但應扣除所繳交的社會安全捐。一般而言，年金參與者之不列入扣除的提撥，仍可取得免稅的實質利益，因為累進所得稅的關係，勞工在退休時，年金給付所適用的邊際稅率，通常低於其工作時所適用的稅率。

捌、隱性賦稅 (Implicit Taxes)

即使「顯性賦稅」(explicit taxes) 不對年金給付課稅，隱性賦稅 (implicit taxes) 亦可能使退休年金的淨收入減少。以美國的情形為例，社會安全中的退休給付，若超過一定金額，需加以課稅，甚至美國有些勞工的退休年金給付，有重複課稅的情形，亦即假定年金給付使其所得增加，因而提升社會安全給付的水準，便會產生雙重課稅的情形。每增加 1 元的年金給付，即必須負擔年金給付和社會安全給付的雙重賦稅。

對加拿大而言，社會安全制度的所得測試部分 (income-tested component)❺，不期待雇主為終身所得不多的受雇者，舉辦退休年金計畫，對超過一定金額所繳的 1 元，社會安全保證所得補助 (guaranteed income supplement) 便減少 5 角，其結果乃是加重低收入者的所得稅負擔，其私人退休年金面臨被課徵 50% 的稅率。

在瑞典，從 1996 年起，私人年金給付的增加，將減少社會安全制度最低給付 50%。是以，私人年金給付使實際收入減少，可視為此項給付負擔了 50% 的隱性賦稅。

---

❺係指對低所得階級，在政府給予補助前所做之資產調查。

■玖、消費稅

觀察美國、英國及日本等國家對年金的賦稅處理，皆納入消費稅的系統。一般而言，稅收相同，在消費稅制度下，退休者支付的稅負較所得稅為高。因為在消費稅制下，僅消費支出課稅，對於儲蓄，及投資收益，不納入課徵的範圍❻。透過年金的儲蓄收入，不列為課稅的對象，只有等到退休收入用之於消費時，方予課徵消費稅，至於其他方式儲蓄的收入，自需負擔賦稅。即假如勞工從事儲蓄及因儲蓄帶來的收入，當需納入課稅的範圍。消費稅的設計，應避免儲蓄的雙重課稅，並且不至於對現在消費和未來消費產生扭曲。

日本的情形是，非年金儲蓄需負擔 20% 的賦稅，凡國民年齡在六十五歲以上，則免除該項賦稅。但雇主的提撥成為受雇者的儲蓄，被認為是受雇者工資所得，故立即予以課稅。

英國的情形是，對年金的賦稅處理，比社會安全捐和給付較為優惠。受雇者的年金提撥可從應稅所得中扣除,而受雇者的社會安全支付則否。年金給付則至少可部分免稅，相反地，社會安全給付則無此項賦稅優惠。

■拾、結論與建議

上文中比較各國年金所涉及的賦稅處理方式，從英國和美國的對照可以洞悉相互的差異。英國比美國提供了更優惠的賦稅處理，英國允許受雇者的提撥可從應稅所得中扣除。並且，退休的給付可以獲得免稅。

---

❻消費稅比所得稅的稅基較小，在同等假定下，消費稅的稅率較高。

美國則完全沒有這兩項優惠。又有進者，因英國實施兩稅合一，如果公司以股票方式支付年金，英國允許年金負擔的賦稅，可部分從公司所得稅中退還，美國則因迄今未實施兩稅合一，自然不會有此項優惠。

從前面的論述可知，各國對年金的賦稅處理，有相當大的差異。雖則如此，凡是年金制度建立良好的已開發國家，或多或少都提供了賦稅優惠。最常見的情形是，年金的提撥與投資收益給予免稅，但對年金的給付予以課稅。但不論如何，對給付課徵一次賦稅為限；換言之，不予重複課稅。

從先進國家對年金相關課稅的規定可知，我國未來年金制度賦稅的課徵，應採取比較優惠的英國模式，抑或採用較為嚴格的美國模式，政府宜正視此一問題。筆者認為，國民年金制度實施的時間愈來愈逼近，年金的課稅問題，包括提撥、給付、資產及投資收益、重複課稅等議題必須及早研究。方向上，筆者建議應朝下列原則考量❼：

1.如年金提撥時予以免稅優惠，給付應納入所得稅課徵的範圍，但宜訂定一上限；

2.反之，如提撥並未享受賦稅優惠，則給付時須予以賦稅優惠處理，唯為符合年金制度的精神，以賦稅鼓勵採定期給付，不鼓勵一次給付；

3.如提撥時給予賦稅優惠，但考量過度提撥，年金可能成為賦稅避

❼經建會的國民年金規劃小組，將國民年金涉及的賦稅問題，基本上從寬處理，即提撥和給付都予以免稅，並且建議將綜合所得稅的列舉扣除額放寬。如此的處理，可能會引發(1)如年金的提撥可予免稅，而其他提撥或保險費未有如此規定，似有失公平，並可能產生扭曲作用；(2)提撥與給付均予免稅，似與所得稅的基本原則，有所得就需課稅不合。同時經建會的免稅方案未設定上限，亦不切實際；此外，經建會尚未考量年金所涉及如本文中的其他賦稅問題。

風港，兼顧國家的稅收，訂定一免稅限額，很有其必要；

　　4. 年金的資產，原則上應予免稅；

　　5. 年金的投資收入，宜採定額免稅；

　　6. 因我國已自民國八十七年元月起實施兩稅合一，故對年金持有股票，則公司階段繳交之賦稅，自應予以扣抵，否則即形成重複課稅；

　　7. 按照行政院經建會規劃的國民年金係採共同提撥制，則無論雇主或受雇者皆應允許給予賦稅優惠之處理；

　　8. 至於附加年金或企業年金，則視年金的支持者，是僅為雇主或受雇者，或者採共同提撥制而定。若僅為雇主提撥，可考慮給予營利事業所得稅的優惠，如全部為受雇者提撥，則給予受雇者綜合所得稅的優惠。茲因我國現行綜合所得稅對保險費等的處理，係採列舉扣除❽，如未來實施年金制度，受雇者對年金之提撥，上項列舉扣除額必須做合理之放寬。至於勞雇之共同提撥，賦稅處理上，應對兩者之提撥分別從營所稅及綜所稅做適當的處理。

參考文獻

Asinta (April 1994), "Remuneration Packaging Post-March 1994", Update 1.

Burkhauser, Richard V. and John A. Turner (July 1985), "Is the Payroll Tax a Tax?", *Public Finance Quarterly 13*: pp. 253–267.

Daykin, Christopher (1995), "Private Pensions in the United Kingdom" in *Securing Employer-Based Pensions: An International Perspective*, Zvi Bodie, Olivia Mitchell, and John A Turner, eds, Philadelphia: University of Pennsylvania Press.

❽見我國所得稅法第十七條規定，保險費作為列舉扣除之一項。

Hewitt Associates (1990), "A Special Report to Client, Canada" October 1.

Ippolito, Richard A. (1990), *An Economic Apprasial of Pension Tax Policy in the United States*, Philadelphia: Pension Research Council.

Montgomery, Edward, Kathryn Shaw, and Mary Ellen Benedict (February 1992), "Pensions and Wages: An Hedonic Price Theory Approach", *International Economic Review 33*: pp. 111–128.

Steward, Jim (1995), "Pension Funds as Shareholders in Capital Market", in *International Pension Plans: The Actors, Issues and Future*, Lucyap Roberts, Bryn David, Gernard Hughes, and Emmanuel Reynaud with the participation of Teresa Ghilarducci and John A Turner, eds. Wesport, CT, Greenwood Press.

Turner, John A. and Noriyasu Watnabe (1995), *Private Pension Policies in Industrialized Countries: A Comparative Analysis*, W. E. Upjoin Institute for Employment Research.

Wyatt Company (January 1990), "Special Memorandum", Toranto.

（本文原發表於《東吳經濟商學學報》第二十三期，八十七年十一月）

第七篇

我國公務人員保險制度改革建議

■壹、前　言

　　政府為保障公務人員生活，並增進其福利，於民國四十七年一月公布公務人員保險法，同年開辦公務人員保險（以下簡稱公保），以銓敘部為主管機關，中央信託局（以下簡稱中信局）為承保機關。公保業務之經營，由於虧損不斷，屢遭各界要求檢討，考試院於本（第九）屆第二十次會議，緣以當年公保業務虧損大幅擴張至 61 億，再度引起與會委員之關切，決議由本人召集同仁組成專案小組，針對中信局辦理承保業務之適切性做進一步討論，並擬改進方案。本文僅提供個人若干淺見，文中依序介紹我國公保制度之沿革、現狀，簡要檢討現狀，再配合我國國民年金之規劃及各國改革潮流趨勢──民營化，對我國公保制度之改革提出若干建議。

■貳、歷史沿革

一、緣　起

　　我國公務人員保險制度之籌劃可追溯至民國二十三年，考試院於首都南京舉行第一次全國考銓會議中即已提出，政府遷臺後，考試院於三十九年六月，囑銓敘部續辦公務人員保險草案，因當時軍人保險已委由

中央信託局承保，銓敘部因而商准中信局人壽保險處，參酌軍人保險辦法，擬具「公務員工保險辦法綱要」草案；復經銓敘部與中信局磋商後，由中信局擬具「全國公務員工保險辦法」，經考試院第三十四次院會決議原則通過，改名為「公務員工保險辦法」（該辦法以銓敘部為主管機關）。並於四十年初送請行政院會商。惟當時行政院亦有邀集各單位，研討公保之建制，其所擬具之「中央公教人員保險辦法」，則以內政部為主管機關。主管機關之爭議，亦涉及我國對於公保制度之定位（其爭議略以內政部認為公保係屬社會保險之一種，歐美各國均以社會保險屬於社會行政範疇，在行政決策上，應屬內政部主管之範圍。而銓敘部則認為公保乃政府為安定公務人員生活，加強人事建制之一種政策性保險，故應由銓敘部主管）。該爭議後經民國四十七年立法院表決通過，以銓敘部為主管機關而塵埃落定。

二、制度定位

我國公保制度設計上採社會保險方式辦理，負有安定公務人員生活及增進其福利之目的，透過低保費、高給付，及國庫撥補等相關措施加以實施。現行公務人員保險法第五條規定：「公務人員保險業務由中央信託局辦理，並負承保盈虧責任，如有虧損，由財政部審核撥補。承保機關辦理公務人員保險所需承保事務費，不得超過保險費總額百分之五點五。」該制度兼顧社會保險及人事行政之特性，具有福利與保險雙重性質❶。

當初由財政部所屬之國營事業中信局承辦公保業務之原因，除因當

---

❶本條文已於民國八十九年一月二十六日修正，修正前之虧損及潛藏負債部分，由財政部審核撥補，修正後之虧損部分，應調整費率挹注。

時其具有承辦軍人保險之業務經驗外，更重要的是，因為當時認為中信局效率高，並具有承擔保險盈虧責任之能力，故立法院二讀會時，多數委員均贊同審查會之意見，將該業務交付中信局辦理。開辦初期係由中信局人壽保險處兼辦，後成立公務人員保險處（以下簡稱公保處）為專責單位。為了配合政府政策，公保處所承辦之業務除公保外，陸續開辦有其他多種保險業務。為了配合全民健康保險於民國八十四年實施，目前公保之內涵僅包括現金給付之部分，醫療給付部分已併入全民健保，費率為 4.75%。

目前關於公務人員之退休、撫卹，另有公務人員退撫制度加以因應，退撫制度與公保皆照顧到公務人員老年生活，但其有不同之定位。依照我國行政院經建會之規劃，公務人員保險將整合於國民年金制度之中。故在論及公保制度的改革時，吾人必須與國民年金制度之規劃一併討論。

社會保險所採行之制度，可分為確定給付制 (defined benefit plan) 及確定提撥制 (defined contribution plan) 二種，我國公保制度係屬於前者，所謂「確定給付制」，係指給付係依據事先於法令中明訂之公式給付，通常係據個人之受僱年數，以及某一期間之薪資決定其給付金額。因此一旦符合給付條件，保險人即須按公式計算得出之金額給予受保障者（故稱確定給付制）。由於公營之確定給付制度提供之給付往往終身享領，故個人若壽命較長，則給付總額即較高，而不論原提撥金額之多寡。我國至目前為止，多數年金之建議版本，以及多數學者對年金制度亦為採行確定給付制。惟我國現行按確定給付制原則訂定之制度，如公、勞保均有沉重之財務危機。採行確定給付制之工業化國家，其保險年金亦均有給付沉重之財務危機。而所謂「確定提撥制」，係指事先明定個人參加年金制度期間之提撥金 (periodic contribution) 金額，經累積並終而確定最後之給付 (benefit) 之制度方式。在其提撥金累積之過程中，提撥時間之

長短以及投資報酬率之高低，將影響最後之給付金額，因此，提撥金額雖事先確定，但給付金額則否（故稱為確定提撥制），亦即其給付不受個人存活年數之影響，而取決於提撥金即期收益之大小。新加坡及智利之制度即為確定提撥制之典型例子。此二國家均強制就業者每人需設立一個人帳戶，按月依薪資之一定比率，將提撥金存入個人帳戶，其提撥之基金由基金管理機構負責投資運用事宜，最後收益則回歸個人帳戶內。故，簡單而言，確定提撥制實近似強迫儲蓄制。惟由於新加坡基金之管理係由國營之中央公積金局負責,故其制度屬於公積金制 (provident fund system)；智利則將基金委由多家互有競爭之民間基金管理公司管理及運用，故屬強制性的私人保險制度。兩國制度雖均採確定提撥制之原則，但由於執行機關之差異，其制度之分類乃有不同❷。

再就公保財務處理方式而言，社會保險的財務制度，依照保險長短期間不同可分為三種財務處理方式，分別為完全賦課 (assessment method or current pay as you go)、完全提存準備 (full funding or capitalization method) 及修正混合方式 (mixed method or partial funding)。目前公保係採用「完全賦課方式」，即指當年度的保險費收入，用之於當年度的保險費給付，而予以調度費用的方法而言。一般而言，採用此種方式時，在立法上應明確規定採彈性費率制，並授權主管機關得視保險財務收支的實際情形，適時調整保險費率。此種方式有兩種缺點，第一為保險費率將逐年增加，嗣後此種增加趨勢尤為明顯，而使年輕及後代勞工負擔較重。第二為於行政上的處理與政治上的因素，難免影響保險費率的調整，而無法迅速核定，導致保險財務發生嚴重困擾。目前公保制度亦皆有以上

---

❷蕭麗卿，〈公共年金採行確定提撥制之探討〉，《保險專刊》，第四十九期，八十六年九月，頁一三五。

二難題❸。

三、公保處業務簡介

　　目前公保業務係由中信局公保處負責承辦，該單位曾承辦之業務如下：

㈠目前繼續辦理之保險

　　1.公務人員保險：截至八十六年四月底，公保短絀尚待國庫撥補數共約 140 億元。公保處為繼續辦理現金給付所需，其不足之資金全數向該局信託處貸款支應，所增加之利息支出亦使公保財務之短絀隨之增加。

　　2.私立學校教職員保險：截至八十六年四月底，歷年累積之責任準備金達 64 億元。本保險養老給付未來將持續增加，責任準備金將隨同減少。上項資金目前係存放中信局信託處一、二、三年期定期存款。

　　3.退休人員保險：歷年累積之責任準備金達 2 億餘元。足敷支應死亡給付，或發還被保險人嗣後自願退保者原應領未領之公務人員保險養老給付。本保險目前已不繼續承保，政策上擬令其自然結束。

㈡停止辦理之保險

　　1.公務人員眷屬疾病保險：截至八十六年二月底，虧損 19 億餘元。虧損數目前係向銀行貸款墊付。

　　2.私立學校教職員眷屬疾病保險：結餘 1 億 9,000 萬餘元。

　　3.退休公教人員及其眷屬疾病保險：截至八十六年二月底，累計責

---

❸另外，所謂「完全提存準備」方式，係指將來老年給付所須費用，均完全予以提存準備，而以平準保險費來維持其保險財務的健全性。而「修正混合方式」則為一折衷方法，但仍以完全提存準備的方式為前提來處理保險財務，而保有一定水準之責任準備金。

任準備金4億餘元,本保險之結餘數奉准俟業務全部辦結後,如有剩餘,歸屬國庫。

■參、公保業務檢討

一、保險費率

關於保費方面偏低部分,自八十六年十月一日起調高保費為6.4%,公保收入將可獲得30億元挹注,預計可使公保虧損減少43%左右。

二、公保處承保之適宜性

由於公保處承辦公保業務歷年來虧損不斷,各界對於是否由其繼續承辦提出許多批評,並研究應由何機關辦理為宜。針對公保處承辦公保之缺點,主要有下述幾點:

(一)員額編制

承保單位用人方面存在有高階低用之現象。該局配置有(依職等高低排列)經理一名(十四職等)、副經理三名、襄理三名、一等專員三名、科長六名、二等專員十三名、副科長五名、三等專員九名、四等專員十一名、辦事員十名(高考三級及格者任之)、助理辦事員三名(普考及格者任之),另有練習員二名及臨時人員與工員各十名,總計八十九員。其中多數人員皆投入公保經辦業務,如一等專員仍有直接承辦公保業務者,對於一個財務虧損的單位及處理例行業務(相對於決策性業務)的單位而言,員額配置缺乏成本觀念,有待改進。

(二)事務費

「事務費」為公保處承辦公保業務所需的全部費用,自保費收入中

支領，近年來公保處支用比例在保費總額 2.7% 左右，仍在公保法規定的保費總額 5.5% 以內。中信局公保處之人員係支領金融事業機構人員之薪資，較諸政府機關一般行政人員之薪資而言，用人費用較高。而其中有待商榷者在於，公保處在年年營運虧損之情形下仍提撥保費收入 0.05% 作為員工福利金，另外並分攤總局管理經費（八十五、八十六及八十七年皆為 2,000 多萬元）、以及分擔行員優惠存款利息差額（八十三年度約 6,000 萬元、八十四年度為 4,000 萬元）。

㈢資金運用效率

公保可運用之資金，包含各險別之保險費收入，及歷年提存之責任準備金，其中公務人員保險由於財務均呈短絀，帳上並無責任準備金可運用。目前公保處除辦理公保之外，尚有辦理私立學校教職員保險及退休人員保險之現金給付等相關業務。私校保險責任準備金，公保處以往均以存放銀行定期存款孳息之方式辦理，並未從事其他投資。

三、財務短絀原因

㈠保費偏低❹

公保費率依現行法律規定係採彈性費率制，視保險財務實際收支情形，由行政院會同考試院覈實釐定，作機動調整，以應需要。目前公保之內涵僅包括現金給付之部分，費率為 4.75%。自八十六年十月一日起調高保費為 6.4%。

---

❹自八十年度以來，各年度公保收支短絀數皆在 35 億以上，預估八十七年短絀數將達 75 億 9,000 萬餘元，亦即，每 100 元公保支出，有 43 元須靠政府補助或賒借支應。

㈡政府撥補不足導致利息支出快速擴大

支出大於保費之不足部分，中信局以透支方式支應，其後財政部再依實際短絀金額及透支利息，編列預算撥補。八十五年累積的利息支出為 6 億元，八十六年將超過 9 億，八十七年可能達到 12 億。

■肆、國民年金下之公保制度

我國國民年金制度經過政府部門多年的規劃，即將付諸實施，該制度將統合目前現有之各社會保險，其實施方法係採「業務分立、內涵整合」之方式，其主要內涵有下列數端❺：

一、業務分立

1.現行公、軍、勞保維持現行業務運作，另成立國民年金保險，保險對象為公、軍、勞保被保險人以外之國民。

2.各保險體系之費用收繳、基金管理與財務分別獨立，但必要時得相互委託辦理。

3.被保險人符合領取資格時，由其向當時繳交保險費之保險體系申領給付，其給付按過去向各保險體系之繳費年資，分別計算加總而得。

4.被保險人保險給付，由請領時參加之保險體系負責支付，各保險體系再相互清算。

---

❺參見國民年金制度規劃小組八十六年八月十二日新聞稿。不過，國民年金規劃小組亦瞭解下述整合工作相當艱鉅與複雜，故其亦表示其僅為內涵整合之「理想方式」，必須各主管機關充分配合調整，並妥籌政府補助財源，始能達成。

二、內涵整合

1.屬於國民年金之部分，全體國民保費負擔與所享給付相同，除特定對象（如低收入戶）外，需盡繳費義務才能享給付權利。

2.公、軍、勞保中，相當於國民基礎年金保險部分，與給付國民年金保險一致，給付項目包括老年、重殘與遺屬年金等。

3.符合同一給付條件者領取同額的國民年金給付。

4.政府補助國民年金部分，將朝各保險體系被保險人相同補助比例之方向規劃。

5.國民基礎年金部分之保費連動。

6.公、軍、勞保被保險人收繳保費超過國民年金部分，為附加年金（加給部分）及其給付（如傷病、生育給付）之保費，其給付由各保險體系自行規劃。

三、公保必須配合事項

針對上述規劃，公保必須將給付由一次給付年金化，屬於國民基礎年金部分，規劃與國民年金保險相同、重估保險流量，精算保險費率、訂定繳費年資相互保留及給付清算辦法，並配合辦理年資銜接，及未來被保險人領取各項給付之清算、被保險人負擔比例需配合調整。

就公保改革之時機而言，本文認為，經建會在研議數年後，對於我國國民年金之規劃採「業務分立、內涵整合」之方式，使現行公、軍、勞保維持現行業務運作，實為一不得不然之措施。現行各社會保險制度歧異甚大，若強欲將現有各保險整合為單一之國民年金制度，並由一統籌之專責機構辦理，徒將使我國國民年金制度胎死腹中；若強調行政一致性，政策上非採由一專責機構辦理不可，則亦必是在一專責機構之下，

設立各不同業務部門，負責現有公、軍、勞保業務，其實務運作上，仍不脫目前所採「業務分立、內涵整合」之原則。據以上推論，本文認為，在配合國民年金規劃之原則下，公保業務承保機關，並不會因涉及將來國民年金之實施，而必須再次更動，故改革工作此為其時。

■伍、公保民營化

一、引　言

自 1970 年代以來，全球興起一股新的浪潮，稱為管制的革新 (regulatory reform)。在這股新的經濟政策思潮之下，受管制的產業，解除管制；公營事業，民營化；而公營事業所獨佔的市場則自由化。我國公保業務市場因法律之規定，由中央信託局所獨佔。中信局為我國眾多公營事業之一，近來世界各國對於公營事業，多採行民營化之策略，以促其提高經營績效或減少政府之虧損，我國亦不例外。不久前的國發會曾做出以全民釋股之方式，進行公營事業民營化之建議，並獲得朝野共識。日前行政院院長蕭萬長，除要求加速公營事業民營化之外，並以修正「公營事業移轉民營條例施行細則」之積極行動，來突破民營化過程中之執行瓶頸，使公營事業出售股權方式多樣化。又如臺灣最高價格的公共工程——高速鐵路，亦以 BOT 之方式予以某種程度之民營化❻。

---

❻所謂 BOT 係指「建設─經營─移轉」，政府將原應由政府承擔，為某一重大基礎設施項目進行設計、建設、融資經營和維護的責任轉讓給民間單位。該投資者在一定期間內，對此項目享有所有權及經營權。「特許期」結束後，該投資者應將所有權移交給政府。在該制度下，政府財政負擔得以減輕。

民營化與自由化之目的,在增進公營事業與受保護廠商之經營效率,以提升國家之競爭力,但二者乃是兩個不同的概念,依照 Vickers and Yarrow (1988) 一書中之定義,民營化乃指所有權之移轉;自由化則是開放競爭。而自由化比民營化更為重要,蓋若只有民營化而沒有自由化與接續之管制,則僅是財產權之移轉,可能無助於效率之提升。就 OECD 國家管制革新之績效評估,大部分實證結果顯示,效率之關鍵在於競爭程度而不在所有權本身❼。至於被民營化的主體,Vickers and Yarrow (1991) 則將其分為三類: 分別是⑴獨佔事業; ⑵競爭廠商; ⑶政府業務外包(原先由政府機構所提供之服務,外包給民間企業經營)❽。其中第三類不涉及實質資產的買賣,政府所販售的是服務契約 (service contract) 或授權協定 (franchise agreement),是本文所關切之處。

二、管制革新理論與政策

福利經濟學強調在自然獨佔、外部性與公共財等市場失靈的情況下,必須加以管制或由政府公營,以免獨佔力被濫用。但因經營效率之問題,及管制者所擁有之資訊通常少於被管制的廠商,在資訊不對稱下,管制之效果往往不盡如人意。公用事業大多需要架設網路 (network),因此存在沉入成本 (sunk cost),但若將其拆解為具網路特性與不具網路特性二部分,不具網路特性的部分不存在沉入成本。可競爭市場理論 (contestable market theory) 認為在沒有沉入成本的情況下,若存在潛在競爭,

❼朱雲鵬,《各國解除管制之研究》,發表於行政院公平交易委員會公平交易法學術研討會, 頁 18,中華民國八十六年六月二十一日。

❽施俊吉,《加速公營獨占事業之研究》,頁 2,發表於行政院公平交易委員會公平交易法學術研討會, 中華民國八十六年六月二十日。

即使獨佔廠商亦無法獲得獨佔利潤。因此，此部分之開放將有利於效率之提升。就公保而言，因其並不具網路特性，而無沉入成本，在本質上適宜開放。至於是否有規模經濟之問題，由於開放前各民間保險人，於保險市場原已有相當市場規模，故尚不至於因開放民間保險人承辦公保，而使市場規模變小致無法經營。

三、民營化之方式

民營化的方式，可約略分成下列三種：

1. 股權移轉。

2. 公有民營。

3. 出售資產或清算。

本文所討論之系爭個案中，與上述第一、三種情形較無涉，在此暫不討論。茲介紹與本案中較相關的「公有民營」概念如下，所謂公有民營，係經由委託民間業者經營的方式，達成民營化的目的，其途徑包含：

(一)簽約外包 (contracting out)

政府提供經費，而由該民營企業生產政府所要求的產品或勞務。

(二)經營特許權 (franchise)

經營特許權，係由政府授與民間企業代理提供產品或勞務的權力。此方法可採獨家代理，抑或同時由數家民間企業代理，而其具體作法則是以公開競爭標售一段期間某項財貨或勞務的經營權，並由出價較高者得標。然而，由於政府常擔心授權廠商，因擁有市場力量而剝削消費者，故常伴隨價格管制之實施。

經營特許權與簽約外包一樣，公營事業本身退居第二線，而委由民間業者生產。二者差異在於付費方式不同，就簽約外包而言，政府為向民間業者購買服務以提供消費者，故需由政府付費與民間業者；而經營

特許權，則是由消費者直接支付費用給民間業者。惟值得注意的是，委由民間代理之民營方式，雖然生產效率將得以提升，但政府仍應負監督之責。

公保制度改革中，採民營化之較小變革的方式是仍然由中信局繼續辦理，惟必須打破獨佔的局面，開放民間業者參與經營，使單一的保險人轉變成多元的保險人。

四、各國解除管制之經驗

㈠美　國

美國管制革新之重點在於自由化，至於民營化則以政府業務外包為主。整體而言，美國自由化後價格下降，品質提升，勞動生產力提升，整體而言大約產生了 7% 到 9% 的 GDP 利益。

㈡英　國

英國管制革新之重點在於民營化。先民營化，後自由化可能遭到諸多阻力，因為民營化之員工必然會反對自由化。故一般認為應在民營化前進行自由化。英國民營化最主要的原因，在於不堪虧損所累積的財務危機，民營化後如何償還之前所積欠的債務，同樣是一個重要的課題。整體而言，保守黨執政之初，公營事業年年虧損，納稅人每人每年需負擔 300 英鎊，管制革新後，民營化之公用事業平均每年獲利 2.5 億英鎊，每人每年其所繳的稅收，相當於獲得 100 英鎊之回扣。由此可知，即使未自由化就民營化依然能增加社會福利。

㈢日　本

日本民營化之原因與英國相同，主要為承擔不起公營企業大量虧損所造成之財務危機，而財務危機乃導因於管理階層缺乏危機意識，造成經營效率低落；政治干預、虧損，然後補貼，補貼後再進一步政治干預

所形成之惡性循環。具體事例如 JNR，即日本國鐵❾採國有民營之方式民營化，JNR 因受到各種交通工具之競爭、費率受管制、政治要求其經營虧損之路線及經營效率不佳等因素，1964 年起出現赤字且逐年增加。日本政府對此問題採民營化，同時進行地區性結構重整，並且朝開放邁進。民營化之後之 JNR 之績效有顯著改善，尤其 1987 年及 1990 年，其旅客成長率分別為 5% 與 10%，生產力雖仍較民營鐵道公司差，但也較民營化之前，提高了數倍。更重要的是，JNR 已不需要政府補貼，能達到財政自主的目標。

㈣ OECD 國家

OECD 國家主要之變革，為解除管制與將公營事業民營化，管制的變革，除了澳洲長途電話價格，由不管制改為部分管制外，其餘皆傾向解除管制。所有權的變革，除加拿大、紐西蘭與土耳其等三國之郵政快遞服務，由完全民營改為公民營並存外，一般都傾向於民營化。

五、社會保險民營化初探

社會保險的民營化，乃隨著經濟危機逐漸制約社會保險的活動與機能後，始受到重視。然而論者謂社會保險與民間保險二者間，已由早期的對立關係，進入競合關係。如智利公共年金的民營化，即頗受許多國家的好評。學者對於我國全民健保體制改革之建議中，對於欲建立一能長能久的健保組織，必須符合事業民營化、經營競爭化等原則，並指出，社會保險民營化，亦可步入「保險歸保險，政治歸政治」的境地，採用「公辦民營❿」始可使制度之運作，可長可久。蓋政府之職責在立法與

---

❾JNR 為二次戰後日本最大的公營企業，其目標乃在財務自主的情況下，提供全國之運輸服務。

監督，而非自行掌理⑩。目前我國全民健保之改革亦是朝「公辦民營」
方向辦理，行政院衛生署日前重新送立法院待審之健保法，已將單一保
險人制改為多元保險人制，以順應民營化潮流，維持社會公正性及加強
市場競爭，增加保險對象選擇機會⑫。

六、全球年金保險民營化之啟示

㈠智　利

　　智利的社會保險制度⑬可能是拉丁美洲國家中最為分歧、零散的制
度，分歧的原因，是因為不同受雇者團體與政治團體或個別政客間交互
作用所導成。改革前制度的特色有，⑴保障對象係以職業別作為分類標
準；⑵給付規定所強調的為個人公平性，而非社會適當性⑭。主要的缺

---

⑩進一步採公辦為共辦。

⑪陳聽安，〈全民健康保險組織屬性之管見〉，《臺灣地區實施全民健保二週年紀念
　特刊》，中華民國醫院協會發行，頁190–197。

⑫前衛生署長詹啟賢曾表示，衛生署打算以承保一元化，醫療給付多元化之方式，
　取代原訂健保局改制為健保基金會的單一保險人體制，將來承保單位屬公辦，具
　公權力，而保險機構可公辦或民營，健保局仍維持法人性質，為眾多保險機構之
　一併提供醫療服務，各保險機構發揮競爭機制。參見聯合報，八十六年九月二十
　三日，第6版。

⑬關於智利的社會保險制度的探討，參閱劉惠玲，《年金保險民營化──智利模式
　的啟示》，陳聽安教授指導，國立政治大學財政研究所碩士論文，中華民國八十
　六年七月。

⑭所謂社會適當性原則 (social adequacy) 係指對所有被保險人發生保障事故時所
　提供維持某種生活水準的給付，用以維持一般社會生活水準的最基本需要。在社
　會適當性原則下，年金保險對某些階層特別有利，如低收入階層、大家庭者及年
　老退休者，因此，這些人所領到的老年給付數理值超過其所繳納的保險費數理

點有：

　　1.缺乏社會公平性與適當性。

　　2.鉅額的預算赤字❺。

　　3.行政效率低落。

　　4.通貨膨脹的腐蝕使投資資產貶值。

　　5.政治干預。

　　於 1980 年 Augsto Pinochet 獨裁政府推動改革，以「政府規範、民間經營」的強制性私人年金保險退休制度，取代原有國營的公共制度。該案於 1980 年 11 月通過，1981 年 5 月實施。智利成功實施的經驗，十幾年來營運績效，健全了該國金融市場的發展、增加基金投資收益、人民更有選擇退休年金的自由，使得中南美洲各國爭相效法。智利模式提供我們三項啟示：其一是確認債券的提供，具有緩衝舊制移轉到新制的功能，且確認舊制下已繳保費的價值。其二是新制使人民具有選擇的權利，使得競爭的機制得以導入新制體系中，提高了基金的投資報酬率。其三即為政府在民營化後的新制中，仍然扮演著相當重要的角色，不僅是基金營運的監督、負責基金管理公司經營不善的成本，與最低保證年金的提供等。至制度成熟後，政府才漸退居幕後，由民間負主要責任。

(二)歐洲國家

　　歐洲社會安全制度普遍建立且較完善，因此，政府基於福利國家之

值。而所謂個人公平性原則 (individual equity) 係指被保險人所領受之保險給付與其所繳納保險費有直接的數理關係；依此原則，依保險數理計算，所領受的給付等於所繳納的保險費，此項給付對某些人如低收入階層是不夠的，無法達到維持每一個人最低生活水準的目標。參見同前揭，劉惠玲，頁 61。

❺1981 年前係採 PAYG（隨收隨付制）為基礎的社會保險制度。

理念，多扮演強勢功能之角色。惟自石油危機以來，經濟逆轉之結果，難免危及社會安全之存在，民營化即為其解圍對策之一。制度上較傾向民營化者有英國及丹麥。英國在柴契爾自由主義的民營化政策下，於1975年修正社會安全法，對法定年金制度導入調整原則，免除事業單位對公辦社會安全制度繳納受雇員工比例年金保險費的義務，但相對地必須為員工與民間保險公司，簽訂參加給付水準在社會安全年金之上的年金保險❻。1986年的社會安全改革，進一步採行自由選擇、強化市場機能、獎勵所得儲蓄、加強個人責任與減輕政府負擔等措施。丹麥則為斯堪地那維亞國家中，公權力介入社會安全制度最深的國家。但除國民年金係採定額制的基礎年金外，另有以繳費為基礎的補充年金，由民間保險公司承辦。

(三)日　本

　　日本的國家年金保險制度有國民年金保險、厚生年金保險、共濟組合年金保險、年金基金及民意代表互助年金保險五種，計五個體系十二種制度。在民營化的政策目標下，日本以擴展厚生年金保險的方式，將厚生年金保險的經營權移轉給民間企業，而民間企業則將退休金和厚生年金的代理部分，合併成企業年金中的調整年金。易言之，日本的勞動者年金保險制度，將逐漸走向由企業經營管理，並將退休金與厚生年金一元化的趨勢❼。

❻此項調整，對產業界或公共部門產生莫大影響，其利在於使員工負擔較輕的費用，獲得較好的年金，其弊即政府對沒落產業的勞力受雇者，尤其危險偏高群體的財務補貼，較前更加沈重。

❼參見蔡宏昭，〈日本的國家老年年金保險制度〉，收錄於《先進國家年金保險制度》，內政部編印，中華民國八十三年六月，頁74。

世界銀行針對多數國家年金制度存在之財務及經濟問題，提出一套年金制度的建議，其認為應可考慮三柱的老年經濟保障體系，第一柱為強制性公營層次，以量能課徵之「稅收」為主要財源，實施方式為社會救助、最低年金保障或差額補貼方案、普及定額年金與就業相關定額年金。第二柱為強制性民營層次，採行智利模式之確定提撥制，亦即採行民營之完全提存準備制，以避免重蹈確定給付制之覆轍。而年金制度民營化之結果將可提高投資績效，並進而促進國家經濟發展。第三柱為自願層次，個人為提高個人晚年之生活水準，透過民營之保險制度，購買個人所需之年金保險，或因就業而得以參加企業自由建制之員工退休金計畫。

■陸、改革建議（代結論）

第一部分

關於我國公保制度之改革，本文在配合國民年金規劃之前提下，分別就制度本身，及承保機關之歸屬提出若干淺見。公保制度雖整合於國民年金中，但應屬「儲蓄」功能之補充性附加年金，而非屬「所得重分配」為主要功能之基礎年金。而「確定提撥制」搭配「民營化」設計，則為達成國民年金之下公保制度功能的良方。在此前提下，整合私立教職員保險及公務人員保險（甚至進一步將整合後之「公教人員保險」與公務人員退撫制度再整合），並開放民營化、將公保養老給付改為年金給付、建立養老基金提存制度❸（未來可採瑞典年金改革之作法，漸採個

---

❸養老給付會隨著投保薪俸及退休人數比例之增加而大幅增加。最近十年之公教

人帳戶之確定提撥制，即部分保費支應舊制，部分保費提撥至個人帳戶，後視未來實施績效，達成全面改成確定提撥制之目標❶）、合理調整保險費率，與政府應妥善處理八十四年期初未提存之應計負債 2,128 億元，由於本項金額過於龐大，宜採長期撥補方式處理，至於可採取之解決方式有，一次撥補、採本利和一併撥補方式、未來服務期間保俸的百分比來攤提、採取不撥補本金但撥補利息方式、在衡量日撥補一定數額以達部分彌補之效果。本文建議可採「本利和一併撥補」、「限期內均等撥補」並配合「一定期間合理調整保費」的方式來處理期初未提應計負債。或採智利模式，由政府以保證公債支付，但須存入個人年金帳戶內，皆是為配合我國國民年金規劃，所可採之改革作法。

第二部分

　　本文認為公保之改革應採用民營化方式，至於實施之方式，依民營化程度深淺，提供以下兩種方式供參：

㈠採保險人多元化制度❷

　　我國公保制度之改革，應注意下列幾點：兼顧自由化與民營化、提供緩衝機制、加強監督功能，確保服務品質及經營績效、配合國民年金

人員養老給付支出佔保費收入之比例已由民國七十五年的 60.5% 增加至民國八十四年的 123.6%。採行事前提存基金法，累積養老基金，恐係穩定政府負擔及保險費率水準之必要措施。

❶蕭麗卿，〈公共年金採行確定提撥制之探討〉，《保險專刊》，第四十九期，八十六年九月，頁一四九。

❷我國全民健保之變革中，健保局不再是獨佔市場之單一保險人，但在保險機構多元化後，為維持全民健保強制納保的社會保險精神，未來健保仍採單一費率。參見聯合報，八十六年九月二十三日第 6 版。此一方向與本文所採此建議相似。

之規劃。公保制度之問題，在於解決其財務虧損，根本解決之道，可經由民營化之方式解決，英國與日本之民營化，如上所述，基本上皆是承受不起公營事業連年虧損所帶來的沉重負擔而產生。我國許多公營事業在長期缺乏競爭效率的環境之下，公營事業之弊端逐漸呈現，其經營績效常遭人詬病，如忽略成本之控制、員工缺乏工作誘因。目前中信局獨佔公務人員保險市場，係肇因於公務人員保險法第五條之規定賦予其法定獨佔地位，與規模經濟因素所致之自然獨佔無關。又由於費率上遭到管制，虧損又由財政部負責彌補，經營績效不彰其來有自。本文認為可採透過招標之方式，開放民間業者一至二家承保，採公民營雙軌經營制度，主管機關可減少處理收回獨家承保權後之人事安排問題，並除去中信局公保處員工反彈、增進中信局經營效率，增加政策之可行性。而競標之項目可以「事務費」為競爭標的，至於開放公保市場後競爭之項目，則可考慮以「保險費率」或「給付水準」為競爭之項目，討論如下：

1.保險費率

在現有之給付條件下，亦即在不減低公務人員所享福利下，政府每年給予各承保公司（保險人）承保事務費及固定額度補貼，至於保險費率則由各保險人自行訂定，盈虧自負。

2.給付水準

於政府所訂定固定之保險費率下，政府每年給予保險人固定額度補貼，民營化後對於承辦之保險人的補助，可依保險人數計算補助比例，並調整公保市場結構，使競爭機能發揮，關於業務之經營則自負盈虧。在不低於現有給付水準下，由各保險人自訂給付水準，盈虧自負。不過該固定保險費率仍應定期檢討，以符合社會保險之財務收支平衡原則。

民間保險公司加入承保時，主管機關即需要求其精算，將一次給付之養老給付，轉換成年金給付等技術層面問題，藉此機會將給付年金化。

待國民年金正式開辦後，再將年金分割為國民基礎年金以及附加年金。這樣的話，行政作業上符合循序漸進之原則，並且符合目前國民年金規劃之程序。

應搭配之設計則尚有費率調整、監理功能提升等。目前公保費率雖提高為 6.4%，而該費率係平準純保險費費率❷（不包括公務人員過去服務年資養老給付之成本，即潛藏負債、承保事務費、尚待國庫撥補之虧損及其利息），距離財務平衡仍有相當距離。至於私立教職員保險，雖尚未出現虧損，仍應同步提高其費率。蓋該保險之被保險人年齡亦將至成熟期階段，宜及早規劃為宜。民營化如欲獲得成功，加強監督機制是關鍵因素，故公保監理委員會之功能必須大幅加強。

目前公保民營化主要困難之處在於，(1)確定給付制之公保制度及隨收隨付的財務處理方式下，目前並無資金可供運用。(2)費率能否配合精算結果加以調整，以符合社會保險財務平衡原則。在朝向確定提撥制的改革方向下，則可彰顯出民營化有效率的投資管理，及承保公司相互競爭的利益。而後者則是商業保險公司是否願意承接公保之關鍵因素，制度設計上須妥為因應。

我國日後若實施國民年金制度，財務健全實為永續經營之一大前提，透過民營化的手段，實係一能將政府美意加以落實的方式之一。目前我國全民健保制度，各方亦多倡公辦民營以解決諸多問題，並得以永續經營。實務上如高雄市學生平安保險業務，原由臺灣人壽承保，開放民間保險業者競標後，因經營成功導致尚可調降保費，亦為一成功例證。唯

---

❷中華民國精算學會依據公保八十一年底資料精算未來十年現金給付實需費率：

　1.不攤提過去養老給付負債，不含行政事務費之平準純保險費率為 6.4%。 2.攤提過去養老給付負債，不含行政事務費之平準純保險費率為 13.6%。

若公保目前之財務制度、費率訂定方式及潛藏負債等問題無法妥善調整、解決，則民營化之節約效能恐無法彰顯，退而求其次，將公保行政事務部分之業務透過公開招標方式予以外包，雖為民營化較低程度之方式，但在該方式之下，至少能去除目前承保機關常遭人詬病，行政效率低落及缺乏成本觀念的若干缺失。

㈡將公保移轉由考試院銓敘部退撫基金管理委員會承辦，而主要業務以委託經營之方式辦理

目前承辦公保業務之中央信託局與銓敘部並無行政隸屬關係，又非同一行政體系。主管機關對承保機關不具人事任免權及行政考核權，使保險政策難以貫徹。管理監督、行政指導和業務改進績效自不易提升。反之，財政部握有中信局之人事任免權，及行政考核權卻無須承擔政策責任，亦是無力為繼。由公務人員退休撫卹基金管理委員會承辦業務之優點，則有二者業務相近，符合組織機能一致之原則、事務費由政府編列預算支應，有效控制事務費支出（就整體財務而言，退撫會粗估承接公保業務需增員 57 人，年度用人費用為 5,414 萬元，另資訊設備、場地承租及業務經費合計約數千萬元，較諸中信局編列之預算人事費 1 億 1,600 萬元、事務費 1 億 1,200 萬元，節約效果甚為顯著）、增加基金運用規模，提高效益。退休撫卹基金管理委員會目前資金運用力求多元化，為提高收益，該會亦積極爭取透過委託經營基金之方式來提高收益，雖仍不如直接由民間業者承辦方式有效率，但仍較由中信局公保處承辦為優。至於公保處現有人力，則可在退休撫卹基金管理委員會擬增補之員額編制內予以吸納（包括職員及技工工友），至於不具任用資格者擬請中信局配合納入該局其他處室。

至於論者有謂將公保業務委託勞保局承辦乙案，按勞保局員工亦是支領金融保險事業人員待遇，雖其歷年事務費之支用佔保費收入比例在

2%以下，較公保處為低，從節約行政成本的考量而言，並無實益。以增進行政效率考量而言，二者許多作業有所不同，改善效果不大。就財務運用方面，勞保局本身亦缺乏資金運用的專責單位與相關經驗，所累積勞保基金多以銀行定存方式保有，故改由該局承辦似無積極意義。

　　公保制度的改革，非一朝一夕可成，本文以為，整合於國民年金下之公保制度如欲永續經營，真正回歸到社會保險，則漸採確定提撥制、引進競爭機制、開放民間保險公司經營，不僅就本案而言可行性高，未來亦值得我國國民年金制度運作參考！短期而言，雖然在目前保費收入不敷保險給付的僵硬制度下，承保機關之轉換，仍會出現虧損的情形；但不論是由公務人員退撫會承辦，或是委託民間保險公司來負責承保業務，較諸由公營、獨佔市場之中信局承辦，皆可為國家節省高達億元之經費。先民營化，再配合國民年金，就制度作全盤檢討，亦非不是一可行的方式。改革虧損累累的公保制度，實係我國政府改造，提升效率的另一個起點！

　　　（本文原發表於《公務人員月刊》第十八期，八十六年十二月）

第八篇

公務人員退休撫卹基金之定位及經營管理

▌壹、前　言

　　舊的退撫制度，自民國六十二年開始實施，其後經過長達二十多年的研究，一項新的公務人員新退撫制度，終於在民國八十三年十二月二十八日公布，次年七月一日付諸實施。這項關係公務人員權益甚鉅的新制度，最近卻因為配合國民年金制度的實施，而面臨整體年金制度整合的問題。新退撫制度的若干缺失，加上外在因素的影響，是否應予重新調整，值得提出討論。

▌貳、我國公務人員退撫制度的內涵

　　民國八十四年七月一日實施的新制度，與舊制度最大的不同，在於退撫制度所需經費，原由各級政府按年編列預算支應，改由政府與公務人員共同提撥，即公務人員退休撫卹基金，提撥率為 8% 至 12%，其中65% 由政府負擔，公務人員自行負擔 35%，現行提撥率為 8%❶。

　　雖則新舊退撫制度之提撥率及方式有所不同，但就退休年金之本質而言，此制度仍為確定給付制 (defined benefit)，亦即公務人員退休給付，

---

❶自民國九十一年一月一日起已調高為 8.8%

仍依照公務人員退休前之平均薪資計算，此外，新制相對於舊制，舊制由政府完全負擔，故一般稱為「恩給制」，後改由政府與公務人員共同提撥，稱為「儲金制」。但我國新退撫制度，不若許多晚近年金改革的國家，都採個人設帳方式，注重財務透明化，改採確定提撥制 (defined contribution)。

■參、公務人員退撫制度的問題

一、提撥與給付無相對關係

由於新的公務人員退撫制度仍沿襲舊制，採用確定給付制，公務人員提撥之多寡，與退休時領取之給付，無絕對相關。易言之，退休金之收入與成本不相關聯，公務人員之提撥由於資淺者提撥少，而退休給付卻是依照退休前三年平均的薪資計算，而退休者多半為資深者，故其平均薪資必然較高。進言之，公務人員從進入公務生涯，由資淺至資深，從低職到高職，物價水準上升與薪資調整，退休者退休前的平均薪資必然提升，故對一般公務員而言，其提撥均低於領取之給付，即使提撥率經過精算一再調升，也未必與給付相當。

二、政府承擔全部風險

在確定給付制之下，政府即雇主，承擔提撥資金管理之風險，退撫基金管理得宜，公務人員的退休給付，並不能為之提高，反之，公務人員退撫基金管理不當，或受整體經濟影響時，政府仍須承擔一切風險，以維持公務人員原有之權益。

三、管理機構不足以獨立運作

　　由於目前公務人員退撫基金管理委員會，是一個政府行政機關，其首長由銓敘部部長兼任，但銓敘部長不一定是基金管理的長才，當基金累積龐大數額時，一人身兼二職，工作繁重，可能顧此失彼。加上基金管理委員會為中央政府機構，基金管理與運用，不免受到政治的干預，如最近國家安定基金之籌劃，公務人員退撫基金也難脫其身，均得奉命參與。

四、退撫基金有潛在的財務危機

　　退撫新制一開始即潛藏財務危機，並非危言聳聽，蓋自創辦初始，提撥率即為偏低，根本無法達成基金長期收支平衡的目標。提撥的均衡費率依照當初的估算，高達14%，主事者因考量14%的提撥率太高，公務人員負擔太重，為求順利開辦乃降至8%。當然，依照8%的提撥率，如財務欲達成平衡，公務人員退撫基金之投資報酬率需達12%，教育人員須12.9%，軍職人員則需23.4%。依照公務人員退撫基金管理委員會委託的精算報告指出，投資報酬增加1%，則一次退休金提撥率可降低1%，月退休金提撥率可降低3.8%。無可諱言，長期維持高報酬率的可能性不大，以最近的情形而言，平均年報酬率6%至7%左右，已屬不錯的成果。是以，8%的提撥率加上合理投資報酬，仍不足維持公務人員退撫基金的收支均衡，換言之，提撥率必須向上調整。假設沒有政治的考量，提撥率之提高乃為必要的作法，但是一個公營的基金管理單位，很難脫離政治上的考量，故持續提高提撥率之可能性，幾乎為零。

■ 肆、公務人員退撫制度與國民年金制度之配合定位與經營管理之改進

　　依照行政院經濟建設委員會設計的年金體系，為保障老年退休養老，是依據世界銀行三柱年金模式 (three pillars)❷，即第一柱為基礎年金，或稱國民年金，採確定給付制，財務融通用隨收隨付，採用強制 (mandate)參加方式。參加者月繳 870 元，凡參加達四十年，年滿六十五歲退休時，即可每月領取 8,700 元的給付。保險費國民自行負擔 80%，政府補助20%。

　　對公務人員而言，依照考試院第八十八次院會通過之決議，原有公務人員保險，定位在第一柱之基礎年金，未來新公務人員一概加入國民年金，對現行公務人員，則允許在國民年金制度時實施後三年內，選擇參加國民年金制度，或留在公保體系內。凡留在公保的公務人員，在實施國民年金制度後，對已繳交之保費超過國保者，超過部分採一次給付，其餘則與國民年金相同，採按月給付。唯此方案與勞保及軍保之未來規劃仍有別，為求與軍保及勞保一致起見，公保未來可能仍有更動，上述考試院通過之方案，是否能實施仍在未定之天。未來有可能將對新進之公務人員及選擇加入國民年金之原來公務人員，另成立新的公保，其內涵一方面符合國民年金，另一方面又與目前公保給付的項目相符，包括：養老、殘廢、死亡及眷屬喪葬。

　　至於公務人員退撫基金，在未來整體年金制度中的定位，被視為第

---

❷The World Bank (1994), *Averting the Old Age Crisis*, Oxford University Press, London.

二柱職域年金，依照世界銀行的模式，職域年金為強制參加，但應採確定提撥制、個人設帳、民營化的管理方式。檢視我國自八十四年建立的退撫基金，仍採確定給付制，而且是單一公營體制。依照精算（八十六年十二月）顯示，如一次給付，民國九十五年軍官部分出現赤字，士官部分則於九十二年出現赤字，教員部分約民國一百一十四年入不敷出，公務人員亦將於民國一百一十六年破產。當然，為維持財務健全，提撥率可不斷提高，或者降低給付水準，但二者都將面對極大的困難。為求基金財務長期收支健全，公務人員退撫基金，應回歸世界銀行的建議，改採確定提撥制，並按個別公務人員設帳管理，使財務資訊透明化。此外，目前退撫基金已累積至新臺幣 1,400 多億元，並預計十年內將累積至 4,000 多億元。此一龐大的基金，是否仍由現行非金融機構的公務人員退休撫卹基金管理委員會繼續經營管理，也值得商榷。

　　根據我們的瞭解，目前退撫基金在主任委員及全體同仁的努力及監理委員會的指導監督下，基金運用的投資報酬成果不惡。但也無可諱言的，除非未來在管理人員待遇或獎金制度有所突破，或能比照金融人員之待遇與福利，否則人才流失過多，將使目前的管理成果難以為繼。換言之，一個公務機構，缺乏強烈的誘因羅致優秀的專業人才，便難以使退撫基金有效地經營與管理，所以我們建議未來的退撫基金，應委託民營金融機構管理。當然，不僅宜突破公營，也應賦予公務人員有選擇參加不同基金管理機構的權利與機會。我們認為，民營有效率的管理，較能產生競爭機制，對政府可精簡組織與人員，從而節省政府支出也有幫助。對公務人員而言，可獲較佳的給付，對民間投顧與投信公司，則有獲得蓬勃發展的機會。

　　（本文原刊載於《考銓季刊》第二十一期，民國八十九年元月）

第九篇

公務員年金制度之研究——
兼論我國公務人員退休撫卹基金改革方向

▌壹、前　言

　　年金制度，本身具有「長期運作」的本質，加上事涉廣泛，影響深遠，各國莫不謹慎為之。先進國家中，年金制度行之有年，如德國的國民退休金制度 (national state pension scheme) 於 1889 年即由俾斯麥所建立。因人口出生率減少和壽命延長的趨勢，各國年金制度財務上的問題終於逐漸浮現。就我國而言，除與年金相關的制度外（包括公務人員保險、公務人員退休撫卹基金、勞工保險、勞基法退休金等），國民基礎年金制度亦將付諸實施，本文除逐一探討年金制度建制所涉及的諸多項目外，並從西歐各國實施公務人員年金 (civil service pension) 制度的經驗，來研究如何改進我國現行之公務人員退休撫卹基金，以避免重蹈公務人員保險中養老給付一次退休金部分的覆轍，進而建立一個可長可久的年金制度。

　　基本上，各國雖有制度方面的差異，但仍無法不面對相同的問題，那就是人口結構的改變所導致的財務負擔。根據估計，在下一個五十年，就業人口的年金財務負擔將是目前的兩倍。職域年金 (occupational pensions) 在公共部門有一段相當獨特的歷史，政府首先用「年金」來照顧公務員老年退休生活，一般而言，公共部門年金 (public sector pension) 的設計應符合安全、穩定及彈性的原則，同時它應符合公平、容易監理的要

求，而且在收入與給付之間具有關聯性。諸如年金的建立涉及許多層面，其財務融通方法或是採隨收隨付制，或是採儲金制 (pre-funding)；除此之外，還有諸多項目應加抉擇，諸如年金應該視為一種擴增收入 (extended earning) 或遞延收入 (deferred earning)？年金給付的計算應該基於最後服務期間的薪資 (final salary) 抑或終身服務期間的收入（或稱生涯所得，career earnings)？年金的承諾 (pension promises) 應採確定給付制 (benefit-defined) 或確定提撥制 (contribution-defined)？年金權應該是一種既得權 (vested) 或是必須符合一定的條件才能領取 (conditional)？此外，退休年齡的高低亦是年金制度中的一個重要因素；而除了退休年金 (old-age pensions) 之外，一個職域年金中還必須包含有遺屬年金 (survivor's pensions) 及殘障年金 (invalidity pensions)；此外，還必須制訂一些轉換工作者領取年金權的規定；最後，須有過渡條款的規定，以便引進新年金制度或對現有的年金制度加以改革等等。

從西歐各國公務員年金建制之歷史觀察，「公務員年金制度」建制的原因可分為三類，分別是：⑴確保公務員行政中立；⑵讓政府公職更具吸引力，以及⑶將目前累積之成本移轉至未來再行給付。在大部分 OECD 國家，公務員都有一個獨立且經特別設計的年金制度，所謂「獨立」係指不屬於適用一般國民的基礎年金 (common national pension schemes, basic national pension schemes) 而言。有不少國家是採用隨收隨付 (pay-as-you-go, 簡稱 PAYG) 作為年金財務融通的方法，過去三十年來，雖然人口結構改變，但基本上並未造成隨收隨付制有任何重大改變；更由於年金制度具有長期的本質，加上公務員既得利益，使得年金制度的改革不易。

然而，現實上因為人口結構的改變，年金制度已成為許多 OECD 國家預算沉重負擔，各國又不得不嘗試用各種方法來突破此種困局，本文

的探討，即期盼能由各國的經驗中獲得啟示和借鏡。「職域年金」主要的功能在於提供年金參加者遭遇殘障、年老及死亡時的收入保障，制度的設計上皆規定參與者在工作一定期間，履行繳交一定保險費之義務（如四十年）後，保障讓其獲得一定的退休給付，而年金制度的設計與選擇，將影響到年金給付者與年金收入者的財務相當深遠；因而吾人在設計給付規定及年金融通方法時須予審慎考慮。世界各國基於不同的經濟、社會及政治背景，從而有相當差異的規定。

　　本文主要探討「公務員年金制度」設計上所遭遇的問題，以及不同的選擇項目。本文可分二部分，第一部分將先談歐洲國家實施年金制度的經驗❶，說明年金制度涉及的各項架構，並以相互比較的方式討論採用不同設計時的利弊得失，進而簡要地論述 OECD 國家的年金改革。第二部分則先介紹我國現行公務員年金制度，進而討論其中遭遇的問題與學者的見解，最後基於本文之論述，提出對我國公務員年金制度改革的建議。

　　須強調的是，限於篇幅，本文將僅就確定給付制相對於確定提撥制以及隨收隨付制相對於儲金制作深入討論。

---

❶本文主要參酌 SIGMA 所做的研究，SIGMA 之全名為 Support for Improvement in Governance and Management in Central and Eastern European Countries，SIGMA 成立於 1992 年，隸屬於 OECD 中的公共管理服務 (Public Management Service)，其主要是提供關於公共事務管理方面的資訊及專家意見給各國的政策制訂者，並使各國的經驗得以互相交流。本文中關於 OECD 各國的資料主要參閱 "Civil Service Pension Schemes", *SIGMA Papers: No. 10*, OECD, 1997。有興趣的讀者可上網下載文章，參見 http:\\www.oecd.org\puma\sigmaweb。

■貳、概　論

一、西歐經驗的回顧

　　西歐各國的公務員年金制度，視各國的社會安全制度及國民基礎年金 (basic state pension systems) 的建制，而有很大的差異。有些國家採用儲金制 (pre-funding) 的融通方法，有些則否。一般而言，年金常設計為一個三層 (a three-tier) 架構的制度，其中第一層是一個法定的、一般的國民年金制度，第二層是附加的職域年金制度，第三層則由個人自願購買的年金保險及其他儲蓄所構成。

　　所有西歐的國家都有提供一個經由稅收支應的法定基礎年金，其財務融通方法即吾人一般熟知之隨收隨付制方式。在這個層級，大部分的國家規定受雇者必須於一定工作年限期間，每年繳納一定的金額 (contribution)，始取得年金權 (pension right)。也有一些國家是規定，如欲享有年金給付，則必須在該國居住一定年限，才符合給付資格。

　　附加的職域年金在各國間則有很大的差異，不過為了提供退休者一個適當的替代所得 (replacement income)，許多國家皆以立法之方式，給予年金收入者 (pensioner) 一些優惠措施，諸如賦稅優惠。

　　值得一提的是，現實年金制度中的第一層與第二層，並沒有一個像理論所提的清楚界線。以法國為例，其附加的職域年金基本上亦屬於第一層的制度，因為它規定在一定所得以上的人都必須強制參加，而財務融通的方法亦是用隨收隨付制的方式。在西班牙和義大利實際上並沒有附加的年金制度，而另外的一些國家，像英國、德國和荷蘭，職域年金所採行的財務融通方法就大多採儲金制的方式。財務融通的方式，是決

定年金制度安全及穩定的一個重要因素，基本上有兩種主要的財務融通方法，即「隨收隨付制」和「儲金制」（又稱賦課制）兩種，當然也有由這兩種所混合成的方法。就隨收隨付制而言，在 OECD 國家一般多用在第一層的年金制度，第二層少見採用此法。

二、經濟的問題和趨勢

人口老化形成年金制度財務上的沉重負擔，是人口結構變化形成的一個結果。過去三十年來西歐國家的出生率已經從 2.6% 降至 1.5%，遠低於維持穩定人口成長所需的比率。隨著預期壽命延長，人口結構也有重大變動。估計顯示，若以年金收入者除勞動人口（六十五歲以上人口除十五至六十四歲者）的數字，將從西元 1990 年 20% 提升至西元 2040 年的 40%，亦即由原本 5 個勞動人口扶養 1 位退休人口，變成每 2.5 個勞動人口就要扶養 1 個退休人口。由於這個數字並未考慮女性在勞動市場的參與程度、隱性失業等因素，因而並未確實反映年金制度上的沉重負擔，然而，此一趨勢也非常值得吾人警惕。西歐國家從三層的年金制度中，支付給年金收入者的總額，經估計已超過 GDP 的 10%，若其他狀況不變的話，在下一個五十年，預估將成長至 20% 的 GDP。大部分西歐國家的法定基礎年金都是採用隨收隨付制的財務融通方式，但因上述人口結構改變所導致的扶養老年人口沉重壓力，如欲維持年金財務平衡，則必須以增加年金財源或降低年金給付的方式來達成此項目標；增加財源的方式即提高費率，降低給付的方式則為，降低給付標準或提高退休年齡 (pensionable age)。部分國家在此情勢下，不得不對現有年金制度加以變革，一般多將隨收隨付制的制度改制成事先提存準備的財務融通方式，特別是針對附加的年金制度尤然。而此一改革，也讓各國更瞭解儲蓄、國家負債、經濟成長與經濟發展間的關聯。

三、公務員年金制度的若干特色

㈠年金屬性

從歷史的演變過程來看，各國現行的法定基礎年金和職域年金皆是由公共部門的職域年金（亦即公務員年金）演變而來。「政府」是第一個為受雇者及其遺族發展出一套制度，即用退休年金、殘障年金和遺屬年金，來照顧他們退休、殘障及死亡後家屬的生活的雇主。對於年金的屬性，主要的看法可以分成二種，第一種是視年金為一種「增加的 (extended) 收入」，在受雇者（在此指公務員）退休後，從國家預算中，視同薪資一般，給付受雇者；受雇者在退休後所受到的待遇，仍與其任政府官員時相同。另一種想法，將年金視為是一種「遞延的 (deferred) 給付」，年金是「原來該給而未給的」，從而制度上必須或多或少依據精算的原則，在事前提存準備，用以照顧受雇者老年的生活。目前大部分的國家是在第一種理念下從事年金制度的設計，其主要的原因可能是基於此種方式，當局較易改善年金的給付條件，可行性高——只要透過政府預算支應即可。雖然現實上各國年金制度係採「增加的收入」的理念，但從理論上來分析，年金應被視為一種「遞延給付」為宜，晚近一般的見解亦支持此一看法❷。

㈡公私部門差異

從公共部門所發展出來照顧退休、傷殘及遺族的思潮，漸漸被推廣引用於私部門，亦因如此，許多國家建立了前述年金制度的三層架構來支應此一情勢。在不同的職業團體中建立起許多職域年金制度，各國政府亦利用各種不同的賦稅減免措施，來鼓勵各種商業職域年金的建立，

❷見前揭，"Civil Service Pension Schemes", *SIGMA Papers: No. 10*，OECD，1997.

但是由於仍有部分職業團體無法享有年金制度的保障，於是「國家法定基礎年金」建制的呼籲就開始被各界提出。從此年金制度的地位便成為社會安全制度的重要一環。在此同時，也浮現公務員年金制度和國家基礎年金制度整合的問題。由於公務員是較早就享有年金權的一種職業團體，而且一般而言，都享有較優惠的給付條件，很自然的，這也就是為什麼許多國家的公務員年金制度是獨立於社會安全年金制度之外❸，而與其他的職域年金有相當大不同的原因。

(三)公職的性質

　　較諸一般私部門的勞雇關係，公務員和政府間的雇傭關係是有很大的差異的。私部門的雇主以獲利為目標，這種前提無法適用於處理權利義務關係的政府部門，公務員執行公權力、與政府間的關係強調「忠誠」，某些特定行為必須受到法令特別的限制，而這些都不是私部門員工所可以比擬的。此外，公務員亦享有身分權的保障，基本上他們的工作是在終身職 (lifetime career) 的前提下進行。一般亦認為其乃處於一個較低的所得水準之下，但同時也享有一個較穩定的工作以及優惠的年金制度。在西歐國家中，德、法二國的公務員體制，大致上仍符合上述的狀況，不過瑞典並非如此。以上所提及社會整體對公務員的態度和看法，對於公務員年金制度的設計亦有很大的影響。

(四)年金的財源

　　就做為「雇主」而言，政府的角色和一般私人雇主，是有很大的不同的。政府擁有的資源顯然較民間企業為多，而公務員年金的成本較諸國家的預算僅是佔極小的部分，政府可以利用增稅的手段來支應年金的成本。這也就是許多年金的財務融通方法，並不採用儲金制的方式，而

---

❸如德國與法國。

是用隨收隨付制方式的原因。在隨收隨付制的財務融通方式下，產生了一個很大的缺點，那就是由於給付多寡，多依退休時之薪資計算，故其成本不易事前就加以確定。另外一方面，年金的參加者更關心給付多寡，而這也就是為什麼許多公務員年金，都是採用確定給付制，而不用確定提撥制的原因，如此才能將年金的給付而不是年金的提撥（成本）加以確定。由於沒有私部門雇主的成本觀念，制訂公職年金規則者，總是盡可能訂得比較優渥以嘉惠公務人員，公私部門間勞雇關係的差異在此點尤為明顯。

(五)對經濟的影響

在確定給付制下，公務員的年金保險，政府常負有最後的財務責任，其他部門亦常要求政府應比照公務員年金制度，一體適用，如此勢必對政府的財政造成沉重的負擔。

■參、年金建制

一、基本概念

年金制度的設計是一項極其複雜的工作，不僅具長期的本質，而且影響又非常深遠，故有一些基本概念在此必須先加說明❹。目前年金制度多已成為雇用條件的一部分，在許多國家中，年金權皆訂定於服務規則中。以我國為例，公務人員退休法、公務人員保險法及公務人員退休撫恤基金管理條例中，皆有明文規定。

---

❹年金計畫所涉及的事項繁多，包括財源、制度選擇、財務融通方法、賦稅減免、給付的計算、管理程序和監理程序等等。

二、和國民基礎年金的關係

　　許多國家至少對於某些工作人口設有法定基礎年金，此種年金通常是採單一費率 (flat rate)，與受雇者的收入相關，年金領取的多寡則與受雇或居住於該國的期間長短有關。公務員年金制度是否應以「附加職域年金」的角色整合於國民年金制度之中，抑或於法定基礎年金之外，有其獨立的體系，在文獻中爭論已久。吾人很難斷定何者為最佳，而應視各國不同的歷史背景及國家的狀況而定。獨立的公務員年金制度體系，其優點主要是簡單，只要針對公務人員加以設計即可。然而，由於基礎年金通常是保證全體國民年老時，得享有維持其最低生活所需的年金，故公務員年金的設計亦難置於國家整體之外。且若公務員年金制度係隸屬國民年金制度同一法律的規範下，除了有利於促進勞動流動性，使整體社會的經濟資源配置更有效率之外，不同體系下的工作者亦易於比較轉換不同工作後，年金權益所受到的影響。換言之，在相同的基礎年金下，受雇者只要比較各自所屬附加年金的部分，即可瞭解利弊得失。整體而論，似乎並無堅強理由將公務員年金排除於整體年金制度之外。

三、財務融通方法

　　職域年金制度的財務融通方法，是決定年金制度是否信用、安全及可靠的關鍵因素，雇主的年金義務，即為對受雇者未來年金支付的承諾。一般而言，年金的成本可以用兩種不同的方式來融通，其一為隨收隨付制 (pay-as-you-go) 方式，另一則為儲金制 (pre-funding) 的方式。在隨收隨付制的財務融通方法下，年金的金額於到期時支付，在此之前並不需預存任何的資金因應；此制被接受的條件是，雇主必須是可信賴的，且有長期的所得收入來支應此制所需的成本(所謂成本,即指未來的支付)，

而年金財源係來自政府之公權力，則顯示出此制所具有的「安全性」。年金的財務須力求收支平衡，而人口結構的穩定成長與否，將會影響整體制度的存續。若退休人口增加，將造成目前勞動人口負擔龐大的財務壓力，此制亦將面臨崩潰的危機。

相對的，儲金制的制度針對未來的年金給付，都訂有相關的規定，在此制下，預先設立的基金，加上操作所得的收入與利息，構成年金到期時可供支付的資金來源。資金的配置應確保足以支應未來年金的給付，而為達成此一目標，吾人必須對未來的利率、人口結構及費用支出做出合理可信的預測。事實上有許多國家為確保年金到期可兌付，其所採行的方法即為利用「年金保險」(pension insurance) 的制度，雇主可委託保險人履行雇主的義務，並支付保險人一定的佣金。

以上係對這種單純的財務融通方法所做的基本說明，不過，在各國實際運用時，對於制度有或多或少的調整是不可避免之事。如在隨收隨付制下，常會搭配一調節準備金 (a buffer fund) 好均分不同時期之財務成本，以便減低年金不時龐大支出，對財務狀況所造成之衝擊。然儘管如此，吾人仍應辨明其仍屬隨收隨付制，而不應誤認其為「儲金制」之財務融通方法。當然，也有在年金制度中，部分採用隨收隨付制的財務融通方法，部分用儲金制的方式，最簡單的方式是將年金分割為二個分離的給付，不同的給付採用不同的財務融通方法。

四、領取給付的條件

所有的年金制度都訂有領取年金給付的最低要求，諸如最低加入年齡的規定、最短的工作時間或是其他相關的規定。

通常最基本的規定，是關於公務人員加入年金計畫的最低年齡限制，一般是規定在十八至二十歲左右。至於公務人員提早退休或中途離職者，

亦應對其年金權有所規範。有些年金計畫亦明定加入者的工作時間條件，如排除部分工時的兼職者加入。

五、退休年金的計算

(一)年金給付的計算基礎

職域年金給付的多寡決定於其受雇者（年金制度參加者）收入多少及服務期間的長短，而收入 (earnings) 的多少則決定於該年金計畫所採用的原則。在公共年金的範疇，年金給付的計算多基於受雇者退休時的所得，來計算年金給付，譬如以退休前三個月的平均薪資或退休前一年的平均薪資，為該受雇者的所得計算標準。吾人稱此原則為「最後薪資 (final salary) 原則」。在這種情形下，應該避免透過退休前所得大幅變動，而享有較高額年金給付的情形發生。在另一方面，制度設計時，若將通貨膨脹的因素考慮進去，則會產生年金給付隨指數連動的現象。

(二)年金承諾

雇主的年金承諾有二種不同的方式，傳統上雇主對受雇者職域年金的承諾多是採用確定給付的方式，亦即，雇主承諾在受雇者服務滿規定的期間，大約是三十年至四十年左右，雇主即按受雇者工作所得高低給付其一定的年金。在確定給付制之下，雇主必須確保所提撥之金額，於員工退休時足夠給付，而給付的金額多寡，在年金計畫中亦皆已明文規定。但是，此制下應提撥的成本 (the cost of contributions) 是一個不確定的數額，因其無法預測屆時雇主必須給付的金額，故此種制度無法滿足吾人前述的雇主觀點中，對於一個良好年金制度的條件。確定給付制通常伴隨著隨收隨付制的財務融通方式，就整體而言，是一種較缺乏成本控制的制度，必須透過不斷的財務精算與費率的調整，以資因應。

相對於確定給付制，另外一種年金承諾的方式為確定提撥制，僅規

定員工所應該繳交的保費或者是提撥 (contribution)，提撥的金額通常是員工所得的一個百分比，至於退休時所領取的年金給付，則視所繳資金多寡及資金之運用獲利情形而定。由於資金運用獲利與否，除了資金管理者外，與國家整體經濟環境，甚至全球經濟情勢亦不無關聯；故屆時的給付總額難以預測。在此同時，對於雇主而言，可以清楚的知道其提撥的金額（成本）和年金給付之間的關係，是此制優點之所在；至於從受雇者的立場來看，雖然無法確知領取年金時的金額是多少，但是制度設計上，若能使受雇者定期皆可知道其年金權益的狀況，也可將此一缺點降至最低。

值得一提的是，吾人亦可整合上述兩種方式於一個制度中，有助於減緩此二制的優缺點，組合二制的年金計畫即可提供二套不同的退休年金制度。此二原則的採用，對於年金制度有關鍵性的影響，繼上述對此二不同原則之簡要說明之後，以下將就不同觀點，逐一檢討二制的優缺得失。

1.確定提撥制 (defined contribution plan) 乃先明定個人參加年金制度期間之提撥 (periodic contribution) 金額，經累積而確定最後之給付 (benefit) 之制度。在其提撥金累積之過程中，提撥時間之長短，以及投資報酬率之高低，將影響最後之給付金額，因此，提撥金額雖事先確定，但給付金額則否（故稱為確定提撥制），而取決於提撥金即期收益之大小。新加坡及智利之制度即為確定提撥制之典型例子。此二國家均強制就業者每人需設立一個人帳戶，按月依薪資之一定比率，將提撥金存入個人帳戶，其提撥之基金，由基金管理機構負責投資運用事宜，最後收益則歸入個人帳戶內。故，簡單而言，確定提撥制實近似強迫儲蓄制。

而確定給付制之制度設計，與確定提撥制正恰好相反，在確定給付制下，年金給付係依據事先於法令中明訂之公式給付，通常確定給付制

係依據個人之受雇年數，以及某一期間之薪資，來決定其給付金額。因此一旦符合給付條件，保險人即須按公式計算得出之金額給予受保障者（故稱確定給付制）。由於公營之確定給付制度提供之給付，往往終身享領，故個人若壽命較長，則給付總額即較高，而不論原提撥金額之多寡。各國採行社會保險原理原則訂定之公共年金保險制，由於往往先確定給付公式或給付金額，凡符合條件者即可終身享領，故屬確定給付制。

　　2.論者有從「確定參數」的不同來探討兩制的差異❺，認為「確定提撥制」，是指參加退休金的勞工及其雇主，每年均事先依勞工薪資按月提撥一定比例（百分比）的費用，俟勞工到達一定年齡退職時，提領其在帳戶中所儲存的基金收益本息作為養老之用。其提撥率或保險費率對參加勞工而言，均屬事先予以確定，但並不意味其終身期間提撥率均相同。至於確定給付制係指雇主於制度實施之前，事先已確定老年退休給付數額，及依其服務年資的給付水準（基數），並透過精算方法，預估該所屬員工退休時所需退休金給付成本，再決定於提撥期間所需提撥比率的一種制度。顯然，兩種制度間的基本差異在於其確定參數 (the defined parameter) 的不同。前者係指其提撥率確定，對未來老年退休給付金額均依其薪資高低，及提撥率是否調整等函數關係予以計算，因基金運用所產生投資報酬率有高低的差異，而具有其投資的風險；後者係指其給付數額及給付水準確定，因未來退休金額受經濟變動因素影響較大，而具有償付能力的風險。另外，關於二制的一些特徵差異臚列於後：

---

❺柯木興，〈從宏觀面談我國勞基法退休金制度改革的方向〉，《保險專刊》，民國八十七年六月，pp. 77–78。

表 9-1

確定給付制	確定提撥制
1.給付水準以公式事先於法令中訂定。	1.提撥金額事先於法令中訂定。
2.個人以確定之給付水準享領給付，所領給付與所繳費用未必相當。	2.個人所享之給付以提撥累積之金額為限，故給付與繳費間有絕對之關係。
3.政府須負擔費率提高不易或準備金不足之財務風險責任；中、長期財務負擔沉重，有無力償付之風險。	3.政府負有基金管理運用之責，但無財政負擔之壓力。基金之運用，有投資風險。
4.注重社會適當性，故往往有代際所得重分配之功能。	4.注重個人公平性，故無所得重分配之功能。
5.長期實施後，往往不得不採行隨收隨付制，有世代移轉之作用；亦因人口老化而形成後代子孫之負擔。	5.無代間移轉，故無子孫負擔加重之問題。
6.累積少量準備金時極易產生民意代表要求提高給付水準、降低給付條件等政治介入風險。	6.個人有失能致無力繼續提撥之失能風險，亦有長壽致給付不足之長壽風險。

資料來源：蕭麗卿，同前揭文。

此外，從不同角度比較二制之差異如下：

表 9-2

	確定給付制	確定提撥制
制度設計	・強迫繳納 ・混合的制度，制度中沒有個人的努力色彩 ・齊頭式平等的退休制度 ・強調世代互助 ・可以考慮有遺屬年金或殘障年金	・強迫儲蓄 ・個人退休年金專戶制 ・立足點平等的退休制度，但在此制度下，亦可作一些對弱勢國民的濟助措施 ・可以對遺屬及殘障者作適當的制度設計
個人參與退休制度意願	・對於中高收入的國民及自營作業者，其參與意願可能不高，造成制度推動上的困難	・高

個人工作意願的行為	・對個人的工作意願可能有不利的影響	・對個人的工作意願影響較小，相對的，它可以提升和鼓勵國民的就業意願 ・制度對個人的經濟行為扭曲影響較小
國民的心態	・退休金的取得與給付高低的多寡，極易成為政治抗爭與角力的籌碼，制度本身極易受到政治干擾與扭曲。此外，在本制度下，退休金高低成為政府的義務與責任，國民在心態上將完全作不同角度的思考	・國民在心態上，認為退休年金的取得為其個人努力成果的表徵，故退休金高低的差別，如同薪資高低一般，國民不會作不當的爭取
社會安定性	・有部分的社會安定效果	・有極大的安定效果
因應未來人口結構的改變	・不能因應臺灣地區人口快速老化的事實	・能夠因應臺灣地區人口快速老化的趨勢
制度運作的行政安排	・制度運作無法單純化，為此，政府必須額外的雇用許多行政人員，才能使制度運作得動	・制度設計簡單易行，政府在這個制度設計下，並不需要額外雇用龐大的人力
政府財政支出的安全	・對政府的財政將是另一個極為沉重的負擔	・對政府的財政非但不是負擔反而是一筆龐大的可用資金
輔助整體經濟發展	・可能會在金融市場上吸走大量的資金，以應付退休年金的支付，因此不利於經濟與金融市場的發展	・能輔助經濟發展，並且能促進良好的金融市場發展
國際潮流趨勢	・正面臨許多制度上的困難	・為新的趨勢走向

資料來源：本研究整理自單驥，《國民退休年金制度中確定提撥制與確定給付制之比較》，行政院經建會委託研究，民國八十三年三月。

■ 肆、關鍵制度的選擇

表 9-3

融通方法 (financing)	隨收隨付制	儲金制
年金承諾 (pension promises)	確定給付制 (benefit-defined)	確定提撥制 (contribution-defined)

一、年金承諾

　　吾人必須先討論的是，年金制度所採用的年金承諾為何，確定之後再進一步討論財務融通方法的問題。首先，若年金給付的計算是採用最後薪資原則的話，那麼年金承諾必定是用確定給付制，即其給付金額的多少，在年金計畫中皆已經被明訂了。此制的一大特徵是，年金制度中最後的成本（屆時應付出的年金給付）無法估計，如果在這種制度下想要採用儲金制的模式，抑或是欲估算適當的提撥費用，則不得不在一些不確定的假設上做複雜的精算工作。在此制下雇主承擔相當高的風險，特別是在人口年齡結構老化趨勢加速的現代社會更是如此。另一方面，由於採用最後薪資原則計算年金給付，而公務員退休時之薪資未知，從而難以預測出屆時的成本（政府應給付的或公務員應領取的），這套制度一旦經過長期的實施之後，將會形成一股相當大抗拒改革的力量。改革很難兼顧合理與公平，改革的結果若使得公務員領取的年金給付變少了，那麼不論制度的改革是如何的合理或需要，也將被指責為違反約定，缺乏誠信云云。而以上的情形，則多發生於從隨收隨付制的制度，變革到儲金制制度的過程中。

　　但是如果確定給付制之下是採用生涯所得，即就業期間所得 (career

earnings) 原則❻來計算年金給付金額的話，那麼就不會發生上述的問題❼。

　　至於確定提撥制的特徵則是，年金給付的總額不確定。但是此制的成本一開始即被確定，提撥金額 (contribution) 的多少皆被固定。確定提撥制下必須做的工作是，確定年金基金的成長及評估，特別是在年金給付屆期時。與確定提撥制配套的財務融通方法常是儲金制的方法，通常在此制下管理基金、產生盈餘的責任是落在受雇者這一方，而受雇者則依賴專業及經驗豐富的管理者來達成目的。基金如何操作投資、基金管理者或信託者如何指定，以及紅利的分配等規定，則成為此制中相當要的項目。雇主及受雇者皆是基金管理，或管理年金資金之保險人之委員會的代表。此制下運作的另一種選擇是，賦予受雇者選擇權，讓受雇者自行決定其年金儲蓄 (pension saving) 將由何人來代其管理，不過在此情形下，將會設有一些限制，以避免年金儲蓄因過高風險的投資，或過高的成本而消失。

---

❻從西歐各國經驗觀之，採用此原則是趨勢。

❼其施行之例說明如下，受雇者得領取二十五至六十五歲中平均年收入 70%×1/40 的年金，或者說每年收入 1.75% 的年金，而此數字 1.75% 得隨時予以更改而無違約之虞。(Such a promise may be formulated as follows: the employee earns a pension of 1/40 of 70 per cent of annual pay between the age of 25 and 65, or 1.75 per cent of his earnings per year. The difficulty of calculating costs in this case is limited to actuarial calculations of the contribution and to ensuring revaluation of accrued pension benefits. The conditions can be changed without risk of a breach of promise since the pension level—e.g. 1.75 per cent—can be changed in such a way as only to relate to future earnings. This makes it easier to implement necessary changes.) 參見前揭 "Civil Service Pension Schemes", *SIGMA Papers: No. 10*, OECD, 1997.

確定提撥制下若是採用隨收隨付制的財務融通方法，理論上，應定期重估準備或將準備予以指數化 (reserve must be revalued by regular decisions or by relating it to a price or wage index etc.)。如此，雖其仍為確定提撥制下之年金制度，但唯有屆期給付時，才能瞭解雇主之成本為多少。

吾人所知，確定提撥制的年金承諾，通常是基於生涯所得的原則來計算年金給付，至於確定給付制，則是與最後薪資原則相配套。因而有許多終生所得的機制，皆可與確定提撥制相結合。在這種制度下，受雇者的收入，與其可領取的年金多寡有緊密的相關，年金的多少變得非常的明確，制度的本身即寓有鼓勵工作之意涵。受雇者必須對於其個人所屬年金的狀況負完全的責任，特別是當資金使用於投資的情況之下；相對的，在此同時亦應定期提供給受雇者關於其年金所得狀況的資訊。就年金制度的發展而言，「確定提撥制」是年金發展的潮流趨勢。

二、融通方法

由於各國歷史上的理由，以及唯有國家才能夠在不採用儲金制的情形下就提出其年金承諾，因此，大部分的國家對於公務員年金，多半都是採取隨收隨付制的制度❽。不過，就西歐國家的公務員年金發展趨勢來看，有愈來愈大的傾向採儲金制的財務融通方法。

隨收隨付制與儲金制二財務融通方法各有其優劣。通常隨收隨付制可以提供幾種短期的利益，譬如當年金給付成本提高時，不必馬上支付，可以延後支付。當要提升年金給付水準時，隨收隨付制制度也較易於給予不具有資格的老一代年金參加者這些優惠。又如，隨收隨付制易於改變給付之條件及水準，且具立竿見影之效，不論是改善或惡化給付的條

❽這也反映了大部分的國家皆視年金為一擴增收入 (extended earnings) 的態度。

件或水準皆然。當國家決定要給予受雇者某種新的給付時，雖然國家認為其可以做到，不過證諸歷史經驗，並非如此；在許多情形下吾人皆可察覺，這些新增的給付通常都是過分慷慨的承諾，而且是以加重現行制度中，工作人口的負擔來達成的。

不過，一旦隨收隨付制制度建立之後，要將之改成「儲金制」，就會遭遇到很大的阻力。就長期而言，隨收隨付制的施行常會遭受二種壓力，其一是給付不斷增加；其二是如何覓得更多的資金，來支應未來龐大的給付。

■ 伍、西歐年金制度的變遷

一、法　國

法國的公務員 (les fonctionnaires) 並未涵蓋於一般的國家基礎年金之中，專屬於法國公務員及軍官的年金制度 CPCM (le Code des Pensions Civiles et Militaries de retraite)，基本上是屬於一種獨立的基礎年金計畫。公務員年金計畫是由法國憲法所承諾，由國家預算中以稅收融通，無準備金或基金的設置。目前主要的改革措施是將最低的工作期間由三十七點五年延長為四十年。

二、德　國

現行德國退休金計畫之架構主要包括三個系統：國民退休金制度 (state pension schemes)、職業退休金制度 (occupational pension schemes) 以及個人退休金制度 (individual retirement schemes)。此三種制度主要的區別在於：退休金的提撥者與退休基金撥補的程序不同，且公共部門之

退休金計畫甚多為確定給付制，而私人部門之退休金計畫大多則為確定提撥制。

　　德國公務員（以及軍官）專屬的公務員計畫為，BeamtVG，亦為一基礎年金❾。與法國相同，亦是採用確定給付制，由聯邦及州政府預算中以稅收融通，無設置基金操作，公務員無須提撥費用給年金管理單位❿。為了解決嚴重的成本負擔，1992 年開始實施了一些修正措施，未來更將會有進一步的措施來解決人口結構老化所形成的問題⓫。

　　值得一提的是，從德國年金制度的演變，恰可使我們瞭解不同制度的差異及其適用時機⓬。德國國民退休金制度 (state pension schemes) 係肇基於 1889 年俾斯麥所建立的國家退休金計畫，直至 1956 年止，該退休金計畫仍是以個人資產準備帳戶的方式，處理所提撥基金，就如同處理私人的儲蓄帳戶一般，其功能類似強制性的銀行存款，因退休給付之水準及提存資產之價值，飽受通貨膨脹及貨幣改革政策的影響；德國朝野有感於此一制度，未能達成照顧退休者生活的目標，因而於 1957 年將國民退休金之收支方式，改為現行的隨收隨付制。於此一新制中，退休基金的提撥者包括雇主和員工，且提撥者的繳費不再是個人儲蓄的資產，而是全體參加者退休給付的資金來源。然而隨著人口平均壽命的增加、

---

❾不具公務員資格的公共部門受雇者，則另外隸屬於一個與職業相關的基礎年金計畫。

❿The civil servant pays no contribution other than that, when his salary is fixed the costs of his BeamtVG pension rights are taken into account.

⓫參見前揭 "Civil Service Pension Schemes", *SIGMA Papers: No. 10*, OECD, 1997.

⓬《德國退休金制度之現況與未來挑戰研討報告》，八十七年，此文件感謝臺灣大學王仁宏教授提供。

就業率的下降及經濟情況的惡化，使得基金不易兼顧收支平衡，因而有提撥率必須提高或受益程度必須下降的壓力。此外伴隨生育率的下降與高齡社會的來臨，預計西元 2030 年時，每 1 位退休人員的給付來源，將由現有的 2 名提撥者減少為 1 名提撥者，同樣形成了提撥率必須提高，或給付程度必須下降的困境。此外教育時間的延長以及退休年齡的提早，亦使得老年人口佔工作人口的比率不斷升高，造成支領退休給付者眾，撥繳退休基金者寡的窘境。

由於前述各項攸關國民退休金制度成敗關鍵的人口結構不斷惡化，終於使德國隨收隨付制退休金給付水準逐年下降，而雇主和員工的負擔卻也日益沉重，因而醞釀了再次改革的聲浪，也為 1957 年國民退休金撥補程序改革的失敗作了見證。有鑑於此，1992 年，國民退休金制度改革，將女性退休給付年齡由原先的六十歲，向上提升為與男性相同的六十五歲，並增加政府的補助，提撥率則維持為個人總所得的 20.3%，由雇主及員工各自分擔 10.15%，以求穩定退休金給付的水準。

然而即使如此積極地籌措財源，依據精算專家的預計，西元 2040 年之國民退休金給付水準仍將由現有全部所得的 71% 降至 64%，將再度面臨若維持現行提撥率則退休給付水準將降低，但提高提撥率則增加工資成本，傷害國際競爭力的兩難問題。此一進退兩難的結果亦說明了隨收隨付制的國民退休金系統之結構性弊病。另一方面，企圖廢除隨收隨付制的倡議，則須面臨年長參加者為保護既得利益而施加的政治壓力，而使儲金制退休金制度 (funded pension system) 不易獲得政治上多數的支持。

三、荷　蘭

公務員年金整合於單一費率的國民基礎年金 AOW 中的附加年金，

1996 年 1 月起稱為 ABP，除了軍事人員及高級公務員外，所有的公務人員皆強制參加此一計畫，ABP 係採用儲金制（採十足準備，fully funded），參加人員須依投保薪資 (pensionable salary) 繳交一定比例的提撥，1993 年所繳之提撥是所得的 8.8%。該計畫涵蓋 100 萬公務員，1992 年時估計其資產大約 820 億歐元 (ECU)，是歐洲最大的幾個退休基金之一，年金的承諾是採用確定給付制。近來的改革是將其予以民營化。

四、瑞　典

　　瑞典的公務員制度，整合於包含全部人口的法定國民年金（基礎年金）之中，此一計畫目前有大幅度的改革❸。公務員及公共部門其他的受雇者有專屬的附加年金計畫，此一年金計畫稱為 PA-91。基礎年金計畫由國會決定，PA-91 則是基於政府部門代表與公務員工會簽訂的集體協定❹而訂定。除軍事人員及地方政府的受雇人之外，所有的公務人員皆強制參加 PA-91，改革的年金計畫採用確定提撥制，但其資金調度係採隨收隨付制的方式，為避免受到通貨膨脹的影響，年金給付採用消費者物價指數連動，以法律明訂每年調整一次❺。基礎國民年金亦採指數化連動，但該指數反映了物價與實質經濟成長二者。此二計畫皆是採用

❸1997 年開始實施改革的年金計畫。

❹A collective agreement between the Agent for Government Employers and trade unions in the public sector.

❺瑞典的國民年金新制是一種改良式確定提撥制，稱作「備載的確定提撥制」(a notional defined contribution)，即提撥之金額記載於個人帳戶中但並無真正之儲金 (funding)，財務上採隨收隨付，在給付方面，將退休者之平均餘命納入考量，換言之，將人口結構變化因素納入年金給予之計算。

隨收隨付制的財務融通方式，但其中有一小部分提撥的費用是採儲金制方式，就此部分，國家基礎年金賦予個人權利，決定由哪一個基金來信託管理；PA–91計畫亦明訂得由民營年金基金參與其中。如前所述，此二計畫目前正在進行改革，未來將會採用生涯所得的原則，來計算年金給付。

五、英　國

英國公務員隸屬於單一費率的國民退休年金 (State Retirement Pension)，除此一主要的年金規定外，公務員的年金主要涉及的是補充性的職域年金計畫，「一般公務員年金計畫」(the Principal Civil Service Pension Scheme, 簡稱 PCSPS)，主要適用於中央機關的公務員。至於其他公部門的受雇者，如教師、軍中的人員、警察、消防隊員、及地方政府的公務員，則適用不同的獨立職域年金計畫。「一般公務員年金計畫」並非強制參加，公務員得選擇其他的年金計畫，如國家收入相關年金計畫(SERPS, the State Earnings-Related Pension Scheme)或商業壽險公司經營的個人年金 (the Personal Pension)，此二者原則上皆是採生涯所得的年金計畫，其中後者主要是基於提撥與基金之投資所得加以運作。「一般公務員年金計畫」提供的年金給付低於 SERPS 或自行購買的商業年金，因此退出「一般公務員年金計畫」對公務員而言亦無損失。「一般公務員年金計畫」和公務員服務補償計畫 (the Civil Service Compensation Scheme) 皆是依1972 年的退休金法 (the Superannuation Act 1972) 制訂與修改，二者皆無設置準備金，採隨收隨付制制度，年金給付支出係來自於一般政府收入。近年來主要的改革是，在二十五年內，將女性的退休年齡由六十歲延至六十五歲。

■陸、西歐經驗的啟示

一、前提假設

顯而易見的，在現實世界中並無一個所謂「理想的」年金計畫，此一課題主要係視價值判斷及社會需要的優先次序而定。儘管如此，吾人仍嘗試勾畫一適合公務員的年金計畫。首先，在吾人開始討論之前，有四個前提必須先加以說明。

1.年金計畫必須取決於經濟、社會與政治情勢，然而這些情勢都是不斷變動，因此一個好的年金計畫，應預先設想到未來發展趨勢，從而能在變動的社會中，永續經營。

2.吾人提出二項假設：

⑴假設公務員及政府皆認為，從公務員的所得中，提出一部分以作為未來的年金，是有其必要的。

⑵假設社會福利安全體系中已存有一個單一費率 (flat rate) 的基礎年金。

3.理想的年金制度應適用以下幾項原則：

⑴年金計畫應是穩定、安全並具有充分的彈性得以因應未來經濟、人口結構及國家情勢的發展。

⑵年金計畫應是公平的，且在績效、所得及年金給付間有明確的關係。

4.年金計畫應促使勞動市場更加具流動性，受雇者必須對自己的年金負責。亦因此，年金應被視為一種「遞延給付」。

二、制度內涵

　　對於職域年金的基本看法是，退休年金給付的多寡，應該是基於受雇者任職期間所得（生涯所得）而定，國家對於受雇者的承諾，在退休年金部分，應該是包含二個部分，其一是採確定給付制，另一則是採確定提撥制，至於可以開始參加年金計畫的年齡，以訂在二十歲為宜。關於確定給付制的設計，應該是採行受雇者每工作一年，即可領取年金的1%，原則上年金必須待受雇者六十五歲以後才能領取，而每一年年金的數額，都依據調薪幅度加以調整。經過四十年的工作期間後，受雇者將累積相當於其整個工作生涯中平均 40% 的投保所得 (average pensionable earning)。至於確定提撥制度的方面，退休年金應是設計為，每年將可作為投保所得 (pensionable earnings) 的 7%，提撥至一個為公務員設立的年金基金中，年金的資金經由每年操作的利得而增加，每個受雇者可以領取的年金多寡，則視受雇者提撥多少，以及基金管理運用所得的利潤多寡而定。

　　確定給付制的退休年金部分，雇主應依據精算的原則，針對退休、殘障及遺屬年金提撥金額 (contribution)，總金額應該低於工資成本的15%，但就現實而言，此部分最好是採用隨收隨付制的財務融通方法。在制度實施初期，應建立一個緩衝的基金，以避免年金給付和提撥收入期間有不平衡發生。至於繳交至年金基金的 7% 提撥，則應採個人設帳戶的方式，且獨立於政府之外，受雇者整體應有決定年金保險營運，及資金管理的權利。

三、布列克教授的建議

　　對英國退休金制度有深入瞭解的布列克教授 (Prof. Blake)，亦提出理

想退休金制度，在政策、提撥期間、及支付期間等三方面，應有一定之
準則❶。茲介紹如次：

(一)政策準則

1.完全競爭原則：以自由選擇基金管理公司的方式，使保管運用退
休準備金的機構相互競爭，在保護參加者的風險下，促使基金管理公司
戮力以最少的費用，達成退休金準備的最大收益目標。

2.利益迴避原則：理想的退休金系統不屬於雇主所有，且為避免員
工與雇主間的衝突，退休金之保管與運用，必須與提撥之公司或個人完
全分離。

3.健全法制原則：以完整法律規範，確保提存資產的安全、排除第
三者的不當干預，並防止舞弊與濫權的可能。

4.公平參加原則：不論公司組織大小或參加人員之職業差異，均享
有同等的待遇。

(二)提撥期間的準則

1.經濟效率原則：鑑於英美退休基金的成功經驗，退休基金投資於
證券、不動產等實質資產組合的長期投資報酬率，長期呈穩定且緩步上
升的趨勢。德國經驗亦顯示，長期而言，證券投資基金通常較易於達成
退休準備金鎖定的收益目標。而證券投資報酬率於短期間內的高變異，
亦不足以動搖實質資產投資的方向，因為在退休金準備係屬長期性資產
的前提下，高變異適足以提供高報酬。

2.自由選擇原則：應給予員工依各基金績效及資產組合政策，選擇
基金管理公司的自由，以刺激基金管理機構的績效；並可使員工依其個

---

❶參見前揭，《德國退休金制度之現況與未來挑戰研討報告》乙文中提及布列克教
授之建議。

人偏好，自由選擇適合其需要的投資組合。

3.資產移轉原則：為因應未來職業流動率提高的趨勢（英國單一工作之停留期間平均為六點四年），及鼓勵婦女參與勞動，以往提存的退休準備金及其孳息，可以現有真實價值為依據，自由移轉。

4.彈性原則：退休給付與提撥費用均不再依固定的方式進行。員工可隨時自由參加、減少或終止退休準備之提撥，公司亦可僅於有獲利時才提撥退休準備金。因此，在維持既得利益者權利的前提下，現存制度上的結構性缺失亦可輕易排除。

5.透明化原則：參加的人員可以定期收到基金管理公司的詳細報告，以瞭解退休金提存準備與退休金資產形成間的關聯。

6.選擇組合原則：基金管理公司應提供適當的退休金計畫種類，參加人員可審視自身狀況而自由選擇、組合，以避免諸如中途死亡或配偶喪失工作能力等意外風險。

7.和確定提撥制相容的系統：員工通常較偏好確定給付制的退休金制度，但公司卻不願意承擔退休金確定給付計畫的風險。從美國已採行確定提撥退休金制度的示範下，未來確定提撥退休金制度應是退休金計畫的主流，而於新舊制度的轉換期間，對原已受領每月確定給付的退休人員之權益亦應予以保障。

㈢支付期間的準則

1.由於員工對退休金制度的偏好，未來理想退休金制度之參加人員，仍可以終身按月支領退休給付。

2.已達退休給付年齡之參加者，可以自由選擇購買與物價指數連動的退休金計畫，使退休金給付隨物價指數調整，以確保物價上升期間的生活水準。

3.彈性選擇第一次退休金給付的日期：由於未來的退休給付不一定

足夠支應相當的生活水準，因而參加人員可於瞭解提早受領退休給付的風險後，在未達退休年齡前，開始支領退休金。

4.支領退休給付的總額不受限制：依據布列克教授的看法，沒有任何正當的理由，可以限制退休人員支領月退休金的受領總額，須限於一特定數額。但是，如果提早支領退休給付而使資產耗竭時，則未來給付的水準必定下降。

■柒、我國公務人員退撫制度之探討

一、制度特色

㈠簡　介

我國的公務員迄今並無明確的「年金」制度，公務員退休後，主要依據：

1.公務人員退休法的規定，由政府編列預算，請領一次或月退休金或兼領部分之一次退休金與部分之月退休金（參見公務人員退休法第六條規定）。

2.公務人員保險法的規定❶，公務人員繳付保險費五年以上，於依法退休時，依據公務人員保險法第十六條之規定，給予一次養老給付。

由於我國公務人員退休法自民國三十二年實施以來，其退撫給與所需經費，係由各級政府編列預算支應，民國六十年度全國軍公教人員及公營事業人員退撫經費為 15 億 4,600 萬元，八十四年成長至 1,466 億元，此項經費，不僅造成政府財政之沉重負擔，並發生排擠作用，使公務人

❶民國七十四年開始實施。

員待遇無法合理提高，部分財政狀況欠佳的縣市更因經費無著，致所屬公務人員無法自願退休。由於上述原因，政府經多年研議，爰自八十四年七月起自公務人員部分，首先實施退撫基金以取代退休法部分的規定。隨後教育及軍職人員，亦分別自八十五年二月及八十六年一月起，實施退撫新制，其退撫基金亦由基金管理委員會，以分戶設帳統籌管理[18]。

　㈡制度定位

　　若將公保與退撫基金定位為公務員年金之範疇，二者皆由公務人員與政府相對提撥，來予以支應[19]。在年金承諾上，二者皆採取確定給付制的年金承諾[20]，前者的財務融通方式是隨收隨付制，後者則採取「儲金制」的方式[21]。年金給付多寡 (the size of pension) 的計算是採用最後薪

[18] 吳聰成，《公務人員退撫制度未來發展方向芻議》，錄於八十七年度公務人員退撫基金專題研討會，會議資料，p. 49，民國八十七年五月二十六日，公務人員退休撫卹基金管理及監理二委員會共同主辦。

[19] 依照公務人員退休法第八條規定，參加基金人員應按本俸(薪)加一倍 8% 至 12% 之費率，按月與政府共同繳納退撫基金，其中參加基金人員負擔 35%，其餘 65% 由政府負擔。目前繳費費率則按 8% 計收，民國九十一年起提高為 8.8%。至於公保部分亦為相對提撥，目前繳費費率則按 6.4% 計收。

[20] 依照我國現行公務人員退休法第六條規定，公務人員之一次退休金以退休生效日在職同級人員本俸加一倍為基數，每任職一年給予一個半基數，最高三十五年給予五十三個基數，尾數不滿六個月者，給予一個基數，滿六個月以上者，以一年計⋯⋯。故退撫給與係按法定之支付標準計算，早已確定，與其累繳基金費用之本息多寡無關，此制屬確定給付制。

[21] 關於公務人員退休金制度之分類，我國論者多將之稱為「隨收隨付制」或「恩給制」，而將目前新制稱為「儲金制」(如陳登源，〈退撫基金委外經營與自行經營之權術〉，收錄於《勞工退休基金管理運用研討會之會議資料》，行政院勞工委員會主辦，八十七年五月十四日；葉長明，〈改進公務人員新退撫制度的方向與作

資 (final salary) 原則，而年金的性質仍被定位為擴增的收入 (extended earning)。目前此一公務員年金制度，應屬獨立於國家法定基礎年金制度之外的獨立年金制度，因我國迄今尚未實施所謂的國民年金制度。日後我國實施國民年金制度之後,將把公務員年金制度與國民年金加以整合，如此一來，我國的公務員年金制度則應定位成附加的職域年金，亦即世界銀行所架構的三柱年金中的第二柱❷。

法)，《公務人員月刊》，第二十五期，八十七年七月五日；關中，〈公務人員退休撫卹基金管理業務之回顧與前瞻〉，《公務人員退撫基金季刊》，第二期，八十五年六月。)論者認為我國退撫基金係由隨收隨付制 (PAYG) 改為儲金制 (funding)，並定義所謂「儲金制」係指「凡合乎法令中所規定之軍公教人員，均被強制要求在其服職期間，就其薪資本俸兩倍的 8% 提撥存入由基金管理會所主管之退休基金帳戶……。」(陳登源，〈從美國經驗討論我國退撫基金之經營管理〉，《主計月報》，第八十六卷，第三期，八十七年九月，p. 11。)但從年金承諾來看，不論新制或舊制，皆屬「確定給付制」，因而其所面臨的問題同一，並無改變。且恩給制一詞是否有當，不無爭議，若吾人視退休金為「遞延收入」，則退休金只是「應給而未給」，待退休時才給，則無「恩給」可言。此外，依照以往的經驗與精算報告來研判，吾人更能對我國現行退撫制度的發展，做出一個預測，那就是其財務處理方式，終將演變成「隨收隨付」的結局。

❷世界銀行因有感世界各國年金制度的種種弊端，而提出一套年金制度的建議，其主要理念略有：老人經濟保障應採多層次之體系 (multipillar system)、老人經濟保障制度應具備重分配、儲蓄及不確定風險的保障等功能，基於前開理念，其所提出之建制建議為,(1)第一柱為強制性公營層次，其目的在老年人之貧窮和各種不確定之風險的保障為目標，而為達成此層次所得重分配的目的，世界銀行主張以量能課徵之稅收為主要財源。(2)第二柱年金制度，世界銀行主張採行智利之確定提撥制，亦即採民營之完全提存準備，以避免重蹈確定給付制之覆轍。(3)第三柱年金以自願參加為原則。

二、問題討論

我國現行公務人員保險、勞工保險、公教人員退休撫卹制度及勞基法退休金制度，無一不是採行「確定給付制」，而公保自開辦日起，除少數年度外，幾乎年年虧損，且虧損的金額逐年擴大，由於並未調整費率挹注，一方面也因為調整費率不易，而是依法由政府國庫以稅收補貼，截至八十五年二月底，累計虧損達 533 億元。到八十六年四月底，公保財務短絀尚待國庫撥補數共約 140 億元。公保處為繼續辦理現金給付所需，其不足之資金全數向該局信託處貸款支應，所增加之利息支出亦使公保財務之短絀隨之增加。而因公保制度目前未提存養老基金，據精算結果，期初未提存應計負債（潛藏債務）為 2,146 億元。

至於公務人員退撫基金之財務狀況，根據最新一次精算結果，以目前 8% 的提撥率精算，若退休金採一次支領方式，則將於民國九十八年，收支出現不足，民國一百一十六年累計收支出現虧損（破產），五十年後基金累計差額將達負的 1 兆 3,201 億元；若退休金採按月支領方式，則於民國九十八年收支出現不足，民國一百零九年就破產，而五十年後基金累計差額，更達負的 8 兆 5,878 億元[23]。

▌捌、結論與建議

我國國民年金制度的設計，依據國民年金制度規劃工作小組的規劃，將採確定給付制的年金承諾，至於財務融通方式則由國民繳交保費 (con-

---

[23]〈公務人員退休撫卹基金管理委員會委託辦理基金第一次精算案〉，《精算報告》，p. 55，八十六年十二月。

tribution)，以隨收隨付制的方式融通。與本文「理想的公務員年金制度」中所提出的基本假設一致，從而附加性的職域年金部分，實應將年金的屬性視為「遞延收入」，而年金給付的多少則應以生涯所得 (career earn-ing) 的原則來計算為宜。

在此理念之下，我國理想的公務員年金制度，應是將公保與退撫基金整合為一公務員年金制度，採用確定提撥制的年金承諾與「儲金制」的財務融通方式，並加以年金化，取消一次給付的情形。

依照德利銀行投資集團 (Dresdner Bank Investment Group) 研究指出，包括英美日及歐洲等國家，都已規劃將現行之確定給付制，改為確定提撥制，其中美國 1998 年退休計畫中確定給付制之比率為 68%，確定提撥制之比率為 32%，預定至 2005 年，確定提撥制之比率將提高至65%。智利、瑞士及新加坡的中央公積金制，亦皆為確定提撥制，其成效不僅為世界各國所公認，並獲得世界銀行推薦給各國作為學習之對象❷④。就我國而言，論者認為❷⑤，「遽然改為確定提撥制，則公勞保現有龐大之過去服務債務即須由政府以稅收支應，短期將造成政府財政調度上的困難，故可仿照瑞典晚近年金制度改革之作法，逐步改採確定提撥制度」。就勞基法退休金與公教人員退撫制度而言，則應全面改採個人設帳的確定提撥制，亦為改革良方。

不論從各國確定給付制的年金制度的實施經驗，或從我國公保、勞保、鐵路局員工退休制度，以及這次公務人員退撫基金的精算報告來看，我們都可以發現，這些制度都會造成無以為繼的大量財務虧損，論者甚

❷④吳聰成前揭文。

❷⑤蕭麗卿，〈公共年金採行確定提撥制之探討〉，《保險專刊》，第四十九期，八十六年九月，頁一四九。

至指稱造成一種「世代相殘」的局面，實不為過❷❻。從西歐各國的經驗顯示，人口結構的老化已是不可避免的趨勢，採行確定給付制的各國，若不將確定給付制改為確定提撥制，則必須或將退休年齡延後，或將繳交的提撥提高，否則就是降低年金給付的標準。就我國而言，依據國民年金制度規劃工作小組的研究，人口老化情形較諸西歐各國有過之而無不及，估計到民國一百年時臺灣地區六十五歲以上人口比例將達 10%，一百二十年將上升為 20%，從 10% 上升到 20% 所需的時間僅二十一年，遠較歐美國家的五十至八十年更快❷❼。目前的公務人員退撫儲金制度若不立即改革，那麼終將成為另一個虧損累累公保制度的翻版，至於變革的模式亦可參考智利模式❷❽。然而，就現實而言，銓敘部經過多次的開

❷❻單驥，《國民退休年金制度中確定提撥制與確定給付制之比較》，行政院經建會委託研究，八十三年三月。

❷❼《國民年金制度規劃報告簡報》(修訂版)，國民年金制度規劃工作小組，八十七年十月十三日。

❷❽智利的模式，是公務人員退撫制度改成確定提撥制的一個良好的具體設計參考。試擬如下：⑴採用個人設帳的確定提撥制度，公務員可以定期得到書面財務報告，瞭解其個人在退休年金專戶下，已累積的本利金額，並且可以知道在此金額下，換算出來的退休年金月給付金額。⑵採用民營化策略。程度較淺的方式是，將基金委託由民營公司操作管理；較理想的方式，則是全面的民營化，賦予公務員有選擇權，依個人風險偏好程度不同，選擇其可以接受的管理公司。⑶顧及公務員老年生活安定，管理公司必須保證基金有某一定水準的投資報酬率。⑷每位公務員每年定期有一至二次的機會，可以將其帳戶由現存的管理公司，轉到其他的管理公司。⑸管理費用由管理公司向被保險人（公務員）收取。⑹各管理公司必須依照其受託管理退休資金之總資產多少，提撥低額的「投資準備金」。而投資報酬率高於某一特定水準時，管理公司必須提存「利潤準備金」，一旦基金管理公司投資報酬率不能達到應有的水準，則依序由以上二準備金補足差額。最

會研商，討論國民年金實施後，公保養老給付年金化的措施，不料卻突然決定於國民年金開辦後，新近公務人員一律參加國民年金，公保則任其自行凋零。但因公保承辦的業務仍多於國民年金的內涵，導致又必須續辦其他的業務，以填平新進公務員的損失，制度缺乏一貫的設計。

日前經建會檢討當前勞動問題與因應對策時指出❷，現行勞基法的勞工退休金制度問題重重，對勞工權益影響深遠。首先，勞基法規定，勞工必須在同一企業工作十五年以上，才能領退休金，但我國勞工流動率偏高，只有約 15% 的勞工在同一企業工作十五年以上。而國內 95% 以上都是中小企業，但中小企業平均存續年限約十三年左右，所以實際上受現制保障的勞工人數很少。而且，勞基法的退休給與基數，是依照退休前六個月平均工資計算（即採用最後薪資，final salary 原則），也使雇主難以預估成本。

經建會認為，勞工退休制度宜採確定提撥的個人帳戶制，主要理由有：勞基法勞工退休金性質屬第二層保障、勞資權責清楚、財務管理較具效率、符合世界工業化國家年金改革之趨勢、推動較為容易，以及較容易開辦施行。目前經建會與勞委會已達成共識，將在年內推動完成「勞工退休金條例」的立法，將現行勞工退休金制度，改為確定提撥的個人帳戶制，勞工退休後，即可按月領取退休金（年金化）。

故不論從國內外的發展觀察，採用確定提撥制的年金制度，已是目前潮流的趨勢，特別是在國民年金實施後，有關第二柱「職域年金」的

後，若兩項準備金均無法補足差額時，基金管理公司即應宣佈破產，予以解散，其下個人帳戶的基金資產，移轉至其他基金公司管理，並由政府補足差額。

❷參見《勞動問題與對策》，行政院經濟建設委員會，八十八年一月二十八日，pp. 50-55。

規劃，尤為如此。瑞典甚至將部分公共年金改為確定提撥制，強調個人責任之加強，經營體制朝多元化、民營化，以及基金運用朝效率化與彈性化方向規劃。而我國公務人員退休撫恤基金，從確定給付制改為確定提撥制，亦為其時矣。

　　最後，從西歐國家的經驗來看，民營化亦將是未來年金制度經營的趨勢之一，如此不僅賦予年金制度參加人有選擇的機會，而且退撫基金財務運作績效亦會增加。公務機關並非沒有人才，而是受限於法令的諸多束縛，實在無從令專才得以發揮，而且容易發生外行領導內行的情形，使得行政效率更為不彰。目前，至少基金管理會所採「委託為主，自行經營為輔」的政策應確實落實，而此亦不失為民營化的一種形式。

　　（本文與吳英同合著發表於《考銓季刊》第十八期，八十八年四月）

第十篇

公務人員退撫制度之重新定位

■壹、引 言

　　我國公務人員退休與撫卹制度（以下簡稱退撫制度），自民國八十四年七月一日開始運作，至今已逾六年；累積之基金，至民國九十一年三月止，已達新臺幣 1,953 億元；參加之機關，多達 7,739 個；參加的人數，亦高達 61 萬 3,342 人❶，並且在持續增加中；參加者之身分，不僅納入了原本已有獨立退休制度之鐵路人員，連軍職人員也全部涵蓋其中。在此制度下，包括：⑴一般公務人員；⑵教育人員；⑶軍職人員與⑷政務人員等四類人員。基金之不斷增加與參加人員之種類與人數持續增加，充分表示出此一制度之重要性，但也逐漸顯示其管理上之愈趨複雜。從最近公務人員退休撫卹基金管理委員會（以下簡稱基管會），欲調整費用提撥率，卻受到掣肘，以致未能如願以償❷，可知其中所潛藏之問題絕非單純，值得吾人深入探討。

■貳、現行公務人員退撫制度之角色與特色

　　無庸置疑，公務人員退撫制度，當然是為了保障公務人員於退休之

---

❶《公務人員退休撫卹基金通訊》，第一卷，第二期（民國九十一年四月），頁 2。
❷見考試院第九屆第二三九次會議討論事項第五案。

後，仍能維持其個人及配偶之基本生活無虞❸。在民國八十一年七月一日之前，我國已有公務人員退休撫卹制度，惟該制度之資金來源，係由政府每年以編列預算方式支應，隨著公務人員人數之增加與薪俸之調整，政府之財政壓力日趨沉重；復因受物價膨脹之影響，早期退休之公務人員退休後，所支領之退休金，遠不足以維持其基本生活所需。換言之，臺灣早期之公務人員待遇微薄，退休金更不足以養老，因而後來逐漸演變成退休金以 18% 之優利存款，用變相方式保障公務人員退休後之生活❹。

相對於原有的退撫制度，新退撫制度確實有大幅度的改進，對於公務人員退休生活之維持，給予較多保障，年資計算由三十年提高為三十五年，退休金之計算係按公務人員本俸加一倍為基數。費率為 8% 至 12%，政府負擔 65%，公務人員個人則負擔 35%，並且以其退休前平均薪資乘以其服務年資，來計算退休金給與。因此，軍、公、教退休者之所得替代率（公保養老給付加退休金：原領薪俸），平均約有 80%，相較於許多歐美國家之退休金，可謂有過之而無不及❺。此外，退休金領取之方式，也更為多樣化，包括可以請領：⑴一次退休金；⑵月退休金；⑶兼領二分之一之一次退休金與二分之一之月退休金；⑷兼領三分之一

❸按公務人員退休與撫卹制度之給付，包括：退休金、撫卹金及殮葬補助費。

❹民國四十九年公布公務人員退休金優惠存款辦法，但並無利率下限之規定；至民國六十八年始規定利率為 14.25%，後又因物價上漲、貨幣貶值，自民國七十二年十二月一日起，於退休公務人員一次退休金優惠存款辦法第三條中規定，退休金之儲存，除期滿得續存外，其期限定為一年及兩年兩種，利息按行政院核定，比照受理存款機關一年期定期存款牌告利率，加 50% 優惠利率計算，但最低不得低於年息 18%，並沿用至今。

❺參閱 Banks and Emmerson (2000), p. 37.

之一次退休金與三分之二之月退休金以及⑸兼領四分之一之一次退休金
與四分之三之月退休金等五種方式。就我國退撫新制之內涵而言，具有
下列之特色：

一、係公辦退休金制度

公務人員之退休制度，是否獨立於一般退休制度之外，不同國家有
不同之設計，我國顯然強調公務人員是受雇於政府，亦即政府是雇主，
公務人員是受雇者。因考量公務人員性質上與民間企業工作者之雇傭關
係有別，同時，公務人員在工作期間之薪資結構，與民間企業亦不相同，
因此退休金制度也自當有所差異。惟公務人員之退休金制度，與民間企
業不同，並非即表示公務人員之退撫制度，必然要自行設立管理機構，
倘若經由法律授權，亦可委託民間金融機構來執行。但我國之公務人員
退撫基金之管理，係於銓敘部之下設置公務人員退休撫卹基金管理委員
會，是一個不折不扣的公營管理機構，也是唯一的管理機構，其管理方
式係按參加者之身分別，分設四個不同帳戶管理，即：公務人員、教育
人員、政務人員以及軍職人員。

二、採確定給付制

就一般而言，有關退休金制度可區分為：⑴確定給付制（Defined
Benefit, 簡稱 DB）；⑵確定提撥制（Defined Contribution, 簡稱 DC）；⑶
混合制 (Mixed Scheme)。所謂確定給付制，是退休者所領取之給付，係
按退休者退休前若干年之平均薪資乘以其工作年資，乃為一給付金額事
前確定之制度；確定提撥制則恰恰相反，提撥之多寡為事先確定，給付
之多寡，則須視提撥之累積金額，加上資金運用之報酬高低而定；另有
鑑於 DB 與 DC 各有短長，故有混合制之產生。我國退撫制度係採 DB，

採用此制度之主要理由，據銓敘部聲稱，乃是因為目前許多國家皆採行此一退休金制度❻。

三、隨收隨付制（pay-as-you-go, 簡稱PAYG）

所謂隨收隨付制，是一種財務上調度之制度，即退休者所領取之退休金，並非是自己於工作期間按期所提撥之款項，而是由當代工作者所提撥之資金；而當代工作者屆齡退休時，也用同樣方式領取退休金給付。職是之故，採行此制度原則上不需要提存準備金；反之，採儲金制之退休者，則必須在退休前按期提存十足準備金，以便於退休時可以領取。至於法定退休年齡，各國之規定並不相同，許多國家規定男性工作者之退休年齡較女性為晚，例如德、日等國規定女性之退休年齡為六十歲，男性則為六十二歲或六十五歲；我國現行退撫制度係採PAYG，除軍人因階級之不同，而有不同之退休年齡外，其餘公職人員之退休年齡，皆未因男女之性別不同而有所差異，皆為六十五歲。

四、分帳管理、提撥偏低

就吾人所知，世界各國鮮少將軍職人員納入公務人員退撫制度之中，至於教育人員，亦因其性質上與一般公務人員有別，皆另行設立專屬之退撫制度。我國目前退撫制度之涵蓋範圍，包括文職常任之公務人員、政務人員、教育人員與軍職人員等四大類；由於各類人員之薪資結構有所不同，又一律皆採行DB，故不得不採分帳管理。除政務人員外，各類人員之最低應提撥率分別為：軍職人員21.9%、公務人員15.5%、教育人員17.9%，惟現行各類人員之實際提撥率卻一律僅為8.8%。三類人員之

❻見考試院（民八十七年），《各國公務人員退休撫卹制度概況彙編》。

給付水準相異，而提撥率卻一致；由各類帳戶顯示，軍人之提撥率最感不足、教師次之、公務人員又次之❼。

五、所得替代率偏高

所得替代率之高低，原無絕對標準，但至少不應該等於一，尤其不應高於一。專家均公認，假設工作者於退休後不再繼續工作，而所領取退休金如與工作時間相同，殊欠合理；如其所領取之退休金高出其工作時之薪俸，則更是匪夷所思。以德國與日本為例，德國退休金之所得替代率為75%，日本則為65%。值得吾人注意的是，關於退休金所得替代率之觀察，不應單就單一制度加以衡量；以公務人員而言，退休金之所得替代率，不衹有職域別退撫制度之退休金給付，尚有性質上與基礎年金相近之公保養老給付；二項給付相加，大部分退休公務人員平均所得替代率皆超過80%，少數情形甚至超過100%，亦即表示其所得替代率大於一❽，如此情況實屬不可思議。

---

❼《公務人員退休撫卹基金管理委員會委託辦理第一次精算報告》(民八十六年)，
　研究者：基準企業管理顧問股份有限公司。

❽有關公務人員所得替代率之資料，係由銓敘部於修改公務人員退休法時所提供，
　發現職位愈高者，退休後之所得替代率愈高，最高者有超過100%的現象。如軍、
　公、教人員退休給付（不含公保養老給付），以月退制支給，則簡任、薦任與委
　任平均皆超過90%，其中簡任為98.61%、薦任為97.71%、委任平均則為95.28%。
　見黃煌雄、趙昌平、呂溪木(民九十一年)，《我國社會福利制度總體檢調查報告》，
　監察院出版，頁21。

■參、公務人員退撫制度重新定位之必要性

由前述退撫制度之角色與特徵可知，此一制度不僅不盡合理，而且極不公平；更令人關切的是，此制度潛藏了極大的財務危機。為今之計，除非給予重新定位，並且作根本性、結構性的改進，否則退撫基金之破產，只是時間早晚的問題❾。吾人所言並非危言聳聽，其理由愷陳如下：

一、國民年金即將開辦，退撫制度將隨之位移

基本上，我國目前除公保、勞保、農保之養老給付之外，尚缺乏一具有普及性與全國性之基礎年金；如今國民年金制度即將推出，未來無論公保之養老給付是否與國民年金整合，其性質將轉變為基礎年金。至於公務人員之退撫給付，在性質上無疑將更為明確地定位為職域年金；既然在性質上確定是職域年金，此項年金制度如仍採用 DB，則更有商榷之餘地。

採用社會保險與 DB，係因其有二項功能，即：⑴風險分攤、⑵所得重分配。首先必須指出的是，所得重分配對一般國民而言頗具意義，以其可降低貧富之差距，惟對公務人員而言，此項意義並不存在；此外，許多實證指出，保險費提撥率雖按量能負擔原則訂定，但實證結果顯示其結果與「代內所得重分配」之假設恰恰相反或效果不彰❿；至於「代

---

❾同❼。

❿參閱 Hurd, M. D. and Shoven, J. B. (1985), "The Distributional Impact of Social Security in David Wisc (etc.)", *Pension, Labour and Individual Choice*, University of Chicago Press, Chicago.

際所得重分配」之效果，則更令人所關切。DB 因人口老化與退休者之平均餘命不斷增加，導致後代工作者負擔愈趨沉重之不公平情形。至於風險分攤之功能，因人人皆一定會發生相同之「風險事故」，即退休養老，因此所能分攤之效果亦令人質疑；有關於年金風險之分攤，係指當代工作者為退休者分攤，但之所以設計出此一風險分攤方式，係建立在一國人口年齡結構相當穩定之條件上；假如實際的情況並非如此，即一國發生人口快速老化之現象時，則後代工作者所承擔之風險未免過大。上述現象，乃當初 DB 之設計者所始料未及；而在醫療衛生水準與日俱進之今天，此項制度顯然並未與時代之變遷相鍥合。

二、現行制度不具可攜性 (portable)

採職域年金之另一項質疑是，此一制度並不具有可攜帶性。易言之，一旦工作者從一家公司轉換至另一家公司、從一個行業轉換至另一個行業、從公部門轉換至民間部門、或由民間機構轉換至公家單位服務時，之前所累積之退休金請領年資即告中斷；須加強調的是，在 DB 之下，任職於民間部門之工作者，若考取公務人員考試而轉任公職時，不能將年資合併計算，將影響其就業之機會。吾人應當瞭解，就業流動性之增加，乃為現代社會特性之一。質言之，公務人員之退撫制度在早期社會中，由於人口年齡結構無甚變化，就業狀況相當穩定，採 DB 尚無大礙；如今情勢丕變，若退撫制度仍文風不動，更顯得特別格格不入。

三、採隨收隨付制難以達成財務平衡

姑且撇開混合制度不談，退休制度之財務融通，傳統上皆採用隨收隨付制 (pay-as-you-go, PAYG)，不需要準備金，因為退休者所需要之退休金支付，可用當代工作者所繳交之保險費或提撥支應，而保險費率之

高低，係經由財務精算以決定。惟因退休金制度之精算時間需五十年，甚至長達七十五年，時間過長，所涉及之變化太大，因此每經過若干年，便需重新精算一次；如遇保險費不足支應給付時，保險費率便應加以調整。眾所周知，我國公務人員之退撫制度係採 PAYG，故退撫基金主管機關如發現有財務失衡現象，並能及時調整費率，則退撫制度之財務平衡應不成問題❶；但衡諸實際狀況，舉凡實施社會保險制度與採行隨收隨付制度之國家，欲達成財務平衡之目標，皆猶如「天邊的月亮」，此中例證，不勝枚舉❷，晚近基管會欲調整提撥率所遭遇之困難，便是最佳之例證。依照民國八十九年六月間所完成之精算報告結果顯示，目前之提撥率嚴重偏低，軍、公、教三類人員，應分別提高至 21.9%、15.5% 以及 17.9%，財務收支始能達成平衡❸；基管會衡諸政治的現實狀況，為減少調整之阻力，擬先將公務人員之提撥率暫時調整至 8.8%，至於教育人員與軍人，則擬採逐步調整方式，分別用二年或三年之時間，每年調高 1.2%；但幾經協調之結果，各類人員之提撥率一律調整為 8.8%，理由是因教育部與國防部有不同意見，認為對教育人員與軍職人員增加過多之負擔❹，卻完全無視於三類人員之給付水準並不相同，足見調整費率

---

❶截至民國九十一年三月為止，基管會雖尚有累積新臺幣 1,960 多億之基金，但並非表示即有此數額之準備金，因為退撫新制實施尚未滿七年，離參加者之退休成熟期尚有一段時間，因此目前基金之收入尚能大於支出；惟當參加者逐漸邁向退休高峰期時，基金之收支情況必將逆轉。

❷見 Branco (1998), *IMF Working Paper.*

❸《公務人員退休撫卹基金管理委員會委託辦理精算報告》(民八十九年)，研究者：基準企業管理顧問股份有限公司。

❹政務人員已單獨於民國八十九年，將費率由 8% 調整至 12%，惟離均衡費率尚有差距。

之困難重重。

四、權利與義務並無關聯

退撫制度應重新定位之另一項重要理由是，在現行制度之下，參與者之權利與義務並不對等。更確切地說，退休者所領取之給付大於其工作時期之提撥。不論是公務人員、教育人員、軍職人員或政務人員，甚少人關切制度之是否健全與財務之是否平衡；大家都希望能領取到優厚之退休金，而不考慮提撥率是否偏低。換言之，是制度之設計不良，使參與者有著如同「吃大鍋飯」之心態，只想著「多取」，卻希望盡量「少給」；進言之，一般公務人員對退撫基金之保管與營運之成效，態度也十分冷漠，因為參與者之給付，與基金管理績效之良窳無甚關聯，故大家彷彿置身事外[15]。

▌肆、公務人員退撫制度改革方向

由上述探討可知，公務人員退撫制度是定位在職域年金，未來國民年金一旦開辦，若將公務人員養老給付加以整合，並維持在 DB 以及 PAYG 之制度架構下，衡酌世界銀行對退休年金制度之整體規劃，以及晚近諸多國家對年金制度改革之經驗，我國現行之退撫制度，宜朝下列方向加以改進：

---

[15] 根據公務人員退休撫卹基金監理委員會民國九十一年第一季監理報告，至本年三月底基金運用，已實現累積收益為新臺幣 25 億 1,000 萬元，加計本年度備抵投資損失沖回數 56 億 3,000 萬元後，淨累計收益為 81 億 4,000 萬元，實際收益率為 19.4%。

一、由 DB 改為 DC

退休基金制度採 DB 或 DC，各有其利弊❶，惟前文業已指出，DB 之採取有其時代背景，也必須具有一定之條件。以當今社會職業流動性增加、人口加速老化之現象下，如果仍維持 DB，不僅將增加後代之負擔，並將導致就業市場之扭曲：高齡之受僱者，一旦遭到僱主解僱，或者離開政府部門再度求職時，將遭受到極大之困難，因為僱用高齡之受僱者，將增加企業之勞動成本。在 DC 之下，給付之多寡，端視提撥之高低與投資報酬之多少。吾人並不否認，DC 並非毫無缺點，其遭受各界所指責者，多指其缺乏所得重分配之功能，以及有物價膨脹之風險。前文業已指出，即使採行 DB，其重分配之功能亦成效不彰，甚或恰恰相反；至於物價膨脹之風險，既非 DC 所特有，也亦非不能將其減輕，當今從事避險之工具，比起從前可謂大大增加；至於管理上之風險，則可用多元化之經營管理方式，使其適度分散❷。

二、設立個人退休帳戶

採用 DC 除可避免上述有關 DB 之不利因素外，DC 尚且具有可攜性之優點，即每一參與者皆在金融機構，以其個人名義設置專屬之退休金帳戶；不論其在公務機關服務，抑或為民間企業工作，都可將僱主與個

---

❶參閱蕭麗卿（民八十三年），〈公共年金採行確定提撥制之探討〉，《保險專刊》，第四十九輯。

❷其實吾人自開始工作時提撥或繳交保費，至退休時領取給付，其中經過之時間長達數十年，無論採行 DB 或 DC，兩者皆存在有物價膨脹，以及基金管理與運用之風險，僅時間與程度上有所差異。

人所提撥之金額，存入其退休金帳戶內。惟帳戶內累積之金額與投資之報酬，係專供受僱者退休時領取，作為養老之用途。

三、採多元化與民營化之管理與經營

　　按目前之退撫制度，係將公務人員、教育人員、軍職人員以及政務人員四類人員置於同一制度之下，僅分別設帳管理而已。如此之經營管理方式，從成本角度衡酌，確實可以比較節省；然吾人於評估經營與管理時，成本並非唯一需加以考量之因素，收益或投資報酬亦不可輕忽，至少應與成本同等重視。由於現行制度缺乏比較對象，故無從論斷孰優孰劣；惟若就一般公營事業與民營企業加以比較，公營事業之經營效率因受諸多因素之牽制，效率往往不如民間企業；如果是獨一無二之公營機構，其經營效率更是難與民營企業相較❸。

　　採多元化經營之主要論點，是藉此可以產生競爭機制，降低成本與提高收益；民營化管理之另一項優點，則是可以擺脫、或至少可以降低政治上之干預，比較能以專業的角度經營與管理。

　　軍、公、教退撫基金分別由不同之民營機構管理的另一項好處是，可以避免相互間受到牽制，完全以給付之多寡決定費用提撥之高低，財務比較穩定與健全。

四、釐清政府之角色

　　退撫制度定位於職域年金之後，政府所扮演之角色除需負擔行政成本外，應僅限於雇主承擔之責任，不宜再負擔財務上最後支付保證責任；

❸有關退休金採取公營或民營方式之相關討論，可參閱 Diamond (1999) 編輯之著作。

即當財務收支無法平衡時，自應迅速調整費率，而不宜再要求政府填補虧損，因為用政府預算填補虧損，即是把負擔轉嫁給一般人民，既不公平亦欠合理。

其實，退撫制度自早期之恩給制，改為現今之共同提撥制之後，政府之責任便應該加以釐清，不宜再作為全部最後責任之承擔者。欲達成此一目的，管理退撫基金之機構，最好能獨立於政府之外，由公務人員代表以及政府代表，共同組成管理委員會經營，並自負盈虧之責任。

五、改採儲金制

由上文可知，採 PAYG 之財務融通，無需為退休金提供準備，因此有下列優點：⑴無準備金管理之風險；⑵無物價膨脹之風險。其實，如上文所示，準備金管理之風險，主要取決於是否採集中式管理，以及如何管理與運用基金，即如果採取分散式管理，該風險自可降低；另一因素為有無採取適當之避險操作，如果能分散投資標的，並採取避險策略，管理準備金之風險可大幅降低。

至於通貨膨脹之風險，事實上並非儲金制所獨有；即使採 PAYG，因為從工作時提撥至退休時支領給付，其間經過之時間長達數十年，此情況隱含並非無準備金，即不受到通貨膨脹之影響。須知，維持一國物價之穩定，乃是任何政府最基本職責之一；就實際情況觀察，二次世界大戰之後，在國際貨幣基金等機構協助之下，各國已極少發生惡性通貨膨脹之現象；至於溫和性通貨膨脹，在市場經濟制度之下，則不易避免。況且為避免物價上漲或貨幣貶值影響退休者之生活水準，亦可採取指數化調整方式加以因應。

部分學者認為，臺灣之資本市場尚未成熟，如將大量準備金用作於投資，其風險太大，故不宜採 DC；換言之，採 DC 之先決條件，係在於

資本市場之必須健全❾。惟此一假說乃似是而非，蓋假如此條件說可以成立，則臺灣諸多政治、經濟與社會制度，都不應該建立，包括民主政治制度在內均不應建立。管見以為，資本市場之發展與 DC 退休金制度，二者應為相輔相成，而非論者所謂之水到渠成。

六、採漸進方式

制度的變革可謂為盤根錯節，其涉及既得利益或信賴保護，也關聯到配合措施；吾人深知，制度之改革並非易事，故主張採取漸進之方式逐步進行。首先加強宣導：⑴針對軍、公、教之不同身分者，分別設立準公法人之管理機構；⑵對於願意參加既有（現行）制度者，給予選擇之機會，在一定時間（如三年）內，可選擇留在現行制度內，或選擇參加確定提撥制等新制；⑶不論留在舊制或參加新制，其財務皆應獨立自主，政府之責任僅限於制度之規劃、監督與補助行政費用、以及以雇主身分之提撥；⑷新進之軍、公、教人員，一律參加新制。

■ 伍、結　論

制度之設計，需視其是否能夠配合客觀環境之變遷，我國退撫制度之實施雖僅七年餘，惟客觀環境之變化甚大、參加人員之類別與人數不斷增加、累積金額也為數可觀，但提撥仍嚴重不足，替代率之偏高與費率之調整困難，在在顯示此一制度之重大缺失與潛藏之危機；上項問題並將隨著退休人員平均餘命之增加，財務之壓力愈趨嚴重。為今之計，

---

❾參閱王正（民八十八年），《公務人員退撫制度改採確定提撥制可行性之研究》，考試院銓敘部委託專題研究計畫，執行機構：國立中正大學社會福利研究所。

應即未雨綢繆，有必要作制度之更張，如果等到面臨破產始設法改變，必將措手不及。從制度之重新設計、立法、宣導並正式實施，少則需時三年，多則五載，甚至長達十年。

制度之建立誠屬不易，制度之變更更為困難；但若執政者明知現行公務人員退撫制度之問題重重，卻又遲遲未能採取有效改革行動，此十足顯示其鴕鳥心態。吾人深知，制度之改革談何容易，吾人亦以為，主事者須具宏觀之遠見，以及極大之魄力與毅力，制度之改革，亦應經過事前周詳之規劃與設計，始得為之；惟吾人更當瞭解，晚改要比早改問題更大、糾纏更多、所需付出之成本，也必將更為高昂。

參考文獻

中文部分

王正（民八十八年），《公務人員退撫制度改採確定提撥制可行性之研究》，考試院銓敘部委託專題研究計畫。

陳聽安（民九十一年），〈公務人員退休撫卹基金改採確定提撥制可行性之探討〉，《退休基金季刊》，第三卷，第一期，頁 5-18。

陳聽安（民八十九年），〈由前蘇聯國家年金制度改革論年金制度發展之新趨向〉，《退休基金季刊》，第一卷，第一期，頁 3-28。

黃煌雄、趙昌平、呂溪木（民九十一年），《我國社會福利制度總體檢調查報告》，臺北市，監察院。

葉長明（民八十七年），〈改進公務人員新退休制度的方式與做法〉，《公務人員月刊》，第二十五期，頁 15-26。

英文部分

Atkinson, A. B. (1995), *Incomes and the Welfare State: Essays on Britain and Europe*, Cambridge University Press, Cambridge.

Banks, James and Emmerson, Karl (2000), "Public and Private Pension Spending: Principles, Practice and the Need for Reform", Fiscal Studies, vol. 21, No.1 pp.1–64

Branco, Marta de Castello (1998), "Pension Reform in the Baltics, Russia, and Other Countries of the Former Soviet Union (BRO)", *IMF Working Paper*, International Monetary Fund.

Diamond, Peter A. (1999), *Issues in Privatizing Social Security: Report of an Expert Panel of the National Academy of Social Insurance*, The MIT Press, Cambridge, Massachusetts, London, England.

Eitelberg, Cathie (2001), "Public Pension Design and Responses to a Changing Workforce", in Olivia S. Mitchell and Edwin C. Hustead (edit), *Pensions in the Public Sector*, University of Pennsylvania Press, Philadelphia, pp. 363–374.

Fore, Douglas (2001), "Going Private in the Public Sector: the Transition from Defined Benefit to Defined Contribution Pension Plans", in Olivia S. Mitchell and Edwin C. Hustead (edit), *Pensions in the Public Sector*, University of Pennsylvania Press, Philadelphia, pp. 267–287.

Kotlikoff, Laurence J. (1997), "Privatizing Social Security in the United States: Why and How", in Alan J. Auerbach (edit), *Fiscal Policy: Lessons from Economic Research*, The MIT Press, Cambridge, Massachusetts, London, England, pp. 213–248.

（本文曾發表於《考銓季刊》第三十一期，九十一年七月）

司法院大法官議決釋字第四三四號解釋評釋

█壹、前 言

民國八十六年七月二十五日，大法官會議做出第四三四號解釋文，解釋文主旨略以「（公務人員保險）之被保險人所繳付之保險費中，關於養老保險部分，承保機關依財政部核定提存準備辦法規定，應提撥一定比率為養老給付準備，此項準備之本利類似全體被保險人存款之累積。公務人員保險法於第十六條第一項，關於養老給付僅規定依法退休人員有請領之權，對於其他離職人員則未規定，與憲法第十五條保障財產權之意旨不符，應即檢討修正」。本文認為，不論從公務人員保險（以下簡稱公保）之制度本身、財務處理方式或保險原理觀察，對於現行公保制度下之離職人員賦予養老給付請領之權，是否有當，仍有進一步討論之空間。我國公保制度自民國四十七年實施以來，由於涉及醫療及退撫二大領域，對公務人員提供了相當重要的生活保障。民國八十四年三月一日全民健康保險制度實施以後，生育、疾病、傷害三項醫療給付，依全民健康保險法之規定，移交中央健康保險局辦理，目前公保制度僅存殘廢、養老、死亡及眷屬喪葬四項現金給付業務。公保制度長久以來財務狀況不佳❶，釋字第四三四號解釋，對於公保之財務狀況無異是雪上加

❶截至八十六年四月底，公保財務短絀尚待國庫撥補數共約 140 億元。公保處為繼

霜，以下茲從公保之制度及財務處理方式，評析該號解釋。

■ 貳、釋字第四三四號解釋

本件釋憲案緣自釋憲聲請人陳君任公職逾三十年，參加公務人員保險亦逾三十年，後因案免職，無從請領養老給付，遂退而求其次，請求公保處返還其歷年繳交之保險費，未受允准，經訴願、再訴願及行政訴訟均遭駁回，因而聲請司法院大法官解釋，公務人員保險法未規定公務人員離職時應退還其自繳保險費，是否有抵觸憲法之疑義。針對本號解釋，尚有陳大法官計男提出部分不同意見書，劉大法官鐵錚提出不同意見書，前者旨在說明「一、本件原聲請人聲請意旨，僅在聲請可否領回已繳之保險費而未及於養老給付，本號解釋，似已逾請求權範圍；二、請領養老給付與請求返還養老給付準備意義不同；公務人員保險應提供如何之保險給付？係屬立法裁量原不生違憲問題」，後者則謂「多數意見將養老給付準備之退還，作為養老給付之一種，不無創造原公務人員保險法所未定保險事故之嫌，則為本席所不敢苟同……」，但二者仍與釋字第四三四號解釋持相同看法，認為「公務人員離職時，對於養老給付之責任準備金應返還予被保險人」，而此一見解則為本文所不敢苟同。

查釋字第四三四號解釋之解釋理由書，先主張公保之保險費毋須退還，「公務人員保險法規定之保險費，係由被保險人與政府按一定之比例負擔，以為承保機關保險給付之財務基礎。而保險費經繳付後，即由承

續辦理現金給付所需，其不足之資金全數向該局信託處貸款支應，所增加之利息支出，亦使公保財務之短絀隨之增加。而因公保制度目前未提存養老基金，據精算結果，期初未提存應計負債（過去服務債務）為 2,146 億元。

保機關運用於該保險事務中，並於保險事故發生時，作為保險給付之基金，除別有規定外，被保險人自不得請求返還。是項保險費經繳付後，該法未規定得予返還，與憲法並無抵觸」。但卻又認為，「惟上述保險給付中，關於養老、死亡兩項保險部分，類似終身保障型之定額給付保險。故被保險人所繳付之保險費中，關於養老保險部分，依財政部四十九年二月十九日（四九）臺財錢發字第○一四六三號令核定提存準備辦法規定，承保機關應提撥一定比率（四十九年二月為 14.9%、五十一年一月為 10%、五十七年一月回復為 14.9%，參照財政部金融局八十六年七月十九日臺融局㈡第八六二一九四九五號函）為養老給付準備。此項準備之本利，類似被保險人存款之累積，非承保機關之資產。從而被保險人繳足一定年限之保險費後離職時，自有請求給付之權。」故，大法官會議認為，「公務人員保險法於第十六條第一項關於養老給付僅規定依法退休人員有請領之權，對於其他離職人員則未規定，與憲法第十五條保障人民財產權之意旨不符，應即檢討修正。」

■ 參、公務人員保險之設計制度

社會保險之制度可概分為兩種，一為確定提撥制 (defined contribution plan)，一為確定給付制 (defined benefit plan)，我國公保制度係採後者。前者是指先明定個人參加年金制度期間之提撥金 (periodic contribution) 金額，經累積並終而確定最後之給付 (benefit) 之制度方式。在其提撥金累積之過程中，提撥時間之長短，以及投資報酬率之高低將影響最後之給付金額，因此，提撥金額雖事先確定，但給付金額則否（故稱為確定提撥制），亦即其給付不受個人存活年數之影響，而取決於提撥金及其收益之大小。新加坡及智利之制度，即為確定提撥制之典型例子。此

二國家均強制就業者，每人需設立一個人帳戶，按月依薪資之一定比率將提撥金存入個人帳戶，其提撥之基金，由基金管理機構負責投資運用事宜，最後收益則回歸個人帳戶內。故簡單而言，確定提撥制實近似強迫儲蓄制❷。

　而確定給付制之制度設計與確定提撥制恰好相反，在確定給付制下，年金給付係依據事先於法令中明訂之公式給付，通常確定給付制係據個人之受雇年數，以及某一期間之薪資，來決定其給付金額。因此一旦符合給付條件，保險人須按公式計算得出之金額給予受保障者（故稱確定給付制）。由於公營之確定給付制度提供之給付，往往終身享領，故個人若壽命較長，則給付總額即較高，而不論原提撥金額之多寡。各國採行社會保險原理所訂定之公共年金保險制，由於往往先確定給付公式或給付金額，凡符合條件者即可終身享領，故屬確定給付制。惟我國現行按確定給付制原則訂定之制度，如公、勞保，均有沉重之財務危機。

■ 肆、公務人員保險之財務處理方式

　一般而言，社會保險的財務制度，依照保險長短期間不同，可分為三種財務處理方式，分別為完全賦課方式（assessment method or current pay as you go，即隨收隨付制）、完全提存準備方式 (full funding or capital-ization method) 以及修正混合方式 (mixed method or partial funding)；公保

---

❷惟由於新加坡基金之管理，係由國營之中央公積金局負責，故其制度屬於公積金制 (provident fund system)；智利則將基金委由多家互有競爭之民間基金管理公司管理及運用，故屬強制性的私人保險制度。兩國制度雖均採確定提撥制之原則，但由於執行機關之差異，其制度之分類乃有不同。

所採之方式是完全賦課方式。所謂「完全賦課方式」，係指當年度的保險費收入，用之於當年度的保險費給付，而予以調度費用的方法而言。故此種方式對於將來老年給付所需費用，均不予提存準備，僅保有少數費用，來支應當期老年給付的所需即可。惟採用此種方式時，在立法上應明確規定採彈性費率制，並授權主管機關得視保險財務收支的實際情形，適時調整保險費率。此種方式有兩種缺點，第一為保險費率將逐年增加，嗣後此種增加趨勢尤為明顯，而使年輕及後代勞工負擔較重。第二為於行政上的處理與政治上的因素，難免影響保險費率的調整，而無法迅速核定，導致保險財務發生嚴重困擾。目前公保亦皆有以上二種情況。

至於「完全提存準備方式」，係指將來老年給付所需費用，均完全予以提存準備，而以平準保險費率，來維持其保險財務的健全性❸。「修正混合方式」，則為補救上述兩種極端方式的缺點，所採行的一種折衷方法，但仍以完全提存準備的方式為前提，來處理保險財務，而保有一定水準之責任準備金；若因基金不足支應老年給付支出時，則採階梯式的保險費率來補救其不足額，而不必完全從保險費中提存準備，其部分費用可由後代被保險人來負責分攤，至於政府，可在適當時機調整保險費率。

伍、檢　討

我國公保制度之設計係為「確定給付制」，財務處理上不得不演變成「隨收隨付」的方式，原則上係以當年度的保險費收入，用之於當年度

---

❸即在制度實施初期，僅以保險費收入的小部分，用之於老年給付，而大部分的保險費，均提存為支應將來給付之用，對被保險人而言，較具安全感，而所累積資金較鉅，可從事國家的經濟建設。

保險金給付，根本沒有提存任何責任準備金，加以保險費率長久以來偏低，故財政部所要求承保機關應提存準備之規定，實形同具文。是以，被保險人在此制度下，實無請領公保養老給付責任準備金之權，唯有在被保險人具有公務人員保險法所規定得請領養老給付資格時，始得依規定要求請領養老給付。其次，即便承保機關有依照財政部之規定提存養老給付準備，然該準備亦係全體被保險人之準備，而非以被保險人個人名義所提存之準備，被保險人個人亦無請領之權。如陳大法官計男所提之部分不同意見書中，認為保險法第一一七條第三項，課予人壽保險人於保險契約終止時，返還責任準備金之規定，與離職人員可請求返還養老保險部分之保險費中，所提撥之養老給付準備，「亦屬同一法理」；此一見解將人壽保險與社會保險二套不同制度相提併論，此為本文所不敢苟同。

就保險原理觀之，給付之多寡應取決於保險費繳交之多寡，公務人員保險法既規定養老給付僅依法退休人員始有請領之權，依此即精算出被保險人應繳交之費率，若在非法定資格內之「其他離職人員」亦應有請領之權，不僅有如同陳大法官計男與劉大法官鐵錚提出之不同意見所指陳之缺失，包括聲請人僅在聲請可否領回已繳之保險費而未及於養老給付、請領養老給付與請求返還養老給付準備意義不同、將養老給付準備之退還，作為養老給付之一種，有創造原公務人員保險法所未定保險事故之嫌；保險費率更應提高，才能滿足「其他離職人員亦有請領之權」的給付條件。

就現行公保財務狀況觀之，目前費率雖於八十七年十月一日，已調高至 6.4%，但仍不能反應實際之精算結果。釋字第四三四號解釋，對於公保之財務狀況，實係雪上加霜，本號解釋未明公保之財務制度，而遽論「對於其他離職人員則未規定，與憲法第十五條保障人民財產權之意

旨不符」，其妥適性不無疑義。公務人員保險如欲回歸社會保險，健全其財務制度，本號解釋實有再檢討之必要。

（本文原發表於《保險專刊》五十一輯，八十七年三月）

保險學理論與實務　邱潤容／著

　　由於金融控股公司法的公布施行，結合銀行、保險、證券……的金融控股公司陸續成立，使得保險對於社會與個人日趨重要，不相關從業人員必須熟悉保險，一般大眾更需要瞭解保險。本書針對險理論與實務加以分析、探討，期望讀者對保險之經營與操作有更入的理解。除了可作為修習相關課程之大專院校學生的教科書，對實務界而言，更是金融保險人員的最佳參考。

保險學　陳彩稚／著

　　本書內容主要探討保險市場之需求與供給。藉由危險管理與經市場之角度分析保險產品，兼具理論與實務觀點，尤其重視產品之展背景、影響因素與潛在趨勢。全書內容簡潔扼要，並以具體之個範例說明抽象之保險理論，深入淺出，適合大專學生與各界人士閱參考。

保險法論　林群弼／著

　　本書為作者多年來於國立臺灣大學法律系、淡江大學保險研究講授保險法之講義彙集而成。除現行保險法規之研究外，尚包括各爭議問題之解析，及各家學說、實務見解之探討。本書之內容，對初學者入門頗有助益，對於研究者之思考，亦深具參考之價值。

保險法論　鄭玉波／著

　　本書以我國之保險法為論述對象，對年金保險、保證保險與保業等詳加論述、反覆說明，以期讀者能於短期了解其梗概。內容實，可說是大專院校保險課程之良好教材及保險從業人員之重要物。

怎樣保險最保險　　簡榮宗／著

　　保險制度具有分散風險、彌補損失以及儲蓄、節稅等功能，可說是現代人所不可或缺的理財及移轉風險方法。但由於保險法的知識並不普及，以致造成保險契約的糾紛層出不窮。本書文字淺顯，並以案例介紹法院對保險契約常見糾紛之見解，相信必能使一般消費者以及保險從業人員對保險契約及法律規定有相當之認識，對自我權益更有保障。

財政學　　徐育珠／著

　　本書係作者根據多年從事教學及參與實際財稅改革經驗，所撰寫而成的一部有關財政學的專門書籍。最大特點是內容豐富，範圍不但包括了財政學的各種理論，而且也包括了現今各國政府的重要財稅措施，及其對人民生活與社會福祉的影響。可用作大專院校學生和研究生財政學課程的教科書及主要參考書籍，也可作為財稅從業人員的進修讀物。

政府會計——與非營利會計（增訂四版）　　張鴻春／著

　　政府會計以非營利基金會計為主體，其基本觀念與企業會計迥然有別，此可於本書所述之政府公務會計及政務基金會計特質及其理論重點中見之。政府基金中應用最為廣泛者為普通基金，所以本書對普通基金之會計占用篇幅最多。我國政府會計之對象，除少數特種基金外，概屬普通基金，為期充分瞭解本國政府會計實務，乃就我國各級政府總會計、普通公務單位會計，分別詳為列敘，例釋不厭其詳，期能發揮實用。

財務報表分析（增訂四版）　　洪國賜、盧聯生／著

　　財務報表是企業體用以研判未來營運方針，投資者評估投資標的之重要資訊。為奠定財務報表分析的基礎，書中首先闡述財務報表的特性、結構、編製目標及方法，並分析組成財務報表的各要素，引證最新會計理論與觀念；最後輔以全球二十多家知名公司的最新財務資訊，深入分析、評估與解釋，兼具理論與實務。另為提高讀者應考能力，進一步採擷歷年美國與國內高考會計師試題，備供參考。

經濟學 —— 原理與應用　黃金樹／著

　　本書企圖解釋一門關係人類福祉以及個人生活的學問 —— 經濟學
它教導人們瞭解如何在有限的物力、人力以及時空環境下，追求一
力所能及的最適境界；同時，也將帶領人類以更加謙卑的態度，相
包容、尊重的情操，創造一個可以持續發展與成長的生活空間，以
學會珍惜大自然的一草一木。隨書附贈的光碟有詳盡的圖表解說與
題，可使讀者充分明瞭所學。

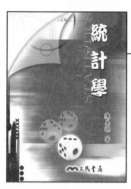

統計學　陳美源／著

　　統計學可幫助人們有效率的瞭解龐大資料背後所隱藏的事實，
以整理分析後的資料，使人們對事物的不確定性有更進一步的瞭解
並作為決策的依據。本書著重於統計問題的形成、假設條件的陳述
以及統計方法的選定邏輯，至於資料的數值運算，則只用一組資料
貫穿每一個章節，以避免例題過多所造成的缺點；此外，書中更介
如何使用電腦軟體，來協助運算。

管理學　伍忠賢／著

　　抱持「為用而寫」的精神，以解決問題為導向，釐清大家似懂非
懂的概念，並輔以實用的要領、圖表或個案解說，將其應用到日常
活和職場領域中。標準化的圖表方式，雜誌報導的寫作風格，使你
抽象觀念或時事個案，都能融會貫通，輕鬆準備研究所等入學考試。

財務管理　伍忠賢／著

　　細從公司現金管理，廣至集團財務掌控，不論是小公司出納或
大型集團的財務主管，本書都能滿足你的需求。以理論架構、實務
肉、創意靈魂，將理論、公式作圖表整理，深入淺出，易讀易記，
供碩士班入學考試之用。本書可讀性高、實用性更高。